KB275814

나잇스 사주명리

국립중앙도서관 출판시도서목록(CIP)

(나이스) 사주명리. 고전편 / 지은이: 맹기옥. --
서울 : 상원문화사, 2013
    p. ;   cm

표제관련정보: 명리 3대 보서 자평진전 · 난강망 ·
적천수 요약 정리!
ISBN 979-11-85179-01-8 03180 : ₩35000

사주 명리학[四柱命理學]

188.5-KDC5
133.3-DDC21   CIP2013018651

명리 3대 보서 자평진전·난강망·적천수 요약 정리!

낙
잇
스 사주명리

고전편

나이스 孟 起 玉 著

祥元文化社

추천사

현대사회는 물질문명의 발달을 가져왔지만 그 다른 한편에서는 생태환경의 파괴와 인간 존엄성의 상실을 초래했고, 이에 세계의 지성은 현대사회에 소외되었던 자연과 인간의 조화를 추구하는 새로운 패러다임을 모색하고 있다.

인간과 우주에 대한 우리 조상들의 사상과 학문을 연구하고 자랑스러운 우리의 전통을 계승 발전시켜 현대사회가 직면하고 있는 여러 모순들과 문제점들을 해결하는 지혜를 발견하는 것이 필요한 시대인 것이다.

조상의 지혜를 되살려 삶의 현장에서 그 전통과 정신을 적용할 수 있도록 하기 위해서는 다양한 전통문화를 개발하고 활용할 필요가 있다. 우리의 전통 학문 중에는 조선시대 과거제도 중 음양과의 시험과목이었던 사주명리학이 포함되어 있는데, 명리학은 응용학문으로서 현대에도 탁월한 실용성을 가지고 있으며 널리 알리고 연구할 필요가 있다. 뿐만 아니라 명리학에 대한 수요는 나날이 증가하고 있지만 공급이 그에 따르지 못해, 명리학을 연구하고자 하는 사람들이 학문적 갈증을 느끼고 있는 실정이다.

명리학에 대한 폭넓은 수요를 받아들여 보다 깊고 넓은 학문 연구에 매진하도록 하는 것은 현시대에 필요한 과제 가운데 하나라고 볼 수 있다. 그런 점에서 최근 제도권에 명리학과 풍수학을 연구하여 학위를 수여하는 전통문화학부가 개설된 것은 전통문화의 계승과 창달에 중요한 역할을 하고 있다고 할 수 있다.

이번에 맹기옥 선생님의 명리학 저서가 출간된다는 소식에 기쁨을 금할 수 없는 이유는, 이 책이『자평진전』,『난강망』,『적천수』의 핵심을 집약하여 공부하기 쉽도록 편집한 좋은 내용을 지니고 있기 때문이다.

온고이지신溫故而知新의 정신으로 고전이론을 현대의 문제해결에 응용하는데 도움이 될 수 있도록 잘 설명하였기 때문에, 현대 명리연구가들에게 필요한 실용성을 가지게 되었고, 삶의 현장에서 인생의 여러 가지 문제를 해결하는 통변 실력을 함양하는데 큰 도움이 되는 저술이라고 할 수 있는 것이다.

고전명리학과 현대명리학에 두루 능통하신 맹기옥 선생님의 훌륭한 저술인 본서를 정독하면 저절로 명리학의 실력이 대폭 향상되리라 믿어 의심치 않으며, 강호제현에게 자신 있게 일독을 권하는 바이다.

계사년 한여름에
압구정 글로벌사이버대학교 전통문화학부 교수연구실에서
박 영 창 배상

서문
온고이지신溫故而知新

흔히 자평진전子平眞詮, 난강망欄江網, 적천수滴天髓를 명리命理의 3대 보서寶書라고 합니다. 세월의 검증을 받으며 내려온 명리책들이 많지만 그중에서 더 값진 책이라고 해서 그렇게 불러주는 것 같습니다.

그러나 현대사회에서 고전古典에만 전적으로 의존하고 있을 수는 없습니다. 허준의 동의보감東醫寶鑑이 훌륭한 책으로 알려져 있지만, 현대 의학에서는 그 책에만 의존할 수 없는 것과 같습니다. 그렇다고 현대 명리의 뿌리인 고전을 무시할 수도 없습니다. 그러나 고전을 접하려고 하면 너무 부피가 크고, 또 저자마다 약간씩 다른 설명들을 보면서 초학자들은 혼란을 겪을 수 있습니다.

자평진전, 난강망, 적천수 원문原文을 보면 아주 간단합니다. 그러나 짧은 원문을 중국의 유명한 선학先學들이 주해註解를 달아 길어지고, 다시 우리말로 번역하면서 설명을 붙이니 책이 갈수록 두꺼워지고 몇 권씩으로 늘어납니다. 명리命理를 학습하며 겪었던 이런 경험 때문에 입문자들을 위한 자평진전, 난강망, 적천수를 써 보고 싶었습니다.

중·고등학교를 다닐 때 문학전집의 줄거리만 정리된 책들이 있었습니다. 시간이 부족한 학생들 입장에서는 짧은 시간에 많은 책을 볼 수 있어 참 편리한 책이었습니다. 그러한 책들처럼 나이스 사주명리《고전편》에서는 자평진전, 난강망, 적천수 세 권의 책을 한 권으로 줄였습니다. 책마다 논쟁이 되거나 해석이 다른 부분은 빼고, 원문도 자주 쓰이는 원문만 인용하였습니다. 이렇게 정리하면서 보니 고전들의 원문들도 약간씩 차이가 있고, 번역서에도 해석의 차이가 있다는 것을 알았습니다. 이 책을 읽고 난 후 명리 고전을 더 깊게 공부하고 싶으신 분들은 자세히 정리된 시중의 다른 책들을 보시면 되겠습니다.

흔히 자평진전은 격국格局 중심으로 체體의 영역을 다루고, 난강망은 월月 중심으로 용用의 영역을 다룬다고 합니다. 그리고 적천수는 체體와 용用을 동시에 다루고 있다고 말합니다. 그러나 책을 쓰시는 분들은 체體와 용用이라는 명리의 한 쪽만 보고 썼을 리는 없습니다. 단지 시대의 흐름에 따라 학문의 발전 과정에서 그러한 순서가 매겨졌을 것입니다.

평생 가르치는 일을 해온 필자로서는 명리학 입문자들께 좋은 책을 한 권 잘 골라 다섯 번 이상 읽는 것을 권장하고 있습니다. 그러한 방법이 느린 것 같지만 빠른 길이라는 것을 경험으로 알고 있기 때문입니다. 이 책을 펼치신 분들도 처음에는 이해가 되지 않는 용어나 풀이가 있더라도 반복해서 읽는다면 차츰 쉽게 다가올 것입니다.

나이스 사주명리《이론편》, 나이스 사주명리《응용편》과 함께 나이스 사주명리《고전편》이 명리 학습의 발판을 다지는 데 도움이 되었으면 좋겠습니다.

끝으로 이 책이 출판될 수 있도록 몇 달 동안 수고하신 상원문화사 문해성 대표님, 김영철 편집장님 그리고 직원 분들께 감사를 드립니다. 그리고 온라인에서 책의 내용을 수정하고 교정을 도와주신 나이스 사주명리 카페 회원님들과 오프라인에서 마지막 교정을 도와주신 분들께도 깊은 감사를 드립니다.

더 많은 명리 자료를 보기 원하거나 궁금하신 내용이 있으시면 나이스 사주명리(검색)를 찾으시면 되겠습니다.

나이스사주명리 카페 www.e-nicesaju.com(검색 : 나이스 사주명리)

좋은 책이 나오도록 오프라인 교정에 참여해 주신 분들입니다. 원고를 수정하면서 진심으로 고마움을 느꼈습니다. 감사합니다.

강 주 권혁동 목영준 박문현 박미숙 봉일스님 우미연 유서형
이금선 이은수 이현진 전상호 정선희 정태섭 최원복 하명렬

2013년 무더운 여름
빛고을 광주에서
나이스 孟起玉 드림

목차

제3부 격국론格局論

目次
고전편

❖ 난강망편_239

❖ 명리용어_511

자평진전

子平眞詮

자평진전(子平眞詮)은 체용(體用)의 관점에서 볼 때 주로 체(體)에 초점을 맞추고 있다. 즉, 억부용신(抑扶用神)보다는 격국용신(格局用神)에 대한 설명이 주로 되어 있다. 사길신(四吉神)과 사흉신(四凶神)을 중심으로 성격(成格)과 파격(破格)을 나누고, 또 운(運)에서 오는 격국(格局)의 변화도 다루고 있다. 명리학습을 하다가 많이 보게 되는 구응(救應)이나 상신(相神)이라는 단어도 자평진전에 나온다. 또 자평진전에는 격국(格局)의 고저(高低), 순잡(純雜), 유정(有情)과 무정(無情), 그리고 유력(有力)과 무력(無力) 등도 다루고 있어 명리학습에 반드시 거쳐야 할 디딤돌 같은 역할을 하는 책이다.

제1부

간지론 干支論

천간 지지에 대하여

천지(天地)에는 하나의 기(氣)가 있고 이것이 음양(陰陽)으로 나뉜다. 음양이 다시 각각 두 개로 나뉘어 사상(四象)이 된다. 태양(太陽)과 태음(太陰), 소양(少陽)과 소음(少陰)이 그것이다. 봄[木]은 소양(少陽)이고 여름[火]은 태양(太陽)이며, 가을[金]은 소음(少陰)이고 겨울[水]은 태음(太陰)이다. 土는 木火와 金水의 사이에 있다.

양(陽)이 시작하고 음(陰)이 마무리를 하는 자연의 이치에 따라 각 오행은 음양(陰陽)으로 나뉘어 열 개의 천간이 된다.

木운동은 甲木이 시작하고 乙木이 마무리를 한다.

火운동은 丙火가 시작하고 丁火가 마무리를 한다.

土운동은 戊土가 시작하고 己土가 마무리를 한다.

金운동은 庚金이 시작하고 辛金이 마무리를 한다.

水운동은 壬水가 시작하고 癸水가 마무리를 한다.

이렇게 오행운동은 각각 음양(陰陽)을 갖추어 열 개의 천간을 만든다.

천간이 오행운동을 한다면 지지는 사계절운동(四季節運動)을 한다. 지축(地軸)의 기울기 때문이다. 따라서 지지에는 오행운동을 적용하면 안 된다. 각 계절을 세 구간으로 나누면 열두 개의 지지가 나온다. 봄은 寅卯辰, 여름은 巳午未, 가을은 申酉戌, 겨울은 亥子丑이다. 물론 각 계절의 끝에 나오는 辰未戌丑은 계절의 전환기를 나타낸다. 만일 지구의 사계절을 천간처럼 두 개씩 나눈다면 여덟 개가 되니 주역(周易)의 팔괘(八卦)가 그것이다.

다시 말해서 봄은 寅이 시작하고 卯가 마무리를 하고, 여름은 巳가 시작하고 午가 마무리를 한다. 가을은 申이 시작하고 酉가 마무리를 하고, 겨울은 亥가 시작하고 子가 마무리를 한다. 각 계절의 전환기에 辰未戌丑이 있다. 양(陽)은 시작하는 추진력이 좋아 기(氣)라고 하면, 음(陰)은 마무리를 잘 하므로 질(質)이라고 말한다.

> 명리命理를 공부하는 것은 천간과 지지, 즉 하늘과 땅의 기운을 읽어내는 것이다. 천간과 지지의 이치를 아는 것이 명리의 시작이자 끝이다.

주역(周易)의 팔괘(八卦)는 지축(地軸)인 未土와 丑土의 자리에 곤괘(坤卦)
와 간괘(艮卦)를 배치하여 土로 하고, 午火의 자리에 이괘(離卦)를 놓아 火로
했다. 그리고 子水의 자리에 감괘(坎卦)를 놓아 水로 하고, 木의 자리에 진괘
(震卦)와 손괘(巽卦)를 배치했다. 마지막으로 金의 자리에는 태괘(兌卦)와 건
괘(乾卦)를 놓아 여덟 개의 괘(卦)를 만들었다.

팔괘명	건(乾)	태(兌)	리(離)	진(辰)	손(巽)	감(坎)	간(艮)	곤(坤)
팔괘부호	☰	☱	☲	☳	☴	☵	☶	☷
숫자	1	2	3	4	5	6	7	8
자연	하늘 천	연못 택	불 화	우뢰 뢰	바람 풍	물 수	뫼 산	땅 지
인간	부친	소녀	중녀	장남	장녀	중남	소남	모친
오행	陽金	陰金	火	陽木	陰木	水	陽土	陰土
신체	머리	입	눈	발	허벅지	귀	손	배
방위	서북	서	남	동	동남	북	동북	서남
지지	戌亥	酉	午	卯	辰巳	子	丑寅	未申
사상(四象)	태양(太陽)		소음(少陰)		소양(少陽)		태음(太陰)	
양의(兩儀)	양(陽)				음(陰)			
태극	태극(太極)							

02
음양생극陰陽生剋에 대하여

　음양운동과 생극현상(生剋現象)은 우주의 생존법칙이다. 그래서 우주에는 음양운동과 생극운동(生剋運動)을 하지 않는 것이 없다.

　먼저 음양운동을 이해하려면 정오(正午)와 자정(子正), 또는 하지(夏至)와 동지(冬至)를 오고 가는 밤낮의 길이의 변화를 보면 된다. 양(陽)이 성장하면 음(陰)이 줄어들고, 음(陰)이 성장하면 양(陽)이 줄어드는 것은 우주의 근본법칙이다. 보통 음생양사(陰生陽死), 양생음사(陽生陰死)라고 말한다.

　또 우주는 생극운동(生剋運動)을 통해 생명을 이어간다. 오행의 상생상극(相生相剋) 운동은 가장 이상적(理想的)인 우주운동이다. 우주, 즉 천간의 작용인 오행의 상생운동에는 목생화(木生火) 화생토(火生土) 토생금(土生金) 금생수(金生水) 수생목(水生木)이 있고, 오행의 상극운

"

동(相剋運動)에는 목극토(木剋土) 토극수(土剋水) 수극화(水剋火) 화극금(火剋金) 금극목(金剋木)이 있다.

그러나 지구는 사계절운동(四季節運動)을 하므로 우주의 오행운동을 그대로 적용하면 안 된다. 지구에 있는 인간뿐 아니라 모든 만물에는 사계절운동을 적용해야 한다. 더구나 각자의 팔자에는 오행이 기형적으로 분포됨으로써 파란만장한 삶을 살아가게 된다.

우주의 기운인 천간과 지구의 기운인 지지, 그리고 지지 속에 들어 있는 잡다한 지장간을 살펴봄으로써 삶이 어떻게 전개될 것인지 예견해 보는 학문이 명리학命理學이다.

03

생왕사절 生旺死絶에 대하여

생왕사절(生旺死絶)이란 12운성(運星)을 말한다. 천간은 오행운동을 하고 지지는 지축의 기울기에 의하여 사계절운동(四季節運動)을 하니, 하늘의 기운이 땅에 그대로 내려오지 못한다. 이 차이를 오행으로 표시한 것이 왕상휴수사(旺相休囚死)이고, 천간과 지지로 표시한 것이 12운성이다. 사주팔자가 오행이 아닌 천간과 지지의 글자로 되어 있으므로, 오행으로 구분하는 왕상휴수사보다는 12운성을 적용해야 세밀한 추명(推命)이 가능하다.

왕상휴수사나 12운성을 정리하다 보면 일정한 법칙에서 어긋남을 발견할 수 있다. 그 이유는 천간은 오행운동을 하는데 지지는 사계절운동을 하기 때문이다. 그래서 火와 土를 같이 쓰는 火土동법이 나오게 되고, 60갑자가 나오게 되고, 공망(空亡)이 있게 된다.

왕상휴수사로 살펴보면 봄에는 木이 왕(旺)하고, 여름에는 火가 왕(旺)하다. 가을에는 金이 왕(旺)하고 겨울에는 水가 왕(旺)하다.

봄에는 金이 사(死)하고, 가을에는 木이 사(死)한다. 여름에는 水가 사(死)하고, 겨울에는 火가 사(死)한다.

또 봄에는 火가 상(相)하고, 여름에는 金이 상(相)한다. 가을에는 水가 상(相)하고, 겨울에는 木이 상(相)한다.

또 봄에는 水가 휴(休)하고, 여름에는 木이 휴(休)한다. 가을에는 火가 휴(休)하고, 겨울에는 金이 휴(休)한다.

왕상휴수사를 적용할 때 헷갈리는 경우가 있는데 이는 기준을 어디에 두는가에 따라 차이가 나기 때문이다. 예를 들면, 봄에는 火가 상(相)하지만 火 입장에서 보면 봄에 휴(休)한다. 또 봄에는 水가 휴(休)하지만 水 입장에서는 봄에 상(相)한다.

이론적으로는 오행의 왕상휴수사를 적용할 수는 있으나, 지구는 사계절운동을 하므로 土라고 하는 기운은 없다. 지구에는 각 계절이 전환하는 시기에 서로 다른 辰戌丑未가 있을 뿐이다. 辰戌丑未를 같은 土로 보면 안 된다.

사계절의 왕상휴수사(旺相休囚死)

	木	火	金	水
봄	왕(旺)	상(相)	수(囚)	휴(休)
여름	휴(休)	왕(旺)	상(相)	수(囚)
가을	수(囚)	휴(休)	왕(旺)	상(相)
겨울	상(相)	수(囚)	휴(休)	왕(旺)

오행의 왕상휴수사(旺相休囚死)

	木	火	土	金	水
목(봄)	왕(旺)	상(相)	수(囚)	사(死)	휴(休)
화(여름)	휴(休)	왕(旺)	상(相)	수(囚)	사(死)
토	사(死)	휴(休)	왕(旺)	상(相)	수(囚)
금(가을)	수(囚)	사(死)	휴(休)	왕(旺)	상(相)
수(겨울)	상(相)	수(囚)	사(死)	휴(休)	왕(旺)

12운성은 천간과 지지와의 관계를 가장 정확하게 나타낸다. 음양간(陰陽干)의 차이까지 구분할 수 있기 때문이다. 예를 들어 오행으로 木은 봄철에 가장 강하고 가을철에 가장 약하다. 반대로 金은 봄철에 가장 약하고 가을철에 가장 강하다.

甲木과 乙木은 똑같이 木이므로 같은 길을 가는 것 같지만 木운동만 보면 음생양사(陰生陽死) 양생음사(陽生陰死)가 적용되니, 甲木이 약해지면 乙木이 강해지고, 乙木이 약해지면 甲木이 강해진다. 甲乙木의 차이는 단지 木운동으로만 한정해서 봐야 하는데 다른 오행과 함께 보려고 하니 12운성이 헷갈리는 경우가 있다.

_12운성(運星) 표_

	장생	목욕	관대	건록	제왕	쇠	병	사	묘	절	태	양
甲	亥	子	丑	寅	卯	辰	巳	午	未	申	酉	戌
乙	午	巳	辰	卯	寅	丑	子	亥	戌	酉	申	未
丙戊	寅	卯	辰	巳	午	未	申	酉	戌	亥	子	丑
丁己	酉	申	未	午	巳	辰	卯	寅	丑	子	亥	戌
庚	巳	午	未	申	酉	戌	亥	子	丑	寅	卯	辰
辛	子	亥	戌	酉	申	未	午	巳	辰	卯	寅	丑
壬	申	酉	戌	亥	子	丑	寅	卯	辰	巳	午	未
癸	卯	寅	丑	子	亥	戌	酉	申	未	午	巳	辰

12운성(運星) 설명

12운성은 장생(長生), 목욕(沐浴), 관대(冠帶), 건록(建祿), 제왕(帝王), 쇠(衰), 병(病), 사(死), 묘(墓), 절(絶), 태(胎), 양(養)이 있다. 단어에서도 느껴지듯이 건록(建祿)과 제왕(帝王)에서 최고(最高)에 이르고, 절(絶)과

태(胎)에서 최저(最低)에 이르는 순환운동을 표시한 것이다.

태胎

태는 잉태(孕胎)의 순간이다. 난자와 정자가 만나는 순간이다. 눈에 보이지는 않지만 뭔가 만들어지는 순간이다. 태에서는 의존성이 강하므로 독립을 하는 것은 어렵다.

양養

양은 뱃속에서 성장하는 기간이다. 뭔가 성장이 느껴지고 이따금 만져지기도 하나 볼 수는 없다. 아직 세상에 드러내지 못하고 속으로만 구상하고 있는 단계이다.

장생長生

드디어 탄생했다. 밖으로 나왔다. 무엇을 해도 조금도 거짓이 없으므로 순수하게 대한다. 많은 사람의 관심을 끌어 좋은 평을 받지만 아직 독립할 수는 없다.

목욕沐浴

탄생하여 목욕한다. 깨끗함과 개운함은 있지만 벗은 몸을 노출시켜야 한다. 교육을 받으며 성장하는 시기로 기쁨과 아픔이 교차되는 시기이다. 멋을 내고 시행착오를 겪는다.

관대冠帶

관대는 새로 시작하기 위해 새 옷을 입은 모습이다. 첫 직장을 얻었다. 막 결혼을 했다. 막 입학했다. 이제 시작이니 모든 것이 어설프다. 그러나 자신감이 넘치는 시기이다.

건록建祿

건록에서 최고의 힘이 용솟음친다. 천하무적(天下無敵)이다. 무슨 일이든 철저하고 완벽하지만 힘이 들어 있다. 부드러움이 없다. 경직되어 있다. 독립적이므로 자수성가(自手成家)하기도 한다.

제왕帝王

제왕은 최고의 경지에 오른 때이다. 무슨 일이든 부드럽게 잘 처리한다. 그러나 정상에 서면 내려가야 하는 것이 대자연의 이치이다. 겸손해야 할 때이다.

쇠衰

쇠는 은퇴를 하고 내려가야 한다. 명예라는 감투도 쓴다. 아는 체는 하지만 자신감의 상실로 적극성은 없다. 그러나 일처리는 잘한다. 진취성은 없지만 융화를 잘한다.

병病

나이를 먹으니 자주 아프다. 병(病)은 아프니 인생에 대해 생각을 한다. 신경은 날카롭고 하찮은 일에 화를 내기도 한다. 혼자 있는 것을 싫어하고 이야기하는 것을 즐긴다.

사死

사에서는 살아 있어도 산 것이 아니다. 차분하고 안정되며 모든 일에 욕심이 사라진다. 육체적인 활동보다 정신적인 활동 즉 지식, 예능, 예술, 의술, 철학, 점술 등에 관심이 있다.

묘墓

묘에 들어간 것이나 다름없다. 묘지(墓地)에 빠진 천간의 글자는 힘이 없다. 힘이 있어도 있는 것이 아니다. 모은 것을 아끼고 움켜쥐려고 하는 때이다.

절絕

절은 형체는 사라지고 정신만 있는 절처봉생(絕處逢生)의 자리이다. 새로운 것에 호기심이 많으나 무기력(無氣力)하여 아무것도 할 수가 없다. 독립을 하는 것은 어렵다.

팔자에 12운성을 적용할 때는 재성(財星)이 절태(絕胎)를 지나면 재성이 최악의 상황을 맞이할 것이고, 재성이 록왕(祿旺)을 지나면 좋은 시기를 맞이한 것이다. 12운성 생욕(生浴)을 지나면 우여곡절을 겪으며 좋아지고 있는 것이고, 병사(病死)를 지나면 나빠지는 때이다.

팔자를 볼 때 12운성은 강약强弱과 함께 반드시 적용해야 한다. 강약이 체격體格이라면, 12운성은 체력體力이다.

04
월령月令의 인원사령人元司令에 대하여

월령은 팔자의 여덟 글자 중에서 가장 중요한 본부 역할을 한다. 명령을 내리는 곳이라 하여 월령(月令)이라고 한다. 월령은 계절을 나타내는 곳으로 다른 일곱 글자의 왕쇠(旺衰)를 결정한다. 여름에 태어나면 아무리 강한 水라고 하더라도 약해진다. 반면에 겨울에 태어난 水는 무척 강하다.

천간은 하늘의 기운이므로 순수하다. 그러나 지지는 지축의 기울기 때문에 하늘의 기운을 그대로 받지 못한다. 그래서 하늘의 기운이 섞인 사계절이 생기고, 각 지지에는 어떤 천간의 기운이 들어 있는지 알 수 있는 지장간의 글자가 있다.

　팔자를 보는 것은 하늘의 뜻이 땅에서 어느 정도 실현되는가를 보는 것이다. 즉, 팔자의 주인공이 마음먹은 일이 현실에서 어느 정도 이루어질 것인가를 보기 위한 것이다. 마음을 나타내는 천간의 글자가 지지에서 어떤 모습인지 알기 위해 지장간(支藏干)을 살펴보는 것이다.

　지장간을 살펴보면 각 글자마다 비율이 약간씩 차이가 있다. 대개 寅申巳亥 생지(生地)의 글자는 초기·중기·말기의 비율이 7:7:16이고, 子午卯酉 왕지(旺地)의 글자는 초기·중기·말기의 비율이 10:10:10 정도이다. 그리고 辰戌丑未 고지(庫地)의 글자는 초기·중기·말기의 비율이 대개 9:3:18이다.

　천간의 글자가 해당 지장간과 같은 오행이면 통근했다고 말하는데, 엄밀히 말하면 천간의 글자와 같은 지장간일 때 더 강하다. 천간의 甲木은 지장간 乙木에 뿌리를 내린 것보다 甲木에 뿌리를 내릴 때 더 강하다. 甲木이 甲木에 통근하면 친형제간과 같지만 甲木이 乙木에 통근하면 사촌형제와 같다.

　천간 甲木은 亥水·寅木·卯木·辰土·未土에 통근했다고 하지만, 각 지지 글자에 통근하는 힘은 모두 다른 것이다. 또 천간과 같은 지장간에 뿌리를 내리더라도 지장간 초기·중기·말기 중 어느 글자에 뿌리를 내리느냐에 따라 통근의 시기가 달라진다. 《이론편》에서 배웠듯이 지장간 초기와 말기는 체(體)의 영역이고, 지장간 중기는 용(用)의 영역이다.

또 같은 지장간 글자에 뿌리를 내린 천간이라도 통근한 지지에 따라 힘이 다를 것이다. 예를 들어 寅申巳亥에는 모두 戊土가 들어 있는데 각 지지에 있는 戊土의 힘이 모두 같을 리가 없다. 이때는 12운성을 적용하면 쉽게 차이를 알 수 있다. 寅 속의 戊土는 장생(長生)이고, 巳 속의 戊土는 건록(建祿)이다. 申 속의 戊土는 병(病)이고, 亥 속의 戊土는 절(絕)이다.

05
십간十干의 합合에 대하여

천간 중에서 甲乙丙丁戊는 양운동(陽運動)을 하고, 己庚辛壬癸는 음운동(陰運動)을 한다. 천간운동보다는 오행운동이 우선이고, 오행운동보다는 음양운동이 우선이다.

태어나는 순간 남자의 짝은 여자이고, 여자의 짝은 남자이듯이 천간의 글자들도 짝이 정해진다. 짝을 찾을 때는 유유상종이다. 초등학생은 초등학생을 찾고, 대학생은 대학생을 찾는다. 그래서 양(陽)의 시작인 甲木은 음(陰)의 시작인 己土를 찾아 합(合)을 한다. 乙木은 庚金을 찾아 합(合)을 하고, 丙火는 辛金을 찾아 합(合)을 한다. 丁火는 壬水를 찾아 합(合)을 하고, 戊土는 癸水를 찾아 합(合)을 한다. 모두 음양운동에서 같은 단계의 글자를 찾아 합(合)을 한다.

남녀가 결혼하면 아이를 기대하듯이, 천간의 글자가 음양합(陰陽合)

을 하면 새로운 기운의 탄생을 기대한다. 甲己합土, 乙庚합金, 丙辛합水, 丁壬합木, 戊癸합火가 그것이다. 다섯 개의 양간(陽干)은 정재(正財)와 합(合)하고, 다섯 개의 음간(陰干)은 정관(正官)과 합(合)한다.

우주에 떠도는 음양(陰陽)의 기운들이 처음 만나면 甲己합土에 의해 土의 기운이 생긴다. 새로운 별의 탄생이다. 새로운 별이 만들어지면 乙庚합金으로 굳어지게 된다. 다음으로 丙辛합水에 의해 굳어진 별 위에 물이 생기고, 丁壬합木으로 물이 있으면 반드시 생명체가 만들어진다. 마지막으로 새로운 생명체는 戊癸합火로 증발하여 대기 속에서 새로운 음양(陰陽)의 기운으로 머문다.

이러한 우주 원리로 별들도 태어나고 죽는 것이다. 이는 우주를 연구하는 세계적인 물리학자들이 음양오행(陰陽五行)이나 주역(周易)에 관심을 갖는 이유이기도 하다. 공자(孔子)는 물론 아인슈타인도 주역에 몰두했다고 하고, 덴마크의 물리학자 닐스보어는 주역의 괘(卦)가 그려진 옷을 입고 노벨상을 수상했다고 한다.

천간합(天干合)이 된다고 새로운 합화오행(合化五行)이 반드시 생성되는 것은 아니다. 지지에 합화오행의 기운이 강할 때 새로운 오행이 생성될 가능성이 커진다. 예를 들어 戊癸합火에서 火가 생성될 가능성은 지지에 火의 기운이 강할수록 커지는 것이다. 특히 월지(月支)는 지지에서 가장 강하므로 월지가 합화오행의 글자이면 일단 합화(合化)가 될 가능성이 커진다. 합화가 되면 반드시 득(得)을 한다. 득이 된다고 언제나 좋은 것은 아니다. 나쁜 것을 득할 수도 있기 때문이다.

천간합(天干合)의 특징

천간합이 된다고 반드시 새로운 오행을 만드는 것은 아니다. 남녀가 결혼한다고 해서 반드시 아이가 생기는 것이 아닌 것과 같은 이치이다. 만일 천간의 글자가 합(合)하여 새로운 오행을 만들지 못하면 천간의 글자들은 없는 글자처럼 된다. 남녀가 결혼하면 본가에서 떨어져 나가는 것과 같다.

일간과의 합(合)은 쉽게 이루어지지 않는다. 일간이 합을 한다는 말은 일간의 고유성향을 잃게 됨을 의미한다. 그래서 일간이 합되어 사라지는 경우는 화격(化格)을 제외하고는 거의 없다.

화격이란 乙庚이 합(合)했을 때 팔자에 金의 기운으로 가득차고, 金의 기운을 거스르는 火나 木의 기운이 팔자에 없을 경우를 말한다. 화격이 되면 일간은 자기 고유 성질을 포기하고 더 강한 합화(合化) 기운을 따른다. 乙木 일간이라면 乙庚이 합되면서 팔자가 金의 기운으로 가득하고 火木이 없다면 화격(化格)이 될 가능성이 크다.

時	日	月	年
	甲	癸	戊

❶ 천간합(天干合)이 된 戊土와 癸水는 있어도 합거(合去)되어 없는 글
  자처럼 된다.

<坤>

時	日	月	年
	丁	壬	

❶ 壬水 남편이 일간과 합(合)되어 부부의 정(情)이 돈독할 것이다.

<坤>

時	日	月	年
	丁	壬	丁

❶ 일간보다 년월간(年月干)이 먼저 합(合)을 한다.

❷ 남편이 다른 여자에게 관심을 가질 것이다.

時	日	月	年
	甲	己	甲

❶ 甲己합은 년월간(年月干)에서 이루어진다.

❷ 일간의 합(合)은 좀처럼 일어나지 않는다.

06

천간의 합이불합合而不合에 대하여

천간이 합이 되는 것 같아도 사실은 합이 되지 않는 것들이 있다. 천간의 두 글자가 서로 합이 되려고 할 때 가운데에서 방해하는 글자가 있으면 합이 되지 못한다. 또 합인 듯해도 합이 되지 않는 합이불합(合而不合)도 있다. 일간과의 합이 그렇다. 일간의 합은 합거(合去)가 되지 않는다.

쟁합(爭合)과 투합(妬合)은 한 여자가 두 남자를 섬기지 못한다고 하여 생겨난 용어이다. 하나의 천간을 양쪽에서 합하려고 할 때 쓰는 말이다.

時 日 月 年

庚 甲 乙

❶ 乙木과 庚金은 떨어져 있어서 乙庚합이 약해진다.

❷ 가운데 甲木이 乙庚합을 막아서고 있다.

時 日 月 年

己 甲 己

❶ 일간 甲木 양쪽에 己土가 합(合)을 하지만 甲己합은 없다.

❷ 일간을 가운데 둔 투합(妬合)이나 쟁합(爭合)은 합(合)이 안 된다.

時 日 月 年

己 庚 甲

❶ 년간(年干)의 甲木과 시간(時干)의 己土가 합(合)하고 싶어한다.

❷ 그러나 합(合)하기에는 거리가 너무 멀다.

❸ 그래도 약하기는 하지만 합(合)의 영향력은 있다.

時	日	月	年
辛	甲	辛	丙

❶ 두 개의 정관(正官)이 투출하였다.

❷ 丙辛합으로 하나의 정관(正官)이 사라졌다.

❸ 사주가 맑아져 좋아졌다.

時	日	月	年
庚	甲	辛	丙
			卯

❶ 천간에 庚辛 관살(官殺)이 투(透)하였다.

❷ 관살혼잡(官殺混雜)이 丙辛합으로 해소되었다.

❸ 합관류살(合官留殺)로 살인격(殺刃格)이 되어 좋아졌다.

時	日	月	年
	乙	乙	庚

❶ 년월간(年月干)이 먼저 합(合)하니 일간은 합되지 않는다.

❷ 庚金이 남편이라면 남편이 다른 여자와 합되는 것이다.

43

時　日　月　年

乙　甲　乙　庚

亥　子　酉　午

❶ 년월간(年月干)의 乙庚합이 이루어진다.

❷ 시간(時干)의 乙木은 합되지 않는다.

❸ 합살류관(合殺留官)으로 되어 복(福)이 감소하지 않았다.

07

십간 득시불왕得時不旺 실시불약失時不弱

득시(得時)하면 왕(旺)하고, 실시(失時)하면 쇠(衰)한 것으로 본다.
이 뜻은 월지 계절을 얻었으면 왕(旺)하고, 월지 계절을 얻지 못했으면
쇠(衰)하다는 뜻이다. 그러나 모든 팔자에 기계적으로 대입하면 안 된
다. 득시(得時)해도 왕(旺)하지 않고, 실시(失時)해도 약(弱)하지 않는 경
우가 있다.

甲乙木은 봄철에 태어나면 계절을 얻은 것이니 왕(旺)하다. 甲乙木이
가을에 태어나면 계절을 얻지 못했으니 쇠(衰)하다. 왕상휴수사(旺相休
囚死)를 생각하면 된다. 더 정확하게 보려면 음양간(陰陽干)을 구분하는
12운성(運星)을 사용하면 된다.

보통 강약(强弱)과 왕쇠(旺衰)의 구분을 못하고 혼동하여 쓰는 경우가 있다. 강약은 통근(通根)으로 살피고, 왕쇠는 계절에 근거한 12운성으로 보면 간단하다. 물론 팔자를 볼 때는 강약과 왕쇠를 함께 보아야 한다. 작은 고추가 매울 수 있고, 키는 크지만 실속은 없을 수 있기 때문이다.

보통 천간이 지지에 뿌리를 내리면 통근했다고 말하고, 뿌리를 강하게 내린 천간일수록 강하다. 천간이 통근하지 못했거나 통근의 힘이 약하면 해당 천간은 약하다. 통근이란 천간과 같은 오행이 지장간에 있는 경우를 말한다.

강약(强弱)을 예로 들어본다.

甲木은 亥寅卯辰未에 통근한다. 지장간에 木이 있기 때문이다. 물론 통근을 했다고 해도 각 글자마다 힘의 세기는 다를 것이다. 모두 통근은 했지만 甲木은 亥에서 장생(長生)하고, 寅에서 건록(建祿)이며, 卯에서 제왕(帝王)이다. 그리고 辰에서 쇠(衰)하고 未에서 묘(墓)로 들어간다. 그래서 어느 지지에 통근했느냐에 따라 차이가 난다.

또 각 지지에서 해당 천간 글자가 지장간의 초기·중기·말기 중에서 어디에 뿌리를 내렸느냐에 따라 차이가 있을 것이다. 지장간 초기와 말기는 체(體)의 영역이고, 중기는 용(用)의 영역이니 함께 설명을 해주면 더욱 구체적으로 통변할 수 있다.

다음으로 왕쇠(旺衰)를 살펴보자.

乙木이 午를 만나고, 丁火가 酉를 만나면 통근하지 못한다. 해당 천간의 오행이 지장간에 없기 때문이다. 그러나 뿌리가 없다고 해서 무조건 약한 것은 아니다. 乙木은 午에서 장생(長生)이고, 丁火는 酉에서 장생이기 때문이다. 장생은 힘이 있다. 기(氣)가 강한 것이다. 키는 작아도 힘이 있을 수가 있다. 통근이 되지 않았다고 무조건 약하게 보면 안 된다. 통근이 되었다고 해도 묘(墓)에 뿌리를 두고 있다면 별로 강한 것이 아니다. 팔자를 볼 때 체격(體格)과 체력(體力), 즉 이(理)와 기(氣)를 함께 보는 훈련이 필요하다.

08
형충회합刑沖會合의 해법에 대하여

형충회합파해(刑沖會合破害)는 지지에서만 일어난다. 형(刑)은 삼형 (三刑)이나 子卯형 그리고 자형(自刑) 등을 말한다. 자형(自刑)이 아니라도 같은 지지의 글자가 만나면 미약하지만 형(刑)의 작용은 있다. 충(沖)은 子午충 등 여섯 개의 충(沖)이 있고, 회(會)는 삼합(三合)이나 방합(方合)을 말한다. 합(合)은 子丑합 등 지지 육합(六合)을 말하고, 파(破)는 子酉파 등 여섯 개가 있다. 해(害)도 지지합(地支合)을 방해하는 글자로 여섯 개가 있다.

형(刑)은 상호간의 조정(調整)이나 타협(妥協)이 필요한 것으로 감정이 개입된다. 그래서 합(合)이나 충(沖)에 관계없이 독자적으로 형은 일어난다. 형은 충고나 야단을 치는 것으로부터 매를 때리는 것, 심하면 형벌(刑罰)에 처해질 수도 있다. 형에는 가해자와 피해자가 있다. 그러나 형은 모두 서로 간에 어느 정도 피해를 보면서 잘 해보자는 뜻으로, 고치고 수정하고 조절하는 과정을 거친다. 수술도 마찬가지이다. 형이 일어나면 상호간에 감정의 손상이나 현실적인 소란, 소동, 감정싸움, 육체적 고통 등 아픔이 있지만 발전적인 목적을 가지고 이루어진다. 그러나 결과가 좋지 않을 때도 있다. 형벌에 처하거나 수술을 하거나 매를 때린다고 결과가 반드시 좋게 나타나지만은 않는다.

충(沖)은 의도적이든 아니든 각오를 하고 싸우는 것이니 서로 피해가 있을 수 있다. 소모적인 싸움도 있지만, 경쟁력 향상을 위한 고의적인 싸움도 있다. 대부분 상대가 있는 스포츠 대결이 충이다. 아이들의 싸움뿐 아니라 국가대표 간의 축구 시합도 충이다. 법정 싸움도 충이다. 충은 서로간의 희생이 요구되니 일시적인 승리는 있을지라도 피해는 있게 된다.

회(會)는 지지에서 같은 성질을 가진 글자들이 모여 강력한 시너지 효과가 나오는 것을 말한다. 寅卯辰 등과 같은 방합(方合)도 있고, 寅午戌 등과 같은 삼합(三合)도 있다. 방합과 삼합의 차이는 체(體)와 용(用)의 차이이다. 방합은 가족의 합이라는 이름에서 볼 수 있듯이 가족이나 가문, 동창회 등을 볼 때 사용하고, 삼합은 사회적인 합이라는 이름에서 알 수 있듯이 직업이나 사회활동을 볼 때 사용한다.

　대부분의 지지는 체용(體用)의 두 가지 역할을 하니 주변 상황을 잘 살펴야 한다. 예를 들어 寅은 체(體)로는 木이지만 용(用)으로는 火이다. 寅卯가 있으면 木의 역할이 강해지고, 寅午가 있으면 火의 역할이 강해진다. 寅의 글자가 주변 상황에 따라 木의 일도 하고, 火의 일도 하는 것이다. 사람들은 집에서의 역할과 사회에서의 역할을 동시에 하는데 어느 쪽에 더 치중하느냐는 팔자 글자의 주변 환경으로 살필 수 있다.

　합(合)은 지지 육합(六合)을 말하는데 지축(地軸)의 기울기 때문에 일어난다. 같은 위도에 있는 기운들이 지구의 자전(自轉)에 의해 섞이는 것이다. 팽이에 색을 칠하고 돌리면 서로 섞여서 보이는 현상과 비슷하다. 그래서 지합(支合)이 되면 이것도 저것도 아닌 애매한 경우가 많다. 혼돈 상태일 수도 있다. 선명하지 못하고 답답한 상태가 된다. 뜻대로 안 되어 묶이는 현상이 발생하고, 두 가지 일을 동시에 병행하는 일로 나타난다. 子丑합 土, 寅亥합 木, 卯戌합 火, 辰酉합 金, 巳申합 水의 순서가 태양계의 행성의 위치와 같다는 것도 의미심장하다. 午未합은 태양계의 중심인 태양으로 보면 된다. 물론 기준은 지구이다.

　파(破)는 글자 그대로 파손(破損)되었다는 뜻이다. 길을 가다가 넘어져 무릎이 깨진 것이 파(破)이다. 가전제품의 겉모습이 훼손된 경우도 파(破)이다. 일부가 깨졌지만 정상적인 활동은 가능하다. 외모의 손상(損傷)으로 나타난다.

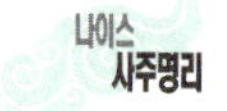

해(害)는 해롭다는 뜻이다. 지지 합(合)을 방해하는 글자로 훼방을 놓는 것이니 해롭다. 해로운 것은 정상적으로 사용하지 못하니 손해가 난다. 상해버린 음식이니 버려야 한다.

과거에는 직업에 귀천이 있어서 팔자에 형충파해(刑沖破害)가 있으면 좋지 않다고 보는 경향이 있었다. 그러나 현대사회에서는 직업의 종류가 많아졌고, 하는 일의 차별도 없어졌다. 그래서 어떤 글자라도 팔자에 맞게 유용(有用)하게 사용할 수 있다. 과거 전통사회에서는 형충(刑沖) 등으로 일어나는 변화를 두려워했지만, 현대 사회에서는 변하지 않으면 생존을 하지 못하니 일부러 형충(刑沖)을 가하기도 한다.

형(刑)도 마찬가지이다. 미리 건강검진을 하여 문제가 있는 부분은 고통이 있더라도 수술을 하고, 부모들은 아이들을 때려서라도 잘 가르치려고 한다. 음식이나 기구 등 여러 가지에도 일부러 형(刑)을 가해 변형, 변질시킨다. 이른바 퓨전(fusion)도 형(刑)에 해당한다.

형충(刑沖)을 무서워했던 과거에는 지지 육합(六合)이나 합국(合局)으로 형충(刑沖)이 해소되는 것을 긍정적으로 보았다. 자평진전에는 형충은 육합이나 합국으로 해소된다고 한다. 卯酉충이 있을 때 戌이나 辰이 있으면 卯戌합 辰酉합으로 충(沖)을 해소한다고 한다. 또 卯酉충이 있을 때 亥未가 있으면 亥卯未가 되니 충(沖)이 해소되고, 巳丑이 있어도 巳酉丑이 되니 卯酉충이 해소된다고 한다.

강한 힘 앞에서는 약한 것은 힘을 못쓰는 것이 자연의 법칙이다. 자평진전에는 육합(六合)이나 삼합(三合)이 형(刑)을 해소한다고 한다. 子卯형이 있을 때 戌이나 丑이 있으면 卯戌합, 子丑합으로 형(刑)이 풀린다는 것이다. 또 삼합(三合) 등으로 형(刑)이 풀린다고 한다. 그러나 현대명리에서는 형(刑)에 대한 생각이 좀 다르다. 형(刑)이 동(動)하면 어떤 상황에서도 일어날 수 있다고 본다. 어떤 상황에서도 순간적으로 감정이 상할 수 있는 것이다.

형충회합(刑沖會合)의 작용력에는 크고 작은 힘의 세기가 있다. 그 우선순위는 다음과 같다.

방합(方合) ≫ 삼합(三合) ≫ 육충(六沖) = 육합(六合) ≫ 반합(半合)

힘의 세기가 강한 것과 약한 것이 함께 있을 때는 약한 것은 작용을 못한다. 그래서 지지는 합충(合沖)이 되었다 하더라도 더 큰 힘에 의해 풀리거나 재충(再沖), 재형(再刑)이 되는 일도 있다. 육합(六合)과 육충(六沖)은 그 힘의 세기가 서로 동등하여, 육충(六沖)과 육합(六合)이 동시에 존재하게 되면 육충(六沖)과 육합(六合)은 일어나지 않는다. 그러나 이론적으로 그렇다는 것이고 실제 현상에서는 옆에 어느 글자가 있느냐에 따라 다양한 상황이 펼쳐진다.

時　日　月　年

甲

巳　申　酉　戌

❶ 申酉戌 방합과 巳申합이 있다.

❷ 방합이 육합보다 힘이 강하다.

❸ 그래서 팔자에서는 육합은 일어나지 않는다.

時　　日　　月　　年

亥　　寅　　亥

❶ 寅을 두고 쟁합(爭合)이 일어나 합(合)은 성립하지 않는다.

❷ 합(合)이 합(合)을 푸는 모습이다.

時　　日　　月　　年

亥　　寅　　午

❶ 寅亥합과 寅午 반합이 있다.

❷ 육합이 반합보다 힘의 우선순위가 앞선다.

❸ 그래서 寅午 반합은 없다.

時	日	月	年
辰	戌	卯	

❶ 辰戌충과 卯戌합 있다.

❷ 합(合)이 충을 풀고 충(沖)이 합(合)을 푸는 모습이다.

❸ 충(沖)도 합(合)도 성립되지 않는다.

時	日	月	年
			丁
午	子	丑	

❶ 子丑합과 子午충이 있다.

❷ 충(沖)은 합(合)을 풀고 합(合)은 충(沖)을 푼다.

❸ 午火가 제 역할을 하니 丁火는 뿌리를 내린다.

時	日	月	年
酉	卯	寅	

❶ 卯酉충과 寅卯가 있다.

❷ 방합에는 반합이 없고 木의 기운이 좀 강해질 뿐이다.

❸ 그래서 卯酉충 성립한다.

時　日　月　年

丑　子　午

❶ 子午충이 있을 때 일지가 丑이면 子丑합으로 충(沖)을 해소한다

❷ 이때 시지에서 巳 또는 酉를 만나면 巳丑 또는 酉丑 반합으로 子午충
이 부활한다.

❸ 회합(會合)이 있어도 형충(刑沖)을 해소하지 못한다.

❹ 자평진전에 나온 설명이다.

時　日　月　年

戌　卯　子

❶ 卯戌합이 되어 子卯형이 해소된다.

❷ 시지에 寅이나 午가 있다면 寅戌 또는 午戌로 子卯형이 되살아난다.

❸ 회합(會合)이 있어도 형충(刑沖)을 해소하지 못한다.

❹ 자평진전에 나온 설명이다.

형충(刑沖)이 다른 형충(刑沖)을 해소하는 경우도 있다. 팔자에 형충
이 있으면 좋지 않은데 격국용신(월지)을 형충하면 파격(破格)이 된다.
다른 지지의 형충이 있을지언정 월지의 형충은 피해야 한다. 자평진전
은 체(體)의 영역인 격국(格局)을 다루기 때문에 세월에서 다루는 억부

(抑扶)와는 다르다. 또 사주에 형충이 있으면 나쁘다고 했지만 무조건 그런 것은 아니다. 희신(喜神)이 충(沖)을 당하면 나쁘지만 기신(忌神)이 충을 당하면 오히려 성격(成格)되니 일률적으로 논할 수 없다.

時	日	月	年

酉　卯　子

❶ 子卯형이 있는데 卯酉충이 있어 子卯형이 되지 못한다.

❷ 월지 子는 온전하다.

時	日	月	年

子　卯　酉

❶ 卯가 월지 酉를 충(沖)하는데 子卯형이 되어 卯酉충이 무력하다.

❷ 월지 酉가 다치지 않는다.

❸ 형충(刑沖)으로 다른 형충(刑沖)을 해소하는 경우이다.

제2부

용신론
用神論

09

용신에 대하여

八字用神專求月令
팔 자 용 신 전 구 월 령

팔자의 용신은 오직 월령月令에서 구한다.

기본적으로 격국(格局)은 일간과 월지와의 관계를 육친(六親)으로 정하면 된다. 巳월에 辛金이면 정관격(正官格)이 되는 것이고, 亥월에 甲木은 편인격(偏印格)이 된다.

이렇게 정한 격국(格局)이 재관인식(財官印食)이면 길(吉)한 용신이니 순용(順用)하고, 살상효인(殺傷梟刃)이면 좋지 않은 용신이니 역용(逆用)한다. 순용은 보통 도와주는 것을 말하고, 역용은 극(剋)을 하거나 힘을 빼는 것을 말한다.

當順而順 當逆而逆 配合得宜 皆爲貴格
당 순 이 순 당 역 이 역 배 합 득 의 개 위 귀 격

순용順用할 것은 순용하고 역용逆用할 것은 역용하여 배합이
적당하면 귀격貴格이 될 수 있다.

자평진전(子平眞詮)은 팔자의 가장 중심세력인 격국(格局)을 다룬다.
팔자에서 가장 핵심 글자가 월령(月令)이므로 일간과 월지의 십신관계
를 따져 격국을 정하지만, 만일 월지에서 투(透)한 천간이 있으면 그 세
력이 더 강하므로 그것으로 격국을 정한다.

사주에 식재관(食財官)이 천간에 투(透)하거나 지지에 회국(會局)을
이루면 그것으로 격국(格局)을 잡는다. 월령(月令)에서 용신을 찾고 월
령에 용신이 없으면 다른 곳에서 용신을 찾는다. 즉 일간과 같은 오행을
격국으로 하지 않으니, 건록격(建祿格)과 월겁격(月劫格)은 용신이 아닌
것을 용신으로 삼는다.

그러나 월지 또는 월지에서 투(透)한 천간이 아니더라도 합국(合局)
등으로 강한 세력이 있을 수 있다. 또 격국을 정하기 애매한 경우도 많
다. 격국용신(格局用神)과 부억용신(扶抑用神)은 체(體)와 용(用)의 관계
이다. 체(體)를 건물이라 하면 용(用)은 건물의 용도이다. 구분하지 않고
혼동하여 씌어진 책들이 있어서 용신에 대한 개념이 헷갈릴 때가 있다.

時　日　月　年

甲

巳

❶ 甲木 일간에 巳火가 월지이다.

❷ 식신격(食神格)이다.

時　日　月　年

甲　　己

巳

❶ 식신격(食神格)이 재성(財星) 己土를 보았다.

❷ 식신생재(食神生財)로 성격(成格)되었다.

❸ 식신(食神)이 재성(財星)을 생(生)하니 부명(富命)일 가능성이 있다.

時　日　月　年

癸　甲

巳

❶ 巳월 甲木은 무더우니 癸水로 식혀주어야 귀격(貴格)이다.

❷ 癸水 인성(印星)이 투(透)해 상신(相神)이 되었다.

❸ 巳월 癸水로 조후(調候)가 갖추어져 팔자의 격(格)이 높아진다.

❹ 이때 癸水는 조후용신이다.

時　日　月　年

甲　戊　庚　丙
子　申　子　申

❶ 월지가 水이고 천간에 투(透)한 글자가 없다.

❷ 월지를 포함한 申子 합국(合局)에 의해 재격(財格)이다.

❸ 지지가 온통 水로 무척 강하다.

❹ 水가 너무 강해서 오는 흉화(凶禍)가 있을 것이다.

자평진전(子平眞詮)에는 상신(相神)이라는 말이 나온다. 상(相)은 돕는다는 뜻이니 상신(相神)은 격국(格局)의 성패(成敗)를 좌우하는 글자를 말한다. 식신생재(食神生財)라고 했을 때 식신(食神)은 격국이고 재성(財星)이 상신(相神)이다. 순용(順用)이나 역용(逆用)에 해당하는 글자가 상신(相神)인 것이다.

좋은 것은 순용(順用)하고, 좋지 않은 것은 역용(逆用)한다. 좋은 것을 순용한다는 말은 사길신(四吉神)은 도와주어 성격(成格)이 된다는 것이고, 좋지 않은 것을 역용한다는 말은 사흉신(四凶神)은 극하거나 힘을 빼서 성격(成格)시킨다는 것이다.

일반적으로 격국(格局)을 먼저 쓰고 상신(相神)을 다음에 쓴다. 식신생재(食神生財)라고 할 때 식신(食神)이 격국이고 재성(財星)이 상신(相神)이 된다.

　정관패인(正官佩印)이란 월령(月令)이 정관(正官)이고 인성(印星)을 상신(相神)으로 쓸 때를 말한다. 식상(食傷)이 월령인 정관을 극하려 할 때, 인성(印星)으로 인극식(印剋食)하여 정관을 보호하게 된다.

　월령(月令)이 인수(印綬)이면 일간은 왕성(旺盛)해진다. **인수용관**(印綬用官)이란 강한 일간의 균형을 맞추기 위해 정관(正官)이 투(透)하고 재성(財星)이 정관을 생(生)해 주면 관(官)은 맑고 인수(印綬)는 바르니 관인쌍전(官印雙全)한다.

　정관격(正官格)에 인수(印綬)를 용신으로 삼는 **관인쌍전**(官印雙全)은 재성(財星)이 인성(印星)을 파괴하는 것을 꺼린다. 그러나 인수격(印綬格)에 정관(正官)을 용신으로 할 때는 재성이 있어 정관을 생(生)해 주는 것이 오히려 좋다. 상신(相神)을 파괴하면 안 되고 도와주면 좋다.

　재투식신(財透食神)은 월령(月令)이 재성(財星)이고 식신(食神)이 상신(相神)으로 투(透)한 것이니, 겁재(劫財)가 있더라도 식신이 통관(通關)하여 재성을 보호한다.

　식신생재(食神生財)는 월령(月令)이 식신(食神)이고 사주에 재성(財星)이 있으면 식신이 재성을 생(生)해 주는 좋은 모습이 된다. 이때 비겁(比劫)이 있으면 상신(相神)인 재성을 극해서 좋지 않다.

　편인투식(偏印透食)은 월령(月令)이 편인(偏印)일 때 식신(食神)이 있으면, 편인으로 강해진 일간을 식신으로 설(洩)하게 된다. 이때 재성(財星)이 있으면 월령을 극(剋)하니 좋지 않다.

　식신봉효(食神奉梟)는 월령(月令)이 식신(食神)일 때 사주에 편인(偏

印)이 있으면, 편인이 월령을 극(剋)하니 파격(破格)이다. 이때는 재성(財星)으로 편인을 제압하여 식신을 보호해야 한다.

월령(月令)이 칠살(七殺)이고 사주에 식신(食神)이 너무 많으면 **제살태과**(制殺太過)가 되니 인성(印星)으로 식신을 제압해야 한다.

인수봉살(印綬逢殺)이란 월령(月令)이 인수(印綬)일 때 인수가 약하면 칠살(七殺)로 인수를 생(生)해 주면 좋다.

살격봉인(殺格逢刃)이란 월령(月令)이 칠살(七殺)이면 일간이 약해지므로, 일지(日支)와 시지(時支)의 양인(陽刃)을 용신으로 삼아 칠살과 대적하게 한다.

양인로살(陽刃露殺)은 월령(月令)이 양인(陽刃)이면 일간이 왕(旺)해지므로 칠살(七殺)을 용신으로 삼아 양인을 제압해야 한다. 흉신(凶神)인 양인과 칠살이 서로 맞서게 한다. 적들끼리 싸우게 하고 구경을 하는 것이다.

10

용신의 성패成敗와 구응救應에 대하여

성격(成格)이 되는 경우

- 정관(正官)이 재(財)와 인수(印綬)를 보면서 형충파해(刑沖破害)가 없을 때 정관격(正官格)이 성격(成格)된다.

- 월령(月令)이 재성(財星)이고 재성이 관(官)을 생(生)할 때 재격(財格)이 성격(成格)된다.

- 신강(身强)하고 식신(食神)이 재(財)를 생(生)할 때 재격(財格)이 성격(成格)된다.

- 재(財)와 인성(印星)이 있으면서 서로 극(剋)하는 위치에 있지 않을 때 재격(財格)이 성격(成格)된다.

- 월령(月令)이 인수(印綬)일 때 인수가 약하다면 칠살(七殺)로 생조(生助)해야 인수격(印綬格)이 성격(成格)된다.

신인양왕(身印兩旺)할 때 식상(食傷)으로 설기(洩氣)를 하면 성격(成格)이 된다.

인수(印綬)가 많을 때 재(財)가 투(透)하고 재(財)의 뿌리가 약하면 성격(成格)이 된다.

월령(月令)이 식신(食神)일 때 재(財)를 생(生)하면 식신생재(食神生財)로 성격(成格)이 된다.

식신(食神)과 칠살(七殺)이 있고 재(財)가 없으면, 식신이 흉신(凶神)인 칠살을 극하여 성격(成格)이 된다. 칠살(七殺)과 재(財)는 함께 있으면 좋지 않다.

식신(食神)을 버리고 칠살(七殺)을 취해야 할 경우가 있는데, 이때는 인수(印綬)가 투출(透出)하여 식신을 극하면 기식취살(棄食取殺)로 성격(成格) 된다.

월령(月令)이 칠살(七殺)일 때 식신(食神)이 칠살을 제복(制伏)하면 살용식제(殺用食制)로 성격(成格)이 된다.

월령(月令)이 상관(傷官)일 때 재(財)가 또 있으면 상관생재(傷官生財)로 성격(成格)이 된다.

상관(傷官)이 왕성(旺盛)할 때 인수(印綬)가 지지에 통근하면 상관패인(傷官佩印)으로 성격(成格)이 된다.

상관격(傷官格)에 칠살(七殺)만 있고 재(財)가 없으면 성격(成格)이 된다.

양인격(陽刃格)에 관살(官殺)이 투출(透出)하면 성격(成格)이 된다.

● 록겁격(祿劫格)에 재(財)가 투(透)하고 식상(食傷)이 있으면 성격(成格)이 된다.

● 록겁격(祿劫格)에 칠살(七殺)이 투출(透出)하면 록겁용살(祿劫用殺)로 성격(成格)이 된다.

파격(破格)이 되는 경우

● 정관(正官)이 상관(傷官)에게 극(剋)을 당하거나 형충(刑沖)을 당할 때 정관격(正官格)이 파격(破格)이다.

● 재(財)가 미약할 때 비겁(比劫)이 많으면 재격(財格)이 파격(破格)이다.

● 재(財)가 투출(透出)했을 때 칠살(七殺)이 있으면 재격(財格)이 파격(破格)이다.

● 인수(印綬)가 경미(輕微)한데 재(財)를 만나면 인수격(印綬格)이 파격(破格)이다.

● 인수격(印綬格)에 신강(身强)하고 인수(印綬)가 중(重)할 때 칠살(七殺)이 투출(透出)되면 인수격(印綬格)이 파격(破格)이다.

● 식신(食神)이 효신(梟神)을 만나면 식신격(食神格)이 파격(破格)이다.

● 칠살격(七殺格)이 재(財)를 만나고 식신(食神)의 제복(制伏)이 없으면 칠살격이 파격(破格)이다.

● 금수상관(金水傷官)을 제외하고 정관(正官)이 있는 상관격(傷官格)은 파격(破格)이다.

상관생재(傷官生財)에 칠살(七殺)이 있으면 상관격(傷官格)이 파격 (破格)이다.

상관(傷官)이 미약(微弱)할 때 신강(身强)하고 인수(印綬)가 있는 것 은 상관격(傷官格)이 파격(破格)이다.

양인격(陽刃格)에 관살(官殺)이 없으면 양인격이 파격(破格)이다.

월령(月令)이 건록(建祿), 월겁(月劫)이고 재관(財官)이 사주에 없으 면 건록격(建祿格), 월겁격(月劫格)이 파격(破格)이다.

건록격(建祿格), 월겁격(月劫格)에 칠살(七殺)과 인수(印綬)가 투출 (透出)하면 건록격, 월겁격이 파격(破格)이다.

성중유패(成中有敗)

성중유패는 성격(成格)이 되었다가 다시 파격(破格)이 되는 경우를 말 한다.

정관격(正官格)이 재(財)를 만나면 성격(成格)되지만, 상관(傷官)이 있거나 정관(正官)이 합(合)을 당하면 다시 파격(破格)이 되어 버린다.

재(財)가 왕성하여 정관(正官)을 생하면 성격(成格)이지만, 상관(傷官) 이 정관을 파괴하거나 정관이 합거(合去)되면 다시 파격(破格)이다.

인수격(印綬格)에 식신(食神)이 투하여 설기(洩氣)하면 성격(成格)이 지만, 다시 재(財)가 투출(透出)하여 인수(印綬)를 극하면 파격(破格)

자평진전
고전편

이다.

- 칠살(七殺)이 투출(透出)하여 인수(印綬)를 생하면 성격(成格)이지만, 다시 재(財)가 투하여 인수가 파괴되고 칠살을 생할 때 파격(破格)이 된다.

- 식신격(食神格)에 칠살(七殺)과 인수(印綬)가 있으면 성격(成格)이지만, 또 재(財)가 있으면 파격(破格)이 되어 버린다.

- 칠살(七殺)이 식신(食神)의 제복을 받으면 성격(成格)이지만, 다시 인수(印綬)가 식신을 파괴하면 파격(破格)이다.

- 상관생재격(傷官生財格)은 성격(成格)이다. 그러나 재(財)가 합거(合去)되면 파격(破格)이 된다.

- 인수(印綬)가 용신일 때 인수가 파괴되면 파격(破格)이 되고, 재(財)가 투출(透出)하여 용신인데 다시 칠살(七殺)이 투출(透出)하면 파격(破格)이다.

패중유성(敗中有成)

패중유성(敗中有成)은 파격(破格)이 되었다가 다시 성격(成格)되는 경우이다.

- 정관(正官)이 상관(傷官)을 만나면 파격(破格)인데, 인수(印綬)가 상관을 제압하면 다시 성격(成格)이 된다.

- 정관(正官)과 칠살(七殺)이 섞이면 파격(破格)이지만, 합살(合殺)로 청(淸)해지면 성격(成格)이 된다.

- 정관격(正官格)에 형충(刑沖)이 있으면 파격(破格)이지만, 회합(會合)으로 해소되면 성격(成格)이 된다.

- 재(財)가 겁재(劫財)를 만나면 파격(破格)이 된다. 그러나 식신(食神)이 투하여 겁재를 화(化)하거나 정관(正官)이 겁재를 제압하면 성격(成格)이 된다.

- 재(財)가 칠살(七殺)을 만나 파격(破格)일 때 식신(食神)이 제살(制殺) 또는 칠살을 합거(合去)하여 재(財)가 남으면 성격(成格)이 된다.

- 인수(印綬)가 재(財)로 파괴되면 파격(破格)이다. 그러나 겁재(劫財)가 있어 이를 해소하거나 재(財)를 합거(合去)하여 인수만 남으면 성격(成格)이 된다.

- 식신(食神)이 편인(偏印)을 만나면 파격(破格)이지만 재(財)가 편인을 파괴할 때 성격(成格)이 된다.

- 칠살(七殺)과 식신(食神)과 인수(印綬)가 있으면 파격(破格)이다. 그러나 인수가 칠살을 보호하거나 또는 재(財)가 식신을 보호하면 성격(成格)이 된다.

- 상관생재(傷官生財)에 칠살(七殺)이 투(透)했을 때 파격(破格)이지만, 칠살이 합거(合去)되면 성격(成格)이 된다.

- 양인격(陽刃格)에 관살(官殺)을 용신으로 쓸 때 식신(食神)이 관살(官殺)을 극하면 파격(破格)이다. 그러나 인수(印綬)가 식상(食傷)을 극

하여 관살을 보호하면 성격(成格)이 된다.

- 월령(月令)이 건록(建祿), 월겁(月劫)이고 정관(正官)이 용신일 때 상관(傷官)이 있으면 파격(破格)이지만 상관(傷官)이 합거(合去)되면 성격(成格)이 된다.

- 재(財)를 용신으로 할 때 칠살(七殺)이 있으면 파격(破格)이지만 칠살이 합거(合去)되면 성격(成格)이 된다.

11

용신의 변화變化에 대하여

용신(用神)은 월령(月令)을 기준으로 정한다. 그러나 월령의 장간(藏干)은 한 개만 있는 것이 아니므로 월령의 지장간 중에서 투(透)한 글자가 있으면 월령보다 그 글자가 더 강해진다. 그래서 용신의 변화(變化)가 일어난다. 예를 들어 寅이 월령에 있을 때 甲木이 천간에 투출(透出)하지 않고 丙火가 투출하면 丙火가 더 강해진다.

그래서 월지에 통근한 정기(正氣)의 글자가 투출(透出)하지 않으면 나머지 장간(藏干) 중 투출(透出)한 글자를 용신으로 삼아 격(格)을 정하면 된다. 이때 지장간 초기·중기·말기의 글자 중에서 어느 글자가 투(透)했는가에 따라 변화를 읽을 수 있다. 지장간 초기와 말기는 체(體)이고, 지장간 중기는 용(用)이라는 것을 잊으면 안 된다.

- 亥월의 丁火는 정관격(正官格)인데 지지에 卯未가 있으면 목국(木局)이 되어 인수격(印綬格)으로 변한다.

- 申월의 己土는 상관격(傷官格)인데 庚金이 투출하지 않고 壬水가 투출하면 상관격(傷官格)이 정재격(正財格)으로 변한다.

이처럼 지지의 회합(會合)이나 월지 지장간의 투출에 의해서 사주의 구조가 바뀔 수 있다. 변하여 사길신(四吉神)인 재관인식(財官印食)이 되면 좋아지는 것이고, 변하여 사흉신(四凶神)인 살상효인(殺傷梟刃)이 되면 나빠지는 것이다.

팔자는 여러 가지 변화의 가능성이 있으므로 팔자를 보려는 자는 반드시 이러한 변화를 살펴야 한다.

변화하여 좋게 된 경우

時	日	月	年
	辛	丙	
		寅	

❶ 寅월에 辛金은 정재격(正財格)이다.

❷ 丙火가 투하여 정관격(正官格)이 되었다.

❸ 정재격(正財格)이 정관격(正官格)이 되었다.

時　日　月　年

丁　辛　壬
　　　　戌

❶ 戌월에 丁火가 투하여 칠살격(七殺格)이다.

❷ 丁壬합으로 丁壬은 없는 글자처럼 되었다.

❸ 다시 戌월의 辛金으로 인수격(印綬格)이 되었다.

時　日　月　年

　　癸　丙
　　　　寅

❶ 寅월의 癸水는 상관격(傷官格)이다.

❷ 丙火가 투하여 재격(財格)이 되었다.

❸ 상관격(傷官格)이 재격(財格)으로 변하여 좋아졌다.

時　日　月　年

　　癸
　　　寅　午

❶ 寅월의 癸水는 상관격(傷官格)이다.

❷ 지지에 寅午 반합으로 재격(財格)이 되었다.

❸ 상관격(傷官格)이 재격(財格)이 되어 좋아졌다.

<table>
<tr><td>時</td><td>日</td><td>月</td><td>年</td></tr>
<tr><td>戊</td><td>癸</td><td>丙</td><td></td></tr>
<tr><td></td><td></td><td>寅</td><td></td></tr>
</table>

❶ 寅월의 癸水는 상관격(傷官格)이다.

❷ 월지에 뿌리를 둔 丙戊가 투하여 강해졌다.

❸ 상관견관(傷官見官)이 아니고 재왕생관(財旺生官)이다.

<table>
<tr><td>時</td><td>日</td><td>月</td><td>年</td></tr>
<tr><td></td><td>乙</td><td>戊</td><td></td></tr>
<tr><td></td><td></td><td>寅</td><td></td></tr>
</table>

❶ 寅월의 乙木은 겁재격(劫財格)이다.

❷ 戊土가 투하여 겁재격(劫財格)이 정재격(正財格)이 되었다.

<table>
<tr><td>時</td><td>日</td><td>月</td><td>年</td></tr>
<tr><td></td><td>乙</td><td></td><td></td></tr>
<tr><td></td><td></td><td>寅</td><td>午</td></tr>
</table>

❶ 寅월의 乙木은 겁재격(劫財格)이다.

❷ 寅午 반합으로 火가 강해져 식상격(食傷格)이 되었다.

변하여 나쁘게 된 경우

時	日	月	年
	丙		
	午	寅	

❶ 寅월의 丙火는 편인격(偏印格)이다.

❷ 寅午 반합으로 편인격(偏印格)이 겁재격(劫財格)이 되었다.

時	日	月	年
	丙	壬	
		申	

❶ 申월의 丙火는 재격(財格)이다.

❷ 壬水가 월지에 뿌리를 두고 투(透)하였다.

❸ 편재격(偏財格)이 칠살격(七殺格)이 되었다.

時	日	月	年
	丙		
	子	申	辰

❶ 申월의 丙火는 재격(財格)이다.

❷ 申子辰 삼합으로 편재격(偏財格)이 칠살격(七殺格)이 되었다.

변해도 격국(格局)을 잃지 않은 경우

<table>
<tr><td>時</td><td>日</td><td>月</td><td>年</td></tr>
<tr><td>辛</td><td>丙</td><td>甲</td><td></td></tr>
<tr><td></td><td>寅</td><td></td><td></td></tr>
</table>

❶ 寅월의 辛金은 정재격(正財格)이다.

❷ 월지에 뿌리를 둔 丙甲이 투(透)하였다.

❸ 지장간 정기(正氣)가 투(透)한 甲木이 더 강하다.

❹ 그래서 격국(格局)이 변하지 않았다.

❺ 그러나 丙火도 강하므로 정재격(正財格)이 정관격(正官格)을 겸한다.

<table>
<tr><td>時</td><td>日</td><td>月</td><td>年</td></tr>
<tr><td>戊</td><td>乙</td><td>壬</td><td></td></tr>
<tr><td></td><td>申</td><td></td><td></td></tr>
</table>

❶ 申월의 乙木은 정관격(正官格)이다.

❷ 壬戊가 월지에 뿌리를 두고 투(透)하였다.

❸ 戊土가 壬水를 극하고 申金을 도우니 그대로 정관격(正官格)이다.

時　日　月　年

丙　壬

　　寅　午

❶ 寅월의 丙火는 편인격(偏印格)이다.

❷ 지지 화국(火局)이지만 천간의 壬水가 수극화(水剋火)한다.

❸ 그래서 그대로 편인격(偏印格)이다.

時　日　月　年

丙　甲

　　寅　午

❶ 寅월의 丙火는 편인격(偏印格)이다.

❷ 寅午戌 화국(火局)이지만 월의 정기(正氣)가 투(透)해 편인격(偏印

　格)이다.

❸ 寅午 반합보다 월지에서 투(透)한 甲木이 더 강하다.

時　日　月　年

戊　丙　壬

　　　　申

❶ 申월에 壬戊가 투(透)하였다.

❷ 戊土가 壬水를 극하고 戊土가 申金을 생(生)한다.

❸ 그래서 편재격(偏財格)으로 본다.

時	日	月	年
癸	丙	甲	
	寅		

❶ 寅월에 癸水는 상관격(傷官格)이다.

❷ 丙甲이 월지에서 투(透)했지만 정기(正氣)가 더 강하다.

❸ 그래서 그대로 상관격(傷官格)이다.

격국(格局)을 정하는 것은 팔자의 가장 주된 세력을 보는 것이다. 그러나 같은 격국이라도 앞에서 보듯이 상황에 따라 여러 가지 변화가 일어난다. 팔자를 볼 때는 그 변화의 과정을 모조리 살펴야 한다.

음양(陰陽)은 이분법으로, 오행(五行)은 오분법으로, 십신(十神)은 십분법으로 나눈 것이니 세밀하지 못하다. 팔자는 천간과 지지의 글자로 되어 있으니 결국 천간끼리의 관계, 지지끼리의 관계, 그리고 천간과 지지끼리의 관계를 살펴야 한다.

12

용신의 순잡純雜에 대하여

용신의 변화(變化)에는 순잡(純雜)이 있는데, 순(純)하면 길(吉)하고 잡(雜)하면 흉(凶)하다.

순(純)이란 무엇인가?

순(純)이란 글자끼리 상호작용하여 서로 득(得)이 되는 것을 말한다.

時	日	月	年
辛	丙	甲	
		寅	

❶ 寅월에 뿌리를 둔 丙甲이 투(透)하였다.

❷ 투간(透干)한 정재(正財)와 정관(正官)이 상생(相生)하여 득(得)이 된다.

時　日　月　年

壬　戊　庚

申

❶ 申월에 뿌리를 둔 식신(食神) 庚金과 편재(偏財) 壬水가 투출(透出)하였다.

❷ 편재(偏財)와 식신(食神)이 상생으로 득(得)이다.

時　日　月　年

己　癸　乙

未

❶ 未월에 뿌리를 둔 식신(食神) 乙木과 칠살(七殺) 己土가 투출(透出)하였다.

❷ 식신(食神)이 칠살(七殺)을 극(剋)하고 있다.

❸ 흉신(凶神)이 극(剋)을 당하니 득(得)이다.

잡(雜)이란 무엇인가?

잡(雜)이란 상호작용하여 서로 협조가 없는 불상모(不相謨)가 되는 것이다.

時　　日　　月　　年

己　壬　乙
　　　　未

❶ 未월에 뿌리를 둔 乙己가 투(透)하였다.

❷ 乙木 상관(傷官)이 己土 정관(正官)을 극(剋)하여 잡(雜)이다.

時　　日　　月　　年

壬　甲　戊
　　　　辰

❶ 辰월에 뿌리를 둔 戊壬이 투(透)하였다.

❷ 편재(偏財) 戊土와 편인(偏印) 壬水가 상극(相剋)하여 잡(雜)이다.

　순잡(純雜)의 이치는 격국(格局) 변화의 원리와 같다. 변화의 원리를 탐구하면 순잡의 이치도 자연히 명백하게 되는 것이다. 팔자가 좋은 사람은 격국이 불순(不純)하지 않아야 한다. 좋은 것은 다치지 않아야 하고, 나쁜 것은 합거(合去)되거나 극(剋)을 당해야 한다. 그러나 이치는 단순해도 순잡의 사이에 수많은 팔자가 있으니 그 예를 모두 들 수는 없다. 사주를 많이 감정하다 보면 자연히 이치를 터득할 수 있는 감(感)이 생성될 것이다.

13

용신의 고저 高低에 대하여

격국(格局)을 따져보는 것은 팔자의 그릇 크기를 알아보기 위함이다. 일간과 월지에 의해 정해지는 격국으로 살아가야 할 방향이 정해지고, 또 격(格)에는 고저(高低)가 있는 것이다. 정관격(正官格)이라고 모두 똑같은 정관격이 아니다.

격국에 의해 비겁(比劫)이나 식상(食傷), 재성(財星), 관성(官星), 인성(印星)으로 팔자의 방향이 정해지더라도 또 격(格)의 고저(高低)를 나눌 수 있다. 같은 공직(公職)이라고 할지라도 급수가 다르고 하는 일이 다를 수 있다.

길신(吉神)인 재관인식(財官印食)이나 흉신(凶神)인 살상효인(殺傷梟

刃) 어느 것이든 성격(成格)이 되면 귀(貴)하게 되고, 파격(破格)이 되면 천(賤)하게 된다. 또 대운(大運)에서도 격(格)의 고저(高低)가 달라질 수 있다. 이렇게 격의 고저를 구분하는 것은 셀 수 없이 많지만 유정(有情)과 무정(無情) 그리고 유력(有力)과 무력(無力)의 차이로 대략 구분할 수 있다.

정관격(正官格)에 인수(印綬)가 있는 **정관패인**(正官佩印)은 정관격에 재성(財星)이 있는 재관격(財官格)보다 못하다. 그러나 사주에 상관(傷官)이 있으면 인성(印星)이 상관을 제압하므로 정관패인이 더 좋다.

時	日	月	年
丁	甲	辛	
		酉	

❶ 정관(正官)에 상관(傷官) 丁火가 있다.

❷ 이때는 壬水가 상관(傷官)을 丁壬 합거(合去)해야 귀격(貴格)이다.

❸ 이렇게 합상존관(合傷存官)이 되면 유정(有情)이다.

재격(財格)은 **비겁**(比劫)을 **꺼린다**. 그러나 재격에서 비겁이 칠살(七殺)을 합(合)하면 비겁 때문에 오히려 좋아진다. 비겁이 용신이 되는 것이다.

83

時　日　月　年

庚　甲　戊
　　　　辰

❶ 辰월에 戊土가 투하여 재격(財格)이다.

❷ 재격(財格)에 칠살(七殺)이 투(透)하면 파격(破格)이다.

❸ 이때 乙木이 투(透)해 乙庚 합(合)하면 귀격(貴格)으로 성격(成格)이
　 된다.

❹ 유정(有情)이다.

유정(有情)이란 명식(命式)의 격국(格局)을 파괴하는 성분을 합거(合
去)하여 무력(無力)하게 만드는 것을 말한다. 보통 길신(吉神)을 파극(破
剋)하는 성분은 흉신(凶神)인데 이 글자를 합거하여 길신이 온전하게 보
존되면 귀격(貴格)이다. 합쳐진 글자가 두 개 모두 흉신이면 진정한 유
정이다.

時　日　月　年

丁　乙　辛
　　　　酉

❶ 식신(食神)과 칠살(七殺) 그리고 일간이 모두 강하면 좋다.

❷ 식신(食神)과 칠살(七殺) 일간이 모두 강하면 지극히 귀한 단계에 오
　 른다.

❸ 유력(有力)이다.

식신제살(食神制殺)이 되려면 일간의 힘을 빼는 기운이 강하므로 일간이 뿌리를 두고 강해야 한다. 어느 경우에나 식재관(食財官)을 잘 쓰려면 일간이 힘이 있어야 한다. 물론 격국(格局), 상신(相神) 그리고 일간이 유근(有根)하여 힘이 있으면 그릇이 커진다. 뿌리가 있다는 말은 유력(有力)하다는 것이다.

時	日	月	年
庚	丙		癸
寅	午		子

❶ 일간(日干), 정관(正官), 재성(財星)을 모두 갖추었다.
❷ 모두 통근하면 삼자를 고루 갖추어 대귀(大貴)하다.
❸ 유력(有力)하다.

칠살(七殺)은 흉신(凶神)이므로 식신(食神)으로 역용(逆用)해야 좋고, 정관(正官)은 길신(吉神)이므로 재성(財星)으로 순용(順用)하면 좋다. 격국(格局)은 월령(月令)을 득하여 강하므로 일간이 강해야 귀격(貴格)이 될 가능성이 있다. 그다음 격국에 따라 격(格)을 성격(成格)시키는 상신(相神)의 글자가 강한 세력을 지녀야 팔자의 그릇이 커진다.

유정(有情)의 뜻은 격국이 기피하는 글자를 합거(合去)하는 것을 말한다. 격국을 성격시키는 데 방해가 되는 글자를 합거하면 좋아지니 유정(有情)이다. 유정한데 유력(有力)을 겸한 사주도 있고, 유력한데 유정을 겸한 사주도 있다.

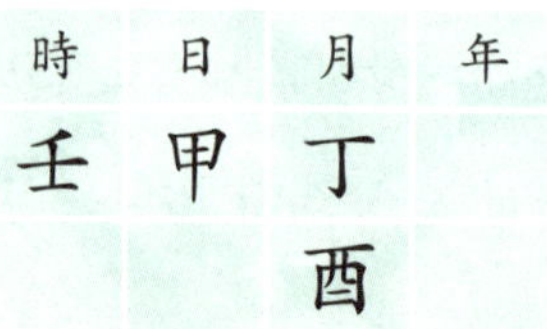

❶ 정관격(正官格)에 상관(傷官)이 있다.

❷ 丁火와 壬水가 丁壬 합거(合去)되었다.

❸ 관(官)이 깨끗해져 유정(有情)이다.

❹ 壬水의 뿌리가 튼튼하면 유력(有力)이니 유정(有情)과 유력(有力)을
    겸한다.

❶ 칠살격(七殺格)에 칠살(七殺) 辛金을 식신(食神) 丁火가 제어한다.

❷ 丁火는 酉에서 장생(長生)하기 때문에 강하다.

❸ 乙木의 뿌리만 있으면 유정(有情)과 유력(有力)을 겸한다.

❹ 12운성(運星)의 장생(長生)은 유력(有力)에 포함한다.

정관격(正官格)은 길신(吉神)이니 순용(順用)하면 좋다. 혹시 격국(格局)을 파괴하는 글자가 있다면 그것을 합거(合去)해야 유정(有情)하다. 합거하지 못하고 글자를 극(剋)으로 제어하면 유정하다고 하지 않고 비정(非情)하다고 한다. 합거는 달래서 함께 사라지지만, 극(剋)을 하면 강제로 때려서 데리고 가는 차이가 있다. 비정이 무정(無情)은 아니다. 비정은 격(格)이 떨어진다는 것이지 무력(無力)처럼 하격(下格)으로 가는 것은 아니다.

칠살격(七殺格)은 신강(身强)하고 칠살(七殺)과 식신(食神)이 모두 강해야 귀격(貴格)이 된다. 일간과 격국(格局) 그리고 상신(相神) 중 하나라도 뿌리가 약하면 격(格)이 많이 떨어진다.

時	日	月	年
癸	甲	丁	
		酉	

❶ 정관격(正官格)에 상관(傷官) 丁火가 투출(透出)하였다.

❷ 다시 癸水가 투출(透出)하여 상관(傷官)을 극(剋)하니 유정(有情)하다.

❸ 합거(合去)하지 못하고 극(剋)을 하니 유정(有情)이 아닌 비정(非情)이다.

❹ 수극화(水剋火)하는 것보다 丁壬 합거(合去)하는 것이 좋다.

時　日　月　年

乙　丁　辛
酉

❶ 칠살격(七殺格)에 식신(食神) 丁火가 투출(透出)하여 칠살(七殺)을 제어한다.

❷ 이때 일간이나 칠살(七殺) 辛金 중 하나가 약(弱)하면 무력(無力)하게 된다.

❸ 무력(無力)이란 통근하지 못하여 힘이 없다는 것이다.

인수격(印綬格)에 칠살(七殺)을 쓰면 인용칠살(印用七殺)의 귀격(貴格)이다. 그런데 신강(身强)하고 인성(印星)이 왕(旺)한데 칠살이 투출(透出)하면 고빈(孤貧)하다. 일간이 강하면 인성의 도움이 필요치 않고, 인수(印綬)가 왕성하면 칠살의 도움이 필요하지 않다. 도움이 필요 없을 때 도움을 받는다면 무정(無情)하다.

상관패인(傷官佩印)은 총명하고 귀(貴)하다. 그러나 일간이 매우 강하고 상관(傷官)이 미약하면서 인성(印星)이 많다면 귀하지도 총명하지도 않다. 왜냐하면 신강(身强)이 더욱 신강해지고 상관이 더욱 미약해져서 치우치므로 무정(無情)하기 때문이다.

칠살(七殺)과 **식신**(食神)은 강력한데 일간이 신약(身弱)한 것, 그리고 신강(身强)하고 비겁(比劫)이 많은데 재성(財星)이 무력(無力)한 것은 모두 요절(夭折)하거나 빈곤(貧困)하다. 무력(無力)하기 때문이다.

일간이 **무근**(無根)할 때 칠살(七殺)이 일간을 극하면서 식신(食神)이 일간을 설기(洩氣)하면 극설교가(剋洩交加)가 된다. 재성(財星)이 미약할 때 군겁(群劫)이 되는 군겁쟁재(群劫爭財)의 상황은 무력(無力)하다. 모두 하격(下格)이다.

격국(格局)의 성격(成格)

● 재격 (財格)

재용식생(財用食生) 재투식신(財透食神) 재용상관(財用傷官)

재왕생관(財旺生官) 재격패인(財格佩印) 재인쌍청(財印雙淸)

● 정관격 (正官格)

정관용재(正官用財) 정관패인(正官佩印)

● 인수격 (印綬格)

인수용관(印綬用官) 인용식상(印用食傷) 인수용살(印綬用殺)

인수용재(印綬用財) 인다용재(印多用財))

●**식신격**(食神格)

식신생재(食神生財)

●**칠살격**(七殺格)

살용식제(殺用食制) 칠살용인(七殺用刃) 살경봉인(殺輕逢刃)

●**상관격**(傷官格)

상관용재(傷官用財) 상관패인(傷官佩印)

●**록겁격**(祿劫格)

록겁용식(祿劫用食) 록겁용재(祿劫用財) 록겁용관(祿劫用官)

●**양인격**(陽刃格)

양인로살(陽刃露殺) 양인용관(陽刃用官)

14

성중유패成中有敗 패중유성敗中有成

팔자의 변화(變化)는 한두 가지가 아니다. 크게 성격(成格)과 파격(破格)으로 나뉘지만 그 과정에서 일어나는 수많은 변화를 예측하기 어렵다. 성격 사주가 파격이 되는 경우도 많고, 파격 사주가 성격으로 변하는 경우도 많으니 많은 팔자를 보면서 연습을 해야 한다.

時	日	月	年
辛	丁		
	亥	卯	

❶ 亥월의 辛金은 상관격(傷官格)이다.

❷ 亥卯 반합으로 木이 강해지니 재격(財格)으로 변해 성격(成格)되었다.

❸ 천간에 다시 丁火가 투(透)하면 재성(財星)이 칠살(七殺)을 생(生)하니 파격(破格)이다.

❹ 재성(財星)이 칠살(七殺)을 생(生)하게 되면 보통 파격(破格)이다.

時	日	月	年
辛	癸	庚	
		申	

❶ 사주에 인성(印星)이 중중(重重)하다.

❷ 인성(印星)이 강하면 재(財)로 극해야 한다.

❸ 이때 칠살(七殺)이 있으면 파격(破格)이다.

時	日	月	年
壬	辛	戊	丙
		戌	

❶ 丙火 정관(正官)과 壬水 상관(傷官)이 있다.

❷ 그러나 상관(傷官)과 정관(正官)이 멀리 떨어져 있다.

❸ 戊土 인성(印星)이 통관의 역할도 한다.

❹ 년간(年干)부터 火土金水로 흘러간다.

時	日	月	年
壬	庚	丁	丙
			酉

❶ 양인격(陽刃格)이다.

❷ 칠살(七殺)과 정관(正官)이 모두 있어 관살혼잡(官殺混雜)이다.

❸ 그러나 丁壬합이 되어 합관류살(合官留殺)이 되어 맑아졌다.

15
기후氣候 배합配合 득실得失

팔자를 볼 때는 월령(月令)을 중심으로 격국(格局)을 정하지만 반드시 기후(氣候)를 참고로 보아야 한다. 기후는 월지(月支)가 나타내는 계절로 보면 된다. 태어난 계절이 巳午未이면 여름이니 더울 것이고, 태어난 계절이 亥子丑이면 겨울이니 추울 것이다. 더우면 일단 水가 필요하고, 추울 때는 火가 필요하다. 아무리 영웅호걸이라도 시절을 잘 만나면 곱절의 능력을 발휘하고, 시절을 잘못 만나면 성공하기 힘들다. 기후의 중요성이다.

겨울철의 水는 꽁꽁 얼어 木을 생(生)하지 못한다. **동수불능생목(冬水不能生木)**이다. 한여름에 무더위를 식히는 것은 癸水로는 부족하니 壬水를 쓴다. 그리고 한겨울의 추위는 丁火로는 녹일 수 없으니 丙火를 쓴다. 그러나 이때 癸水나 丁火도 지지에 생록(生祿), 즉 12운성(運星) 생지(生地)와 건록(建祿)을 얻으면 충분히 조후(調候)를 담당할 수 있다. 즉 癸水가 지지에 子卯를 보거나, 丁火가 午酉를 보면 해갈(解渴)하고 해동(解凍)할 수 있다. 통근이 되어서가 아니고 한난조습(寒暖燥濕)은 간지(干支)의 경계를 넘기 때문이다.

조후(調候)가 문제되는 경우는 주로 여름과 겨울이다. 동금(冬金)은 몹시 차니 금수상관(金水傷官)이라도 관(官)인 火를 보면 좋다. **금수상관희견관(金水傷官喜見官)**이라고 한다. 반대로 여름의 나무는 메마르니 시급히 水가 필요하다. **목화상관희견수(木火傷官喜見水)**이다. 만일 水가 없으면 하목(夏木)이 재(財)를 보더라도 소부(小富)이다.

인수격(印綬格)에 정관(正官)이 있으면 관인쌍전(官印雙全)으로 귀(貴)하다. 그러나 겨울철의 甲乙木은 庚辛金 정관(正官)이 투출해도 겨울의 물은 나무를 생(生)할 수 없으니 귀(貴)하지 않다. 이때는 식신(食神) 火가 투(透)하면 귀하다. 꽁꽁 언 겨울의 나무는 火를 만나면 수기(秀氣)가 빼어나다. 기후가 적합하기 때문이다.

상관견관(傷官見官)은 위화백단(爲禍百端)이라는 말이 있다. 상관(傷官)이 정관(正官)을 보면 재앙(災殃)이 백 가지란 뜻이다. 그러나 금수상관(金水傷官)은 정관을 보아야 기세(氣勢)가 수려하다. 조후(調候) 때문이다. 상관견관이라고 무조건 나쁘다고 보면 안 된다. **금수상관희견관(金水傷官喜見官)**이다.

겨울철의 金은 火를 보면 수기(秀氣)가 백배에 이른다. 상관대살(傷官帶殺)이다. 여름철의 木은 水를 보면 수화기제(水火旣濟)를 이루어 수기(秀氣)가 백배에 이른다. 상관패인(傷官佩印)이다. 대부분의 팔자는 조후(調候)가 극도로 틀어져 있지 않아 조후를 고려하지 않지만, 만일 겨울철의 金水이거나 여름철의 火土라면 조후를 살펴야 한다. 음양(陰陽)의 균형은 우주와 대자연의 가장 기본적인 질서이다.

상관(傷官)에 재성(財星)을 쓰는 상관용재(傷官用財)는 본래 귀격(貴格)이다. 그러나 겨울철의 金은 얼어붙어 소부(小富)는 될지라도 귀(貴)하기는 어렵다. 겨울철의 꽁꽁 언 水로는 나무를 제대로 생(生)할 수 없기 때문이다. 상관용재는 수기(秀氣)가 빼어나지만 여름철 나무는 귀하지 못하다. 재성(財星)이 말라붙은 뜨거운 흙이므로 수려한 작용을 하지 못한다. 조후(調候) 때문이다.

겨울철의 나무는 火가 급하다. 여름철의 나무는 水가 필요하다. 겨울철의 金은 火가 기쁘다. 동목(冬木)은 한목향양(寒木向陽)이니 火를 보아 좋아지고, 하목(夏木)은 **목화상관희견수**(木火傷官喜見水)이니 水를 기뻐한다.

목화통명(木火通明)이나 금수상함(金水相涵)은 머리가 좋다. 그러나 봄철의 木과 가을철의 金일 때만 그렇다. 여름철의 木이나 겨울철의 金에는 해당되지 않는다.

봄의 木은 火를 보아 목화통명이 되지만 여름철의 木은 목분화열(木焚火熱)이 된다. 가을철의 金은 水를 보아 금수상함이 되지만, 겨울철의 金은 금침수탕(金沈水蕩)이 된다. 목화통명은 관성(官星)을 꺼리지만, 금수상함은 관성이 있어도 해롭지 않다.

時　日　月　年

丁　庚

　　子　申　辰

❶ 申월의 庚金이 지지에 수국(水局)이면 상관격(傷官格)이다.

❷ 丁火 정관(正官)을 보아도 상관견관(傷官見官)이 아니고 귀격(貴格)이다.

식신(食神)은 편인(偏印)이 아닌 정인(正印)을 보아도 식신이 파괴되는 탈식(奪食) 작용이 있다. 그러나 여름철 더운 날의 木에 水가 있으면 조후(調候)가 갖추어지니 인성(印星)이 있더라도 귀격(貴格)이다. **목화상관희견수**(木火傷官喜見水)이다. 이런 유형은 매우 많으니 일일이 설명할 수 없다. 이와 같은 원리를 잘 응용하여 스스로 익혀야 한다.

팔자를 볼 때는 일단 용신用神을 위주로 하고, 그다음 조후調候를 살피지만 결국에는 함께 종합적으로 판단을 내려야 한다.

16
상신 相神의 중요성에 대하여

사주 전체의 격(格)은 어느 한 글자에 의해서 성격(成格)이 되는 경우가 많은데 격국(格局)을 성격시키는 이 한 글자를 상신(相神)이라고 한다. 월령(月令)에 용신이 있으면 다른 곳에 상신이 있다. 용신이 임금이라고 하면 상신은 보필하는 재상(宰相)과 같다.

관봉재생(官逢財生)이면 정관(正官)이 용신이고 재성(財星)은 상신(相神)이다.

재왕생관(財旺生官)이면 재성은 용신이고 정관이 상신이다.

식신생재(食神生財)이면 식신(食神)이 용신이고 상신은 재성이다.

그러나 항상 이렇게 간단한 것은 아니니 잘 살펴야 한다.

용신이 심하게 상(傷)하면 몸을 다치고, 상신이 심하게 상하면 용신을 상(傷)하게 된다. 자평진전에서 말하는 용신은 격국용신(格局用神)이다.

상신(相神)이 파괴되지 않으면 이미 귀격(貴格)이 된 것이다. 상신이 파괴되면 이미 파격(破格)이다.

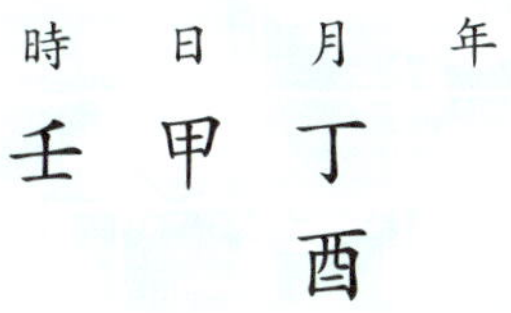

❶ 정관격(正官格)에 상관(傷官) 丁火가 투하여 파격(破格)이다.

❷ 다시 壬水가 있어 丁壬 합거(合去) 되니 정관(正官)이 보호된다.

❸ 壬水가 상신(相神)이다.

<table>
<tr><td>時</td><td>日</td><td>月</td><td>年</td></tr>
<tr><td>己</td><td>戊</td><td>甲</td><td></td></tr>
<tr><td></td><td></td><td></td><td>子</td></tr>
</table>

❶ 재격(財格)이다.

❷ 칠살(七殺) 甲木과 겁재(劫財) 己土가 합거(合去)된다.

❸ 합거(合去)되어 정재격(正財格)이 성격(成格)되었다.

❹ 己土가 상신(相神)이다.

時　日　月　年

乙　　丁

　　酉

❶ 칠살격(七殺格)에 식신(食神) 丁火가 투(透)하였다.

❷ 식신(食神)이 칠살(七殺)을 제하여 식신제살(食神制殺)로 성격(成格)되었다.

❸ 그러나 癸水가 투(透)하면 식신(食神)이 파괴되니 파격(破格)이다.

❹ 이때 戊土가 투(透)해 戊癸합이 되면 칠살격(七殺格)이 성격(成格)된다.

❺ 戊土가 상신(相神)이다.

時　日　月　年

丙　癸

　　亥　卯

❶ 천간 정재(正財) 丙火가 월지에서 극(尅)을 당한다.

❷ 그러나 亥卯未 목국(木局)이 되면 겁재(劫財)가 식상(食傷)이 된다.

❸ 亥卯가 丙火인 재성(財星)을 생(生)한다.

❹ 지지 亥卯未에 의해 격국(格局)이 성격(成格)된 것이다.

❺ 卯未가 상신(相神)이다.

　　　庚　　　癸
　　　子　　　申

❶ 癸水가 투(透)해 록겁(祿劫)을 설기(洩氣)한다.

❷ 申金은 癸水의 사궁(死宮)이어서 癸水는 힘이 없다.

❸ 이때 지지가 申子 반합이 되어 金이 水로 변한다.

❹ 금수상함(金水相涵)이 되어 성격(成格)이 된다.

❺ 이때 상신(相神)은 子申이다.

癸　甲　丁　戊
　　　　　酉

❶ 酉월의 甲木은 정관격(正官格)이다.

❷ 상관(傷官) 丁火가 인수(印綬) 癸水에 의해 파괴되어 정관(正官)이

　보호된다.

❸ 이때 戊土가 운에서 와서 戊癸 합거(合去)되면 상신(相神)이 파괴

　된다.

❹ 유정(有情)이 무정(無情)으로 변했다.

時　日　月　年

甲　丁　癸　己

　　　　酉

❶ 酉월에 丁火는 편재격(偏財格)이다.

❷ 천간에 칠살(七殺) 癸水가 있으면 파격(破格)이다.

❸ 이때 己土가 있으면 칠살(七殺)을 제어하니 성격(成格)이다.

❹ 다시 甲木이 투(透)하면 甲己 합거(合去)되어 상신(相神) 己土가 파

　 괴된다.

❺ 유정(有情)이 무정(無情)으로 된 경우이다.

　팔자를 볼 때는 필히 격국용신(格局用神)과 상신(相神)의 작용에 대해 살펴야 한다. 상신이 파괴되면 격국이 파괴되는 것이다. 버리는 것과 취하는 것을 구별해야 하는데 일률적으로 논하기는 어려우니 연습을 통해 깨우쳐야 한다. 명리(命理)를 배우는 자는 모든 것을 소홀히 하면 안 된다.

잡기雜氣 취용取用에 대하여

辰戌丑未월은 계절이 바뀌는 때이니 기운이 순일(純一)하지 못하다. 그래서 辰戌丑未월에 태어난 사주를 잡기(雜氣)라고 한다. 묘지(墓地)나 고지(庫地)로 불리기도 하는 辰戌丑未에서는 많은 변화가 일어난다. 그래서 격국(格局)을 정하기가 애매하다.

원칙적으로는 다른 생지(生地)나 왕지(旺地)의 글자처럼 월지(月支)에서 투(透)한 천간의 글자 또는 지지에서 회합(會合)한 것을 격국(格局)으로 삼으면 된다. 이렇게 선명하게 격(格)을 정할 수 있다면 잡이부잡(雜而不雜)이 된다. 辰戌丑未 土는 원래는 섞여서 복잡했는데 하나의 기운으로 선명해졌다는 의미이다.

지지의 土는 천간의 土와는 다르다. 천간의 土는 木火와 金水의 중간에 위치하고 양(陽)의 기운을 음(陰)의 기운으로 바꾸는 역할을 한다. 반면에 지지의 土는 각 계절의 전환 시기에 있다. 그래서 천간의 土와 지지의 土는 차이가 있고, 지지의 土에도 辰戌丑未가 모두 다르니 구별해서 사용해야 한다. 土가 재성(財星)이라면 辰戌丑未의 글자에 따라 재성(財星)의 크기가 많이 차이가 나는 것이다.

무엇이 유정(有情)인가?

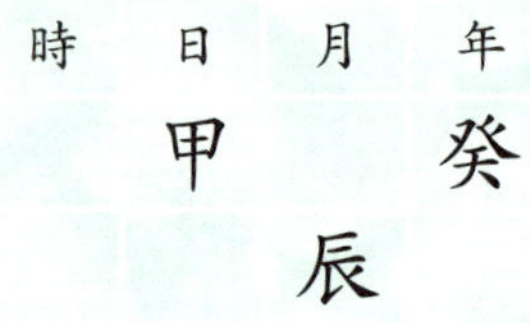

❶ 천간에 癸水가 투(透)하면 인수격(印綬格)이다.

❷ 또 지지에 申子辰이 와도 인수격(印綬格)이 된다.

❸ 이런 경우 辰월이라도 청(淸)하고 잡(雜)하지 않다.

❹ 유정(有情)이다.

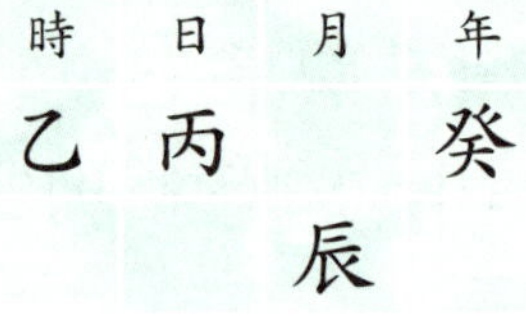

❶ 癸水가 투출하면 정관격(正官格)이다.

❷ 다시 乙木까지 투(透)하면 인수격(印綬格)을 겸한다.

❸ 정관(正官)과 인수(印綬)가 상생하고 乙木이 辰土 속의 戊土 식신(食神)을 극하여 정관(正官)을 보호한다.

❹ 두 개의 지장간이 나란히 투출하여 유정(有情)이다.

時　日　月　年

己　甲　辛

　　　丑

❶ 丑월 甲木에 辛金이 투하여 정관격(正官格)이다.

❷ 己土 재성(財星)이 투출(透出)하면 정관(正官)을 생(生)한다.

❸ 재성(財星)이 정관(正官)을 생하면 상생(相生)의 모습이 되니 유정(有情)이다.

무엇이 무정(無情)인가?

時　日　月　年

　　壬　己

　　　未　卯

❶ 천간에 己土가 투하여 정관격(正官格)이다.

❷ 지지가 목국(木局)으로 변하면 정관(正官)을 극(剋)하니 무정(無情)이다.

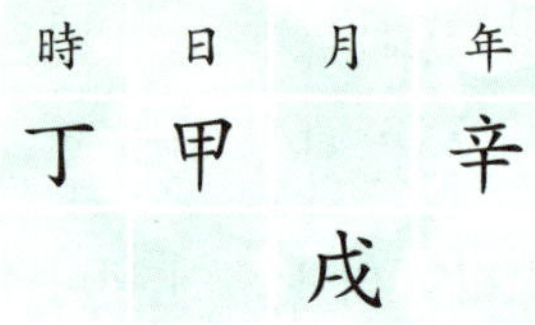

❶ 辰월의 甲木이 천간에 戊土를 보아 편재격(偏財格)이다.

❷ 다시 癸水가 투(透)하면 인수격(印綬格)도 된다.

❸ 그러나 戊癸합이 되어 재(財)와 인성(印星)이 쓸모없게 된다.

❹ 투출(透出)한 천간의 배합이 무정(無情)하게 된다.

❶ 정관(正官) 辛金이 투(透)하면 정관격(正官格)이다.

❷ 상관(傷官) 丁火도 투(透)하거나 寅午戌 화국(火局)이 되면 상관(傷官)이 강하다.

❸ 상관(傷官)이 정관(正官)을 극(剋)하니 무정(無情)하다.

유정(有情)이 무정(無情)으로 변한 경우

時　日　月　年
甲　壬　丙
　　　辰

❶ 壬水가 辰土에 뿌리를 두어 편인격(偏印格)이다.

❷ 편인(偏印) 壬水가 있을 때 丙火 식신(食神)이 있으면 유정(有情)하다.

❸ 그러나 丙火는 辰 중 戊土 재(財)를 생(生)한다.

❹ 재성(財星)이 편인(偏印)을 극(剋)하니 격(格)이 청(淸)하지 못하다.

❺ 유정(有情)이 무정(無情)으로 변한 경우이다.

무정(無情)이 유정(有情)으로 변한 경우

時　日　月　年
癸　戊
辰　子

❶ 戊土 정관(正官)이 투출(透出)하고 지지 子辰 수국(水局)이다.

❷ 정관(正官)과 수국(水局)이 상극(相剋)하여 무정(無情)하다.

❸ 그러나 흉신(凶神)인 겁재(劫財)가 극(剋)을 당하니 유정(有情)하다.

❹ 월지가 겁재(劫財)일 때 정관(正官)이 있어야 좋은 것과 같다.

時	日	月	年
壬	丙	戊	
		辰	

❶ 戊土 식신(食神)이 투출(透出)했는데 壬水 칠살(七殺)도 투출(透出)하였다.

❷ 서로 상극(相剋)이니 무정(無情)이다.

❸ 그러나 극(剋)을 받는 것이 칠살(七殺)이니 유정(有情)이다.

❹ 식신격(食神格)에 칠살(七殺)이 있거나, 칠살격(七殺格)에 식신(食神)이 있는 것과 같다.

❺ 무정(無情)이 유정(有情)으로 변한 경우이다.

18
묘고墓庫의 형충刑沖에 대하여

辰戌丑未는 형충(刑沖)이 되어야 좋고 재관(財官)이 입고(入庫)하였을 경우에는 충(沖)으로 열어 주어야 한다는 학설이 있는데 옳지 않다. 辰戌丑未 잡기(雜氣)가 천간에 투출하거나 지지에서 회합(會合)하면 좋다.

학자(學者)간의 의견 차이일 수도 있고, 시대의 변천에 따른 학문의 발전일 수도 있다. 명리 고전(古典)에서는 팔자 원국에 형충회합(刑沖會合)이 있는 경우와 운(運)에서 원국(原局)의 글자를 형충회합하는 경우를 구분하지 않는다. 체용(體用)을 구분하지 않았던 것이다. 팔자 원국과 대운은 체(體)로 보고, 세월의 운(運)은 용(用)으로 본다. 체(體)가 건물이라면, 용(用)은 건물의 용도이다.

時　日　月　年

甲　戊
　　辰

❶ 戊土가 투하여 편재격(偏財格)이다.

❷ 지지에 申子辰 수국(水局)을 이루면 인수격(印綬格)이 된다.

❸ 지지가 辰戌충이 된다면 재격(財格)이 깨끗하지 못하다.

時　日　月　年

甲　壬
　　辰

❶ 壬水 인성(印星)이 천간에 투(透)했다.

❷ 지지가 辰戌충이면 인성(印星)이 손상을 입는다.

❸ 뿌리가 깨지니 깨끗하지 못하다.

　　辰戌丑未 사고(四庫)는 지장간에 오행이 골고루 구비되어 있으나 지장간 말기는 모두 土이다. 辰戌충, 丑未충이 되면 지장간에 있는 木火金水는 파괴되지만 土는 사라지지 않는다. 그래서 충(沖)이 된다고 발동(發動)할 이유가 없다. 그러므로 재관(財官)이 土에 해당한다면 辰戌과 丑未가 충(沖)이 있어도 土가 없어지지 않고 오히려 동(動)한다.

時　日　月　年

甲　戊
　辰　戌

❶ 지지 辰戌충이라도 土는 깨지지 않는다.

❷ 戊土를 쓸 수 있다.

時　日　月　年

壬　己
　丑　未

❶ 지지 丑未충이라도 土는 깨지지 않는다.

❷ 己土 정관(正官)을 쓸 수 있다.

時　日　月　年

己　壬
　辰　戌

❶ 辰戌충이 일어나면 겁재(劫財)가 동(動)한다.

❷ 천간 壬水의 뿌리가 없어지니 유익함이 없다.

❸ 어찌 충(沖)으로 재관(財官)이 열리겠는가?

時　日　月　年

丁　壬

辰　戌

❶ 정관(正官) 壬水의 뿌리가 辰戌충으로 뽑힌다.

❷ 정관(正官)이 파손된다.

❸ 어찌 충(沖)으로 재관(財官)이 열리겠는가?

　　오늘날 사람들은 통근(通根)과 투출(透出)을 구분하지 못한다. 가령 丁火 일간이 辰월에 나고 정관(正官)인 壬水가 투출하면, 고(庫) 안에 있는 癸水는 중히 여기지 않고, 천간에 투출한 壬水에 치중하여 壬水가 辰에 입고(入庫)했다고 한다. 그래서 辰戌충이 되어 입고(入庫)된 壬水를 끄집어내야 한다고 주장한다. 충(沖)이 되면 壬水의 뿌리가 파손되는 것을 모르는 것이다. 더욱 심각한 것은 월령(月令)이 辰戌丑未가 아닌데도 다른 지지의 辰戌丑未를 찾아 용신을 삼으려고 하는 것이다. 일간이 사고(四庫)에 임하면 고지(庫地)에 통근하였다고 하지 않고 오히려 입고(入庫)되었으니 충(沖)을 만나야 한다고 억지 주장을 한다. 이런 잘못된 학설은 많으니 귀를 막고 듣지 않는 것이 좋다.

時	日	月	年

癸　戊

辰　戌

❶ 위 사주는 정관(正官)이 충(沖)이 되어도 파격(破格)되지 않는다.

❷ 辰戌충이어도 土는 붕충(朋沖)으로 남는다.

子午충과 卯酉충은 원수처럼 격렬하게 충돌하지만, 사고(四庫)의 충(沖)은 동(動)할 뿐 극(剋)을 하지는 않는다. 그러므로 土가 충(沖)이 되어도 하등의 해로움이 없는 것이다. 그래서 반드시 형충(刑沖)으로 개고(開庫)시켜야 성격(成格)되는 것은 아니고, 형충(刑沖)이 되어도 꺼리지 않은 경우가 있을 뿐이다.

辰戌충과 丑未충을 알아본다.

충(沖)은 서로간의 충돌로 자극을 주고 받게 된다. 특히 辰戌丑未는 계절의 전환기에 해당하니 土의 충(沖)은 많은 피해를 줄 수 있다. 특히 丑未는 지축을 표시하는 곳으로 음양(陰陽)의 대전환점이다. 丑에서 음(陰)이 양(陽)으로 전환하고, 未에서 양(陽)이 음(陰)으로 전환한다. 그래서 丑未충이 辰戌충보다 파괴력이 더 크다.

辰戌丑未의 글자는 입묘(入墓)는 물론 백호(白虎)나 괴강(魁罡)의 글자와도 함께 작동할 수 있으니 간단한 충(沖)이 아니다. 辰戌丑未의 충(沖)은 대변화를 예고하는 것이다.

113

19
사길신四吉神의 파격破格에 대하여

재관인식(財官印食)은 사길신(四吉神)이고, 살상효인(殺傷梟刃)은 사흉신(四凶神)이라고 하지만 그렇게 간단히 이분법으로 나눌 수 있는 것이 아니다. 십간론(十干論)에서 보듯이 천간과의 관계에 따라 길신(吉神)이라도 좋지 않은 관계가 있고, 흉신(凶神)에 속하더라도 좋은 관계가 있을 수 있다.

丙火가 壬水를 만나면 칠살(七殺)이지만 좋은 관계로 보고, 丙火가 癸水를 보면 정관(正官)이지만 좋지 않은 경우가 많다. 甲木 일간에 辛金은 정관(正官)이지만 일반적으로 좋은 관계가 아니다. 甲木은 오히려 칠살(七殺)인 庚金을 더 반긴다.

자평진전(子平眞詮)은 격국(格局)을 크게 길신(吉神)과 흉신(凶神)으로 나누고, 길신은 도와야 하고 흉신은 극하거나 설(洩)해야 한다고 말한다. 물론 팔자에 따라 강하고 약한 십신(十神)이 있으니 전후 상황을 보아 판단할 일이다. 사길신(四吉神)이라도 주변 글자와의 배합에 따라 파격(破格)이 될 수 있다. 좋은 약(藥)이라도 잘못 쓰면 사람을 해칠 수가 있는 것과 같은 이치이다.

사길신(四吉神)이 파격(破格)이 되는 경우

1 식신격(食神格)에 칠살(七殺)이 있는 식신대살(食神帶殺)에서 재성(財星)이 투출(透出)하면 파격(破格)이다.

2 봄철의 木에 왕성한 火가 있으면 식상(食傷)의 기운이 강하니 정관(正官)을 꺼린다.

3 식신(食神)이 칠살(七殺)을 제압하는 살용식제(殺用食制)에서 인수(印綬)가 투(透)하면 파격(破格)이다.

4 재격(財格)에 정관(正官)이 있는 재왕생관(財旺生官)에서 식신(食神)이 투(透)하면 식신(食神) 때문에 파격(破格)이다.

5 정관(正官)을 쓸 때 식신(食神)이 있으면 파격(破格)이고, 인수(印綬)를 쓸 때 재(財)가 있으면 파격(破格)이다.

20
사흉신四凶神의 성격成格에 대하여

살상효인(殺傷梟刃)은 사흉신(四凶神)이다. 흉신(凶神)이라고 무조건 나쁜 것은 아니다. 적장(敵將)이라도 잘 활용하면 훌륭한 인재로 쓸 수 있다. 그래서 흉신(凶神)이라도 적당히 배합이 잘 되면 능히 성격(成格)이 된다.

사흉신(四凶神)이 성격(成格)이 되는 경우

1 인수(印綬)의 뿌리가 약한데 칠살(七殺)이 투(透)하면 성격(成格)이 된다.

2 재성(財星)이 비겁(比劫)을 만났을 때 상관(傷官)이 있으면 성격(成

格)된다.

3 식신대살(食神帶殺)은 일간이 약해지니 이때 편인(偏印)이 있으면
성격(成格)이 될 수 있다.

4 재(財)가 칠살(七殺)을 만났을 때 양인(陽刃)이 있으면 성격(成格)이
될 수 있다.

그래서 재성(財星)이 상관(傷官), 정관(正官)이 편인(偏印), 칠살(七殺)
이 양인(陽刃)을 만날 때처럼 사흉신(四凶神)이라도 꺼리지 않을 때가
있다. 비유하면, 창과 칼은 본래 좋은 것은 아니지만 잘 활용하면 나라
를 다스릴 때 반란을 제압할 수 있는 것과 같다.

따라서 길신(吉神)인지 흉신(凶神)인지가 중요한 것이 아니고, 중요한 것
은 흉신이라도 잘 활용할 수 있는 팔자 구조가 되어 있는가이다.

자평진전
고전편

21
생극生剋의 선후先後로 길흉吉凶이 달라짐

월령(月令)을 기준으로 격국용신(格局用神)을 사주에 배합하면 각 글자의 생극(生剋)에 따라 길흉(吉凶)이 나누어진다. 그런데 같은 생극이라도 선후(先後)가 다름에 따라 길흉이 또다시 달라지니 명리(命理)의 오묘함이라 할 수 있다.

희신(喜神)이 시(時)에서 힘을 얻으면 노년에 유복(有福)하고, 기신(忌神)이 시(時)에서 힘을 얻으면 노년이 처량(凄凉)할 것이다.

팔자의 원국(原局)은 태어날 때 가지고 나온 틀과 재료이니 바꿀 수 없다. 이미 정해져 버린 팔자 원국(原局)의 틀이 대운(大運)에 의해서 약간의 변화(變化)가 있을 수 있다. 대운(大運)에 의해서 격국(格局)이 변할 수 있는 것이다.

그리고 원국(原局)과 대운(大運)에서 결정된 틀과 재료가 다시 세운(歲運)이나 월운(月運)에 의해 변화가 일어난다. 체(體)와 용(用)에서 체(體)는 이미 결정되었다고 하더라도 용(用), 즉 쓰임에 따라 체(體)도 변화를 일으킬 수 있다. 그래서 용(用)의 변화를 관찰하는 것이 중요한데 글자의 위치에 따라 쓰임새가 다른 것이다.

時	日	月	年
戊	甲	丁	
		酉	

❶ 정관격(正官格)에 상관(傷官) 丁火가 앞에 있고 戊土 재성(財星)이 뒤에 있다.

❷ 초년(初年)에 귀(貴)하지 않으나 만년(晩年)에 발달한다.

時	日	月	年
丁	甲		戊
		酉	

❶ 酉월의 甲木으로 정관격(正官格)이다.

❷ 정관(正官)이 재성(財星)의 도움으로 초년(初年)에 좋다.

❸ 그러나 만년(晩年)에는 상관(傷官)이 정관(正官)을 상하니 좋지 못하다.

時　日　月　年

癸　甲　　　己
　　　　　　子

❶ 초반 己土가 인수(印綬)를 제(制)하니 부유하지 못하다.

❷ 그러나 만년(晚年)에는 그런대로 유복(有福)할 것이다.

❸ 반대로 癸水가 앞에 있고 己土가 뒤에 있으면 만년이 처량하다.

時　日　月　年

丙　壬　庚
　　　寅

❶ 식신격(食神格)에 인수(印綬)가 앞에 있고 재(財)가 뒤에 있다.

❷ 식신생재(食神生財)로 만년(晚年)에 형통하다.

❸ 부유할 수 있고 귀할 수도 있다.

❹ 丙과 庚의 순서가 바뀌면 만년(晚年)이 처량할 것이다.

時　日　月　年

癸　己　辛
　　　卯

❶ 식신(食神)이 칠살(七殺)을 제압하니 초반에는 괜찮다.

❷ 만년(晚年)에는 재성(財星)이 식신(食神)의 기운을 흡수하여 칠살(七

　殺)을 도우니 처량하다.

時　日　月　年

辛　己　癸
　　　　卯

❶ 초반에는 칠살격(七殺格)에 재성(財星)이 있어 부정적이다.

❷ 그러나 만년에는 식신(食神)이 칠살(七殺)을 제압하므로 대귀(大貴)

　할 수 있다.

時　日　月　年

戊　丙　甲　癸
　　　　寅

❶ 수생목(水生木), 목생화(木生火), 화생토(火生土)로 이어진다.

❷ 戊癸합은 중간에 장애물이 많아 성립되지 않는다.

❸ 식신(食神)이 뒤에 있으니 대귀(大貴)하다.

❹ 만일 년월(年月)에 戊癸합이 있고, 시(時)에 甲木이 있으면 파격(破

　格)이다.

時　日　月　年

己　丙　辛　癸
　　　　酉

❶ 재(財)가 정관(正官)과 상관(傷官) 사이에 있다.

❷ 상관(傷官)이 정관(正官)을 극하는 힘이 소실되어 소귀(小貴)할 수

있다.

❸ 정관(正官)과 상관(傷官)이 나란히 있으면 파격(破格)이다.

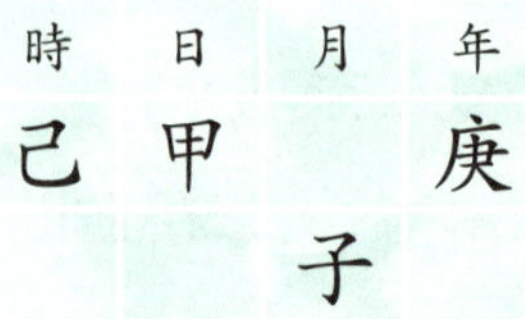

❶ 초반에는 庚金이 인수(印綬)를 돕지만 만년(晩年)에는 재(財)가 인수 (印綬)를 해친다.

❷ 만년(晩年)에 처량하다.

❶ 상관(傷官)과 정관(正官)이 멀리 떨어져 있다.

❷ 정인(正印)이 중간에서 상관(傷官)을 막아서고 정관(正官)을 보호 한다.

❸ 두려울 것이 없어 귀(貴)할 수 있다.

22
성신星辰은 격국格局과 무관하다

성신(星辰)은 신살(神殺)이다. 팔자의 격국(格局)은 오로지 월령(月令)을 사주에 배합하여 결정한다. 신살(神殺)은 지엽적인 부분이어서 생(生)하고 극(剋)하는 작용을 하지 못하니 격국(格局)에 영향을 미치지 못한다. 격국(格局)이 성격(成格)이 되면 나쁜 신살(神殺)이 가득해도 그 귀(貴)가 손상당하지 않는다. 격국(格局)이 이미 파격(破格)이라면 사주에 귀인(貴人)이 가득하더라도 공(功)이 없다. 사람들이 격국(格局)의 성격(成格)이나 파격(破格)을 살피지 않고 귀인(貴人) 등 길성(吉星)만 보이면 사주 구성은 생각하지도 않고 망령되게 귀천(貴賤)을 논하고 함부로 화복(禍福)을 논하니 심히 가소롭다. _자평진전

신살(神殺)은 체(體)의 영역에서 제한적으로 사용된다. 주로 용(用)의

영역에 사용되니 팔자의 큰 틀을 바꿀 수 없다는 뜻이다. 항상 산의 전체 모습을 본 뒤 숲 속의 나무를 보아야 한다. 격국(格局)이나 근묘화실(根苗花實), 체용(體用)과 이기(理氣) 등 명리의 기본 바탕 위에 신살을 적용한다. 신살은 나뭇가지의 일부에 불과하지만 이따금 팔자 전체에 영향을 미치는 경우도 있다. 가벼운 질병으로 크게 고생할 수도 있다.

고서(古書)에 나오는 단어들을 신살(神殺)로 잘못 아는 경우가 있다. 녹귀(祿貴)라는 말은 녹당귀인(祿堂貴人)이라는 신살이 아니고 정관(正官)을 말한다. 고서(古書)에 나오는 상귀(傷貴)는 신살이 아닌 상관(傷官)을 말한다. 정재(正財)가 상귀(傷貴)를 얻으면 좋다는 말은 정재가 상관을 얻으면 좋다는 뜻이다. 득록(得祿)이라는 말은 신살의 의미가 아닌 정관(正官)을 얻었다는 말이다. 운(運)에서 정관(正官)을 만나면 마땅히 벼슬에 올라야 하지만 정재격(正財格)에 식상(食傷)을 쓸 경우 운(運)에서 정관(正官)이 오면 벼슬에서 물러나게 된다. 정관(正官)이 노출되어 쓰고 있을 때 다시 운(運)에서 정관(正官)이 오면 중관(重官)이 되는데 이때는 벼슬에서 물러난다. 그러나 정관(正官)이 중첩되더라도 일간의 녹(祿)이 있다면 벼슬이 올라간다.

만일 득록(得祿)을 녹당(祿堂)이라는 신살(神殺)로 해석하면 문법 자체가 이치에 맞지 않으니 고인(故人)들이 이런 말도 안 되는 말을 했을 리가 없다. _자평진전

록(祿)은 정관(正官)이고, 마(馬)는 재성(財星)이다. 덕(德)은 인수(印綬)

를 가리킨다. 천주(天廚)와 수성(壽星)은 식신(食神)의 별칭이다. 삼기록
마(三奇祿馬)도 재관(財官)을 가리키는 말이다. 록마동향(祿馬同鄉)이
란 재관(財官)이 동궁(同宮)이라는 말이고, 삼기록마(三奇祿馬)는 재
관(財官)이 동주(同柱)라는 말이다. 이렇게 십신(十神)의 용어를 달리 부
르는 말들을 신살로 오해하고 있다는 것이다.

상귀(傷貴)란 상관(傷官)이 천을귀인(天乙貴人)인 것을 말한다. 卯木
은 壬水의 천을귀인이면서 상관이다. 보통 일간에게 도움이 되는 글자
를 고서(古書)에서는 어느 것이든 귀(貴)를 붙이는 경향이 있다.

여자 사주에 귀중(貴重)이면 기생이 된다고 말한다. 귀중이란 정관
(正官)이 많다는 뜻이다. 정관이 많을 때는 남자가 많다는 뜻이니 반드
시 정관을 덜어주거나 화관(化官)해야 좋다. 귀중(貴重)의 귀(貴)를 귀인
(貴人)으로 보면 안 된다.

고서(古書)에 **"귀인(貴人)의 머리에 재관(財官)이 있으면 문 안에 재물
이 가득하다."** 는 말이 있다. 무릇 재관(財官)은 아름다운 외모와 같고 귀
인(貴人)은 의복과 같으니, 외모가 아름다운 사람이 예쁜 옷을 입으면
더욱 두드러질 것이다. 그러나 이미 재관격(財官格)일 때는 귀인(貴人)
이라는 옷이 없어도 나쁠 리가 없다.

고서(古書)에 **"여자의 사주에 살(煞)이 없고, 이덕(二德)이 있으면 반드
시 영화로울 것이다."** 라는 말이 있다. 사주가 나빠도 이덕(二德)이 있으

면 위험을 모면하는 경우가 있지만, 결국 신살(神殺)은 격국(格局)의 귀천(貴賤)과는 무관한 것이다.

　팔자의 격국(格局)을 건물의 체(體)로 본다면, 신살(神殺)은 건물에 붙이는 장식품으로 봐도 좋다. 장식품이 건물에 이로울 수도 있고 해로울 수도 있다.

격국格局을 파악하고 함께 있는 신살神殺이 좋은 것인지 나쁜 것인지 참고한다면 팔자를 보는 방법이 더욱 풍요로워질 것이다.

23
외격外格의 쓰임에 대하여

월령(月令)을 기준으로 격국(格局)을 정할 때는 일간과 같은 오행에 속하는 비견(比肩), 겁재(劫財)를 제외한 여덟 개의 격(格)을 사용한다. 이를 흔히 정팔격(正八格)이라 부르며, 이에 속하지 않는 것을 외격(外格)으로 부른다. 그래서 팔자의 용신은 월령(月令)에서 구하지만 월령에 용신이 없을 때는 월령과 관계없이 다른 곳에서 격국용신(格局用神)을 찾는다. 월령 자체에 용신이 있다면 별도로 외격(外格)을 찾을 필요가 없다.

예를 들면 봄의 木일주, 겨울의 水일주는 일주와 월령(月令)이 같아 월령에서 용신을 찾기가 힘들다. 이때도 월령에서 투(透)한 재관(財官)이나 칠살(七殺)이 사주의 천간에 있으면 그것을 격(格)으로 삼으면 된다. 월령이 비견(比肩), 겁재(劫財)에 속할 때는 월령에서 투(透)한 천간을 격(格)으로 삼으면 된다는 뜻이다.

월령(月令)에서 투(透)한 천간이 있음에도 불구하고 유상(類象), 속상(屬象), 충재(衝財), 회록(會祿), 형합(刑合), 요영(遙迎), 정란(井欄), 조양(朝陽) 등등의 격(格)을 말하는데 모두 잘못이다. 천간에 재(財)가 있으면 그것을 격(格)으로 잡으면 되지, 왜 충재(衝財)를 구하려 하고, 천간에 정관(正官)이 있다면 그것을 사용하면 되지, 어찌 합록(合祿)을 구하려 한다는 말인가?

고서(古書)에서 **"월령(月令)을 중시하여 용신을 찾고 다른 외격(外格)을 찾지 말라"**고 한 말은 정말 옳은 말이다. 자평진전(子平眞詮)을 쓴 심효첨은 단호하다.

월령무용(月令無用)이라는 말이 있는데 이 뜻은 월령에 용신이 없다는 뜻이다. 그런데도 오늘날 사람들이 이 사실을 모르고 재성(財星)이 겁재(劫財)를 만나고, 정관(正官)이 상관(傷官)을 만난 경우는 용신이 파괴되었으니 외격(外格)을 찾아야 한다고 한다. 이것은 큰 잘못이다.

자평진전에서는 격국용신格局用神은 오로지 월령月令에서 찾아야 한다고 말한다. 너무 지엽적인 것으로 흐르지 말라는 의미이다.

24

궁宮에 용신과 육친六親을 배합함

사람에게는 육친(六親)이 있는데 이것도 팔자에 정해진 것이다. 육친(六親)이란 명칭은 그 유래가 오래되었다. 한대(漢代) 때 경초(京焦)의 설괘(說卦)에서는 "나를 극(剋)하는 것을 관귀(官鬼), 내가 극(剋)하는 것을 처재(妻財), 나를 생(生)하는 것을 부모(父母), 내가 생(生)하는 것을 자손(子孫), 나와 동기(同氣)를 형제(兄弟)"라고 했다. 여기에 본인을 포함하여 육친(六親)이 된다. _서락오의 평주(評註)

궁(宮)이란 연월일시(年月日時)의 지지(地支)이다. 년(年)에서부터 조상, 부모, 배우자, 자녀를 배정하는데 희용신(喜用神)이 있는 지지(地支)는 해당 육친(六親)이 좋을 것이다. 육친궁의 위치는 자연의 이치이니 바뀌지 않는다. 배합이 적당하면 좋을 것이다.

정인(正印)은 내 몸을 생(生)하는 것이므로 나를 낳은 모친이다. 편재(偏財)는 모친의 남편이기에 부친이 된다. 그래서 정인(正印)이 모친이고 편재(偏財)가 부친이다. 정재(正財)는 처(妻)이고 관(官)은 남편이다. 남명(男命)에 관살(官殺)은 자식인데 그 이유는 재(財), 즉 처(妻)의 자식이기 때문이다. 재성(財星)은 처첩(妻妾)이니 관살(官殺)이 자녀이다. 비견(比肩)은 형제이다.

이러한 육친(六親)이 힘을 얻었는지 얻지 못했는지 또는 길(吉)한지 흉(凶)한지는 모두 사주에 달려 있다.

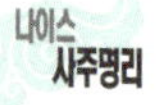

25
처자妻子에 대하여

명(命)의 길흉(吉凶)은 가까운 사람일수록 잘 적중한다. 본인의 일은 물론이고 육친(六親)에서 처(妻)나 자녀(子女)는 가까우니 역시 적중률이 좋다. 부모 또한 나를 낳은 가까운 사람이니 적중률이 높다. 부모궁인 제강(提綱)에 뿌리를 두어 힘이 있거나 혹은 년주(年柱)에 용신이 있으면 부모쌍전(父母雙全)하고 힘을 얻는다. 그러나 조상과 형제는 별로 적중률이 좋지 않다. _자평진전

육친론(六親論)은 각 궁(宮)에 자리 잡은 글자의 육친(六親)을 용신에 배정해서 보아야 한다. 자평진전(子平眞詮)이 말하는 용신은 격국용신(格局用神)이다.

"

배우자궁인 **일지**(日支)에 길신(吉神)인 재관(財官)이 있으면 처(妻)가 현숙(賢淑)하고 고귀하다. 그러나 일지(日支)가 재관(財官)인데도 처덕(妻德)이 없는 경우가 있고, 일지(日支)가 상관(傷官)이나 양인(陽刃)인데도 처덕(妻德)이 있는 경우가 있다. 이것은 격국(格局)이 우선이기 때문에 배우자 궁에 있는 글자가 희신(喜神)이나 기신(忌神)이 될 수 있기 때문이다.

일지(日支)에 재(財)가 있으면 처덕(妻德)이 좋지만 만일 인수격(印綬格)이라면 좋을 리가 없다. 일지의 재성(財星)이 격국(格局)인 인수(印綬)를 극하기 때문이다.

처궁(妻宮)에 정관(正官)이 와도 길(吉)하지만 격국(格局)이 상관격(傷官格)이라면 좋을 리가 없다. 또 처궁(妻宮)에 흉신(凶神)인 상관(傷官)이 오면 흉(凶)하겠지만 격국(格局)이 재격(財格)이면 좋을 것이고, 만일 칠살격(七殺格)이라면 처궁(妻宮)에 있는 상관(傷官)이 칠살(七殺)을 극하므로 오히려 처(妻)의 내조(內助)가 있을 것이다.

처궁(妻宮)에 양인(陽刃)이 오면 좋을 리가 없지만 일주(日柱)가 약하고 뿌리도 없으면 오히려 일지(日支) 양인(陽刃)이 도움이 된다. 항상 좋고 나쁨은 팔자 전체의 상황을 보아야 한다. 인수(印綬)가 많을 때 재성(財星)이 처궁(妻宮)에 있는 인다봉재(印多逢財)는 좋겠지만, 인수(印綬)가 약할 때 재성(財星)이 처궁(妻宮)에 있는 인경봉재(印輕逢財)는 좋을 리가 없다.

처궁(妻宮)을 본 후에는 다시 처성(妻星)인 재성(財星)을 본다. 처성

(妻星)이 투출하거나 국(局)을 이루는 경우는 일지(日支)에 용신이 없어도 내조(內助)의 공(功)이 있다. 정관격(正官格)에 재성(財星)이 투출(透出)하거나, 인성(印星)이 많은 사주에 재성(財星)을 만나거나, 식상격(食傷格)에 재성(財星)이 투출하여 용신이 되면 내조를 잘한다.

또 **재성**(財星)이 투출(透出)하여 파격(破格)이 된 경우도 있다. 인성(印星)이 경미(輕微)할 때 재성(財星)이 투출(透出)하거나, 식상(食傷)이 있는데 칠살(七殺)과 재성(財星)이 모두 투출(透出)하면 파격(破格)이 되니, 일지(日支)에 용신이 있다 하여도 처의 내조는 기대하기 힘들다. 그리고 재성(財星)이 투하여 성격(成格)이 되고 처궁(妻宮)에 용신이 있으면 좋지만, 만일 일지(日支)가 형충(刑沖)이 되어 버리면 좋은 처(妻)이지만 해로(偕老)는 못한다.

또 **처성**(妻星)이 두 개 이상 투출(透出)하고 정재(正財)와 편재(偏財)가 섞여 있으면 처(妻)가 여럿인 형상이니 역시 형극(刑剋)에 주의한다.

자녀를 볼 때도 처(妻)를 볼 때처럼 자녀궁(子女宮)과 자녀성(子女星)의 희기(喜忌)를 잘 가려야 한다. 자녀를 보는 법 중에 12운성(運星)으로 보는 가결(歌訣)이 있다. 예를 들면 장생(長生)은 아들 네 명, 목욕(沐浴)은 두 명, 관대(冠帶)는 세 명, 제왕(帝王)은 성공한 아들 다섯 명이고, 쇠(衰)는 두 아들 중 한 명은 발전 못하고, 사(死)는 끝내 아들이 없으니 양자를 두고, 묘(墓)는 요절하고, 절(絶)은 아들 한 명, 태(胎)는 맏딸을 기르고, 양(養)은 세 아들 가운데 한 명만 남는다고 본다.

현대 사회에서는 출산을 인위적으로 조절하는 경우가 있으니 참고만 한다. 의학이 발달한 현대 사회에서는 아들, 딸의 구별을 팔자로 맞춘다는 것조차 의미가 없다.

자녀를 볼 때는 시지(時支)를 살핀다. 甲乙 일간이면 庚辛金이 관(官), 자식성이니 시지(時支)에서 생왕(生旺)인지 사절(死絕)인지 살펴보고 많고 적음도 분별한다. 시지(時支)를 보고 난 후에는 시간(時干)과 자녀성(子女星)도 처(妻)를 볼 때처럼 살펴본다.

재격(財格)일 때 시간(時干)에 식신(食神)이 투(透)했거나, 또는 정관격(正官格)에 시간(時干)에 재(財)가 투출(透出)하면 시간(時干)에 용신이 있게 되니, 설사 시지(時支)에서 자녀성(子女星)인 관살(官殺)의 오행이 사절(死絕)되어도 자녀는 귀(貴)하다. 그러나 자녀 숫자는 많지 않다.

만일 **시간**(時干)에 용신이 있고 시지(時支)에서 관살(官殺)이 생왕(生旺)하면 기린아가 즐비하다. 반대로 시간(時干)에 기신(忌神)이 있거나 자녀성(子女星)이 투출(透出)하여 격(格)이 깨졌다면 시지(時支)에서 생왕(生旺)해도 자녀를 두기 힘들고, 시지(時支)에서 사절(死絕)되었다면 자녀를 기대하지 말아야 한다.

자녀성(子女星)은 관살(官殺)이니 정관(正官)은 재(財)와 인(印)의 보필을 기뻐한다. 즉, 정관(正官)만 홀로 있는 고관무보(孤官無輔)는 좋아하지 않는다. 그리고 양인격(陽刃格)이 아닌 한 칠살(七殺)은 식신(食神)의 제복이 있어야 한다. 그래서 관살(官殺)이 왕(旺)한데 식신(食神)의 제극(制剋)이 없으면 아들 두기가 힘들다.

26

행운行運에 대하여

좋은 명(命)이라도 때를 만나지 못하면 영웅호걸이라도 무예를 쓸 기회를 잡지 못함과 같고, 팔자가 평범해도 운(運)이 좋으면 타고난 재능을 백분 발휘할 수 있으니 운(運)의 중요성을 무시할 수 없다.

대운(大運)을 볼 때는 반드시 10년을 병행하여 본다. 천간과 지지를 한 글자씩 따로 떼어서 희기(喜忌)를 가리는 것은 사람의 머리와 몸통을 따로 보는 것과 같다. 천간은 마음이니 신속하게 일어나고, 지지는 현실이니 더디게 일어난다는 차이만 알고 있으면 된다.

행운(行運)의 간지(干支)를 팔자와 배합(配合)하여 보면 천간의 합(合)과 극(剋), 지지의 회국(會局)에 따라 격국(格局)이 변할 수도 있으니 잘 보아야 한다. 대운(大運)에 따라 살아가는 환경이 바뀔 수 있다. 공직에 있다가 사업을 한다든지, 대도시에 살다가 산골로 들어간다든지, 아니면 사업을 하다가 학문의 길을 가는 것처럼 대운으로 환경의 변화를 볼 수 있다. 그리고 세운(歲運)을 통해 언제 구체적으로 그러한 일들이 일어날 것인지 판단할 수 있다.

대운(大運)의 흐름은 월주(月柱)에 기초를 두고 있다. 태어날 때 정해지는 사주의 월주에서 대운이 출발하기 때문에 대운을 월주에 대체하는 방법도 연구해 볼 만하다. 대운을 포함하여 오주(五柱)처럼 보는 것이 아니고, 대운의 글자를 월주의 자리로 대체하는 방법이다.

운(運)을 보는 것도 명(命)을 보는 법과 같다. 여기서 운이란 대운(大運)을 말한다. 명(命)을 보는 것은 사주 간지(干支)를 월령(月令)의 희기(喜忌)와 배합하는 것이고, 운(運)을 보는 것은 운의 간지(干支)를 팔자의 희기(喜忌)와 배합한다. 그래서 운이 어느 한 글자로 향할 때는 반드시 이 한 글자를 팔자의 간지(干支)와 배합하여 총체적으로 보면서 희기(喜忌)를 정하면 길흉(吉凶)이 드러난다.

운(運)을 보는 방법은 명(命)을 보는 법과 같으니 앞에서 정리한 격국(格局)에 대한 내용을 그대로 적용하면 된다.

무엇을 희(喜)라고 하는가?

원국(原局)의 희신(喜神)의 글자가 운(運)에서도 오면 좋다. 즉 정관격(正官格)에 인수(印綬)를 써서 상관(傷官)을 제압하는 사주에서, 대운(大運)에서 인수(印綬)를 돕는 운이 오면 좋다.

또 재(財)가 관(官)을 생(生)하고 신약(身弱)할 때는 운에서 신강(身强)하게 하는 글자가 오면 좋다.

인수(印綬)가 용신이고 재(財)가 기신(忌神)일 때 사주에서 겁재(劫財)가 오면 기신인 재(財)를 제(制)하니 좋다.

식신(食神)과 칠살(七殺)이 함께 있어 격(格)을 이룬 사주가 신약(身弱)할 때는 운에서 인수(印綬)가 오면 일간에게 힘을 주니 좋다.

식신(食神)과 칠살(七殺)이 격(格)을 이루고 칠살(七殺)이 중(重)할 때는 식상운(食傷運)이 오면 좋다.

상관격(傷官格)에 인수(印綬)를 쓸 때는 관살운(官殺運)이 오면 좋다. 양인격(陽刃格)에 관(官)이 용신일 때는 운(運)에서 재(財)가 오면 좋다. 겁재격(劫財格)에는 식상운(食傷運)이 오면 좋다. 이렇게 팔자 원국(原局)에서 필요한 글자가 운(運)에서 오면 좋다.

또 상신(相神)의 글자와 동일한 운(運)이나 상신(相神)을 생(生)하면서 격국(格局)을 해치지 않는 희신(喜神)의 글자가 출현하면 좋다.

무엇을 기(忌)라고 하는가?

기(忌)는 사주에서 꺼리는 것으로 나에게 도움이 안 되고 오히려 손해를 끼치는 것을 말한다.

예를 들어 정관(正官)이 있고 인수(印綬)가 없을 때 운(運)에서 상관(傷官)이 오는 것은 좋지 않다. 재격(財格)에 식신(食神)이 투출(透出)하지 않았는데 운(運)에서 칠살(七殺)이 오는 것도 좋지 않다.

인수격(印綬格)에 정관(正官)이 용신일 때 운에서 정관(正官)을 합(合)하면 안 좋다. 식신대살(食神帶殺)이 되었을 때 운에서 재(財)가 오는 것은 나쁘다. 살용식제(殺用食制)일 때 운에서 편인(偏印)이 오면 나쁘다.

상관패인(傷官佩印)일 때 운에서 재(財)가 오면 나쁘다. 양인용살(陽刃用殺)일 때 운에서 식신(食神)이 오는 것은 안 좋다. 건록격(建祿格)에 정관(正官)이 용신일 때 운에서 상관(傷官)이 오는 것은 안 좋다.

희신(喜神)처럼 보이지만 기신(忌神)인 것이 있다

정관(正官)이 인수운(印綬運)을 보았을 때 인수(印綬)가 원국(原局)의 글자와 합(合)이 되는 경우이다.

인수(印綬)가 정관운(正官運)을 보았을 때 원국(原局)에서는 칠살(七殺)이 용신인 경우이다.

기신(忌神)처럼 보이지만 희신(喜神)인 경우도 있다

정관격(正官格)이 상관운(傷官運)을 만났는데 원국(原局)에 인수(印綬)가 투(透)했을 때 기신(忌神)처럼 보이지만 희신(喜神)이다.

재격(財格)이 칠살운(七殺運)을 만났을 때 사주 원국(原局)에 식신(食神)이 투출(透出)한 경우가 기신(忌神)처럼 보이지만 희신(喜神)인 경우이다.

이처럼 격국을 파괴시키는 기신운(忌神運)이 와도 팔자 원국(原局)에서 기신(忌神)을 합거(合去)하거나 극(剋)하면 좋아지는 경우가 있다.

천간은 가(可)하고 지지는 불가(不可)한 경우도 있다

時	日	月	年
	丙		
		子	亥

❶ 지지에 관살(官殺)이 나란히 있어 왕(旺)하다.

❷ 이때 丙丁火 운(運)으로 가면 일간이 비겁(比劫)의 도움을 받으니 좋다.

❸ 같은 화운(火運)이라도 巳午火 운(運)은 원국(原局)과 충(沖)이 되어 안 좋다.

지지는 가(可)하고 천간은 불가(不可)한 경우도 있다

時	日	月	年
	甲	辛	戊

❶ 辛金 정관(正官)이 미약하면 운(運)에서 申酉를 만나면 좋다.

❷ 그러나 운(運)에서 庚辛이 오면 관살혼잡(官殺混雜) 또는 중관(重官)
이 되어 안 좋다.

❸ 만일 정관(正官)이 천간에 투출(透出)하지 않고 지지에 숨어 있으면
운(運)에서 辛金 정관(正官)을 보아 좋다고 보며 중관(重官)을 거론
하지 않는다.

천간에 동일 오행이 오는데도 결과가 다른 경우도 있다

時	日	月	年
	丁	壬	
		亥	

❶ 운(運)에서 丙火를 보면 일간을 돕는다.

❷ 丁火가 운(運)에서 오면 丁壬 합거(合去)되어 관(官)도 사라진다.

같은 오행의 운(運)이 지지에서 올지라도 다른 경우도 있다

時　日　月　年
戊　　壬
丑　　卯

❶ 운(運)에서 申이 오면 壬水의 장생(長生)이 되니 좋다.

❷ 운(運)에서 酉가 오면 酉丑 반합(半合)이 되어 정관(正官)인 卯木을
  극하게 된다.

같은 충(沖)이라도 빠른 것이 있고 느린 것이 있다

년월(年月)을 충(沖)하면 급하고, 일시를 충(沖)하면 느리다.

운(運)이 본래 좋으면 충(沖)을 당해도 가볍고, 운(運)이 꺼리는 글자
가 또 운(運)에서 충(沖)을 당하면 무겁다.

가벼운 충(沖)이란 식신격(食神格)에 칠살(七殺)이 와서 충(沖)하는 것
이다.

무거운 충(沖)이란 정관격(正官格)에 상관(傷官)이 와서 충(沖)하는 것
이다.

충(沖)이 되는 것 같지만 충(沖)이 아닌 것도 있다

時　日　月　年

甲

酉　　　← 卯

❶ 卯운이 오면 卯酉충이 된다.

❷ 그러나 본명에 巳酉가 합(合)하여 있으면 충(沖)이 무력(無力)하다.

❸ 또 년지(年支)에 亥 또는 未가 있으면 합(合)을 하느라 충(沖)하지 않는다.

❹ 세운(歲運)의 충(沖)은 개고(開庫)되므로 대운(大運)의 충(沖)과는 다르다.

하나의 충(沖)이 두 개의 충(沖)으로 되는 경우가 있다

時　日　月　年

甲

申　寅　申　← 寅

❶ 두 개의 申은 하나의 寅을 충(沖)하지 못한다.

❷ 그러나 운(運)에서 또 寅이 오면 두 개의 寅申충이 생긴다.

❸ 자평진전(子平眞詮)을 쓴 심효첨의 생각이다.

27

행운行運에서 성격成格 또는 변격變格될 수 있다

팔자는 여덟 글자로 이루어진다. 여기에 운(運)이 배합(配合)되면 격(格)이 성격(成格)되기도 하고 변격(變格)되기도 한다.

대운(大運)에 의해서 격국(格局)이 변하면 체(體)의 영역인 팔자의 모양이나 그릇의 크기가 변하게 된다. 그래서 대운(大運)으로 성격(成格)이 되거나 변격(變格)이 되는 작용이 격국(格局)의 희기(喜忌)나 화복(禍福)보다 더 중요하다.

운(運)에서 성격(成格)된 경우

```
時  日  月  年
    丁  壬
        辰        ← 申 또는 子
```

❶ 원국(原局)에서 정관격(正官格)으로 성격(成格)되었지만 확실하지 않다.

❷ 辰土의 글자는 변화(變化)의 요소를 갖고 있기 때문이다.

❸ 운(運)에서 申子가 오면 확실히 정관격(正官格)이 된다.

```
時  日  月  年
    乙              ← 壬 또는 癸
        辰  子
```

❶ 子辰 반합이지만 辰월이니 水기운은 약하다.

❷ 운(運)에서 壬癸水가 오면 확실하게 인수격(印綬格)이 된다.

운(運)에서 격국(格局)이 변하는 경우

```
時  日  月  年
    丁  壬      ← 戊
        辰
```

❶ 현재 정관격(正官格)이다.

❷ 운(運)에서 戊土가 오면 辰에 뿌리를 내려 상관격(傷官格)이 된다.

❸ 정관격(正官格)이 상관격(傷官格)으로 변한 것이다.

❹ 지장간 정기(正氣)가 더 강하다.

```
時   日   月   年
 壬      丁  ←  戊
 午   戌
```

❶ 戌월의 壬水는 편관격(偏官格)이다.

❷ 지지 午戌 반합에 천간 丁火가 투하여 정재격(正財格)으로 되었다.

❸ 그러나 운(運)에서 戊土가 오면 戌에 뿌리를 내려 칠살격(七殺格)으로 변한다.

❹ 월지 정기(正氣)에 뿌리를 둔 천간이 강하다.

❺ 대운(大運)은 체(體)의 영역으로 팔자 원국(原局)처럼 본다.

```
時   日   月   年
 壬   己
 亥      ←  卯
```

❶ 亥월에 己土가 투하여 건록용관(建祿用官)이다.

❷ 운(運)에서 卯가 오면 亥卯 반합이 된다.

❸ 반합(半合)으로 건록격(建祿格)이 상관격(傷官格)이 된다.

운(運)에서 성격(成格)되어도 좋지 않은 경우

```
時  日  月  年

壬  甲      ←  己
    午
```

❶ 재격(財格)에 식신(食神)이 있어서 좋다.

❷ 운(運)에서 己土가 오면 정관(正官)이 오니 좋다.

❸ 그러나 甲己합으로 식신(食神)을 합거(合去)해 간다.

❹ 길신(吉神)의 합거(合去)로 좋지 않다.

격국(格局)이 변해도 나쁘지 않은 경우

```
時  日  月  年

甲  丁  壬      ←  戊
        辰
```

❶ 辰월에 壬水가 투하여 정관격(正官格)이다.

❷ 운(運)에서 戊土가 오면 상관(傷官)이 오니 안 좋다.

❸ 그러나 상관(傷官) 戊土를 甲木이 막아준다.

❹ 甲木이 정관(正官)에게 해로운 상관(傷官)을 막아준다.

時　日　月　年

庚　壬　己
　　　亥　　　← 卯 또는 未

❶ 亥월에 己土가 투하여 정관격(正官格)이다.

❷ 정관격(正官格)에 인성(印星)이 있다.

❸ 운(運)에서 卯 또는 未가 오면 식상(食傷)이 강해진다.

❹ 정관격(正官格)에 식상운(食傷運)은 좋지 않다.

❺ 이때 庚金이 목국(木局)을 방어해 준다.

28
희기_{喜忌}는 천간과 지지가 다르다

천간과 지지에 모두 희신(喜神)과 기신(忌神)이 올 수 있다. 마음은 쉽게 변하니 천간은 동적(動的)이고, 현실은 쉽게 바뀌지 않으니 지지는 정적(靜的)이다. 지지는 천간에 의해 쓰일 때를 기다린다. 마음이 동(動)하지 않으면 현실에 존재하는 것이라고 할지라도 관심 밖이다.

지지도 천간을 움직일 때가 있으니 합국(合局)을 이룰 때이다.

합국(合局)이 되면 내 의도와는 다르게 현실 때문에 마음이 동(動)할 수 있다. 지지 합국(合局)은 천간에 투(透)한 글자를 능가하는 힘을 갖기 때문이다.

<table>
<tr><td>時</td><td>日</td><td>月</td><td>年</td></tr>
<tr><td>庚</td><td>甲</td><td>辛</td><td></td></tr>
<tr><td></td><td></td><td>酉</td><td></td></tr>
</table>

❶ 천간 辛庚은 관살혼잡(官殺混雜)이다.

❷ 마음이 두 갈래인 것이다.

<table>
<tr><td>時</td><td>日</td><td>月</td><td>年</td></tr>
<tr><td></td><td>甲</td><td>辛</td><td></td></tr>
<tr><td></td><td></td><td>酉</td><td>申</td></tr>
</table>

❶ 지지에 申酉가 있으면 관살혼잡(官殺混雜)이 아니다.

❷ 辛金이 申酉를 만나면 뿌리가 튼튼한 것이다.

❸ 천간은 마음을 나타내고, 지지는 현실을 나타낸다.

<table>
<tr><td>時</td><td>日</td><td>月</td><td>年</td></tr>
<tr><td>辛</td><td>甲</td><td>辛</td><td></td></tr>
<tr><td></td><td></td><td>酉</td><td></td></tr>
</table>

❶ 두 개의 辛金이 있으면 중관(重官)이다.

❷ 많다고 좋은 것은 아니다.

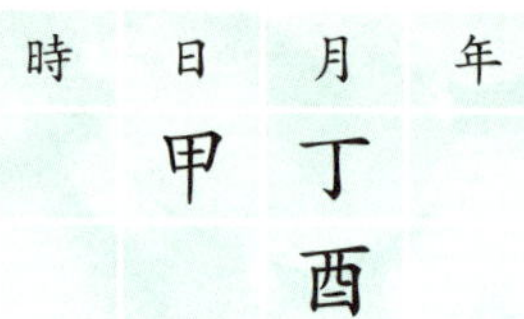

❶ 하나의 辛金이 두 개의 酉金을 보면 중관(重官)이 아니다.

❷ 천간은 마음을 나타내고, 지지는 현실을 나타낸다.

❶ 丁火가 천간에 있으니 상관(傷官)의 마음을 가지고 있다.

❷ 상관(傷官)은 관(官)을 상(傷)하게 하니 직업이나 남편을 미워한다.

❸ 틀에 박힌 삶을 싫어하는 마음을 가진다.

❶ 천간에 없고 지지에만 있으면 관심 밖의 현실이다.

❷ 천간은 마음이고 지지는 현실이기 때문이다.

❸ 지지에 온 상관 午火는 내 마음은 아니다.

❹ 지지에서 오는 것은 내 뜻과 무관하다.

천간 丁火는 상신(相神)으로 쓸 수 있지만, 지지 午火는 상신(相神)으로 쓸 수 없다. 격국(格局)의 성패(成敗)를 좌우하는 글자는 천간과 동(動)한 지지이다. 회국(會局)을 이루거나 형충(刑沖)이 되면 지지가 동(動)한다.

똑같은 지지라도 화복(禍福)이 다른 경우

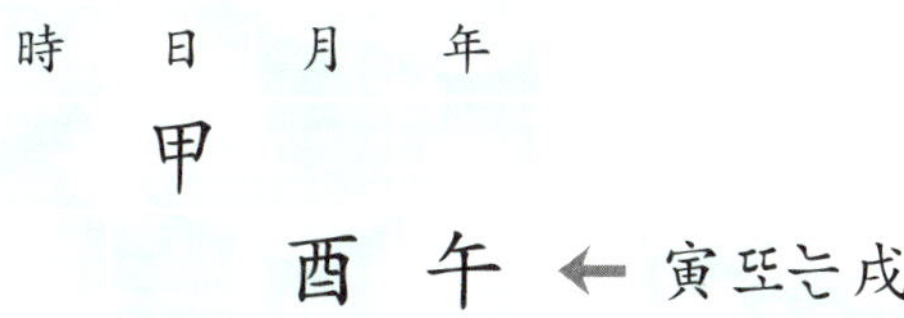

❶ 정관격(正官格)이다.

❷ 운(運)에서 寅이나 戌이 오면 화국(火局)으로 동(動)한다.

❸ 寅午 화국(火局)이 상관(傷官)으로 변하여 정관(正官)을 상(傷)한다.

❹ 운(運)에서 오는 지지는 팔자를 동(動)하게 하는 힘을 가지고 있다.

❶ 午火가 申金을 제(制)하기에는 약하다.

❷ 戌 또는 寅운이 오면 화국(火局)이 되어 동(動)한다.

❸ 화국(火局)이 되어 칠살(七殺)을 제(制)할 수 있다.

❹ 지지는 회국(會局)이 되면 천간처럼 동(動)한다.

❺ 천간은 스스로 동(動)한다.

29
지지 희기신喜忌神의 운運에서의 작용

　지지의 희신(喜神)과 기신(忌神)은 천간과 다르다. 지지는 고요히 있다가 운(運)에서 원국(原局)의 지장간이 투출(透出)하면 그 쓰임이 생기고 희기(喜忌)가 나타난다. 다시 말해 지지에만 있어 관심 밖으로 존재했던 것들이 운(運)에서 오는 천간의 글자와 물상결합이 되면 지지도 쓰임새가 있다. 평소에 관심이 없다가 필요할 때 특정 물건을 찾아 사용하는 것과 같다.

時	日	月	年
甲			← 戊
	酉	辰	

❶ 정관격(正官格)에 지지 辰土가 있다.

❷ 戊土 운(運)이 오면 물상결합(物象結合)이 된다.

❸ 辰土는 고요히 있다가 운(運)의 천간에서 같은 오행이 올 때 작용을
한다.

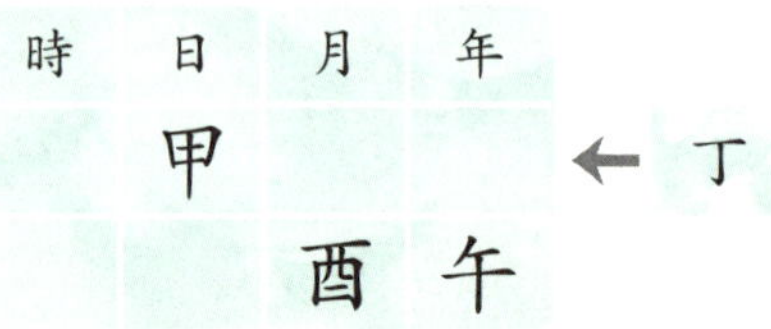

❶ 지지에 있는 午는 운(運)에서 丁火가 오면 물상결합(物象結合)된다.

❷ 상관(傷官)의 작용을 한다.

❸ 지지는 가만히 있다가 천간에 투출될 때 움직인다.

❶ 운(運)에서 寅이나 戌이 오면 화국(火局)이 성립된다.

❷ 화국(火局)이 되면 상관(傷官)의 작용이 커진다.

❸ 명(命)과 운(運)의 글자가 회국(會局)하는 경우에도 현저히 작용한다.

격국(格局)의 성패(成敗)와 고저(高低)가 팔자에서 이미 정해지고, 또
명(命)에 있는 것과 없는 것은 차이가 있겠지만, 운(運)에서 오는 지지도

역시 월령(月令)에 있는 것과 다름이 없다.

자평진전(子平眞詮)은 체(體)의 영역을 주로 다루므로, 체(體)의 영역에서 말하는 운(運)이란 대운(大運)을 말한다.

팔자를 입수하면 천간 지지를 모두 살핀다. 지지는 천간의 터전이 되고, 천간을 통해 사용된다.

예를 들어 원국(原局)에 甲木이 있다면, 지지에 寅亥卯未가 있는지 살펴 통근(通根)이 되는지 본다. 또 만일 지지에 亥가 있으면 천간에 甲木이나 壬水가 투(透)했는지 살핀다. 천간과 지지가 상호 소통이 되어야 힘이 있고 의미가 있다. 亥가 있을 때 천간에 甲壬이 와도 모두 투출(透出)하였으니 쓸 수 있다. 壬水는 亥에서 록(祿)이 되고, 甲木은 亥에서 장생(長生)이 되니 쓸 수 있다.

운(運)을 보는 법도 이와 같으니 원국(原局)의 천간과 지지에 배합하여 따져보면 된다.

<h1 style="text-align:center">30
잘못된 격국格局에 얽매임</h1>

팔자의 용신은 오로지 월령(月令)에 의존한다. 월령(月令)에 용신이 없을 때 비로소 밖에서 찾는다. 월령(月令)은 근본이고 외격(外格)은 말단과 같다. 사람들이 경중(輕重)을 모르고 외격(外格)에만 얽매어 가짜를 고집하고 진짜를 멀리한다. 월령(月令)은 팔자를 지배하는 총사령부이다.

時	日	月	年
庚	戊	甲	
申		寅	

❶ 칠살격(七殺格)에 식신(食神)이 칠살(七殺)을 제(制)하는 살용식제(殺用食制)이다.

❷ 외격(外格)으로 전식합록격(專食合祿格)이 아니다.

❸ 월령(月令)에서 용신을 찾을 수 없을 때 비로소 외격(外格)을 찾는다.

<table>
<tr><td>時</td><td>日</td><td>月</td><td>年</td></tr>
<tr><td>癸</td><td>丙</td><td></td><td></td></tr>
<tr><td>巳</td><td></td><td></td><td>子</td></tr>
</table>

❶ 정관격(正官格)이다.

❷ 귀록격(歸祿格)에 정관(正官)이 있어 파격(破格)이 된 외격(外格)이 아니다.

❸ 월령(月令)에서 용신을 찾을 수 없을 때 비로소 외격(外格)을 찾는다.

재(財)가 칠살(七殺)을 만나면 칠살(七殺)에 내 몸이 심하게 상한다. 그런데도 사람들은 시상편관격(時上偏官格)의 외격(外格)으로 논한다. 사람들은 눈에 보이는 쉬운 것을 찾지 않고 특별한 외격(外格)을 찾아 나선다. _자평진전

<table>
<tr><td>時</td><td>日</td><td>月</td><td>年</td></tr>
<tr><td>甲</td><td>癸</td><td></td><td></td></tr>
<tr><td>寅</td><td></td><td></td><td>巳</td></tr>
</table>

❶ 지장간의 정관(正官)인 암관(暗官)이 상관(傷官)으로 파손되었다.

❷ 외격(外格)인 형합격(刑合格)이 아니다.

時　日　月　年

戊　癸
　　　酉　亥　戌

❶ 월겁격(月劫格)이다.

❷ 지지에 뿌리박은 정관(正官)을 써서 록겁용관(祿劫用官)이다.

❸ 공술격(拱戌格)이 戌土 때문에 전실(塡實)되어 나빠진 외격(外格)이
　아니다.

時　日　月　年

丙　乙
子　　　寅

❶ 목화통명(木火通明)이다.

❷ 서귀격(鼠貴格)의 외격(外格)이 아니다.

　이렇게 월령(月令)을 기준으로 하여 격(格)을 찾지 않고 외격(外格)을
찾는 것은 하나도 맞지 않다. 이 모두 명(命)의 이치를 모르고 망령되게
설명한 것이다. _자평진전

　자평진전은 팔자 원국과 대운(大運)을 다루는 체(體)의 영역에 집중되
어 있다. 체(體)를 주로 다루는 격국(格局)은 월령(月令)을 기준으로 팔

자의 가장 큰 세력을 찾는 것이지만, 외격(外格)이 다루는 것들은 용(用)의 영역에 관한 것들이 많다.

예를 들어 근묘화실(根苗花實)에서 근묘(根苗)가 체(體)라면 화실(花實)이 용(用)인데 사람들은 용(用)의 영역인 화실(花實)에 관심이 많다. 그래서 체(體)의 영역인 격국(格局)을 설명하면서도 자꾸 용(用)의 영역인 외격(外格)으로 해석을 하려고 하는 것이다.

오행의 생극제화(生剋制化)는 체(體)의 영역을 다루고, 신살(神殺) 등은 글자 하나하나에 집중하는 용(用)의 영역이다. 체용(體用)의 구별이 시급하다.

31
와전訛傳된 학설에 대하여

자평진전(子平眞詮)에 다음과 같이 설명한다.

팔자에는 원래 정해진 이치가 있다. 그 이치를 모르니 이단(異端)이 생기고, 헛된 학설(學說)이 난무(亂舞)한다. 음양(陰陽)의 이치를 모르고 속서(俗書)에 기록된 체상가결(體象歌訣)을 옳다고 여긴다.

격국(格局)은 오로지 월령(月令)에서 찾아야 함을 모르고 외격(外格)을 찾는다. 생극(生剋)을 논할 때도 희기(喜忌)를 자세히 살피지도 않고, 무턱대고 왕(旺)한 것을 억제(抑制)하고 약(弱)한 것을 돕는다고 고집한다.

운(運)을 논할 때도 같은 오행이라도 희기(喜忌)가 다를 수 있는데도 천간 지지의 오행이 같으면 같은 작용을 한다고 주장한다.

이런 편견(偏見)이 생기는 이유는 첫째 책에 쓰인 글자의 경중(輕重)을 몰라서 생겼고, 둘째로 속서(俗書)를 논한 사람들이 잘못된 학설(學說)을 만들어 혼미(昏迷)하게 했고, 셋째로 운명(運命)을 논하다가 우연히 맞은 학설(學說)을 믿고 고치려 하지 않기 때문이다. 그리고 넷째로 옛사람의 논명(論命) 가운데 잘못 기록된 것을 그대로 받아들여 피해가 커진 것이다.

時	日	月	年
甲	己	癸	壬
戌	丑	丑	申

❶ 丑월이니 잡기(雜氣)이다.

❷ 丑월에 壬癸水가 투하여 재격(財格)이다.

❸ 재왕생관(財旺生官)이다.

❹ 甲木은 뿌리가 없지만 운(運)에서 힘을 받을 수 있다.

時	日	月	年
乙	己	癸	壬
亥	丑	丑	申

❶ 잡기(雜氣)이며 壬癸水가 투하여 재격(財格)이다.

❷ 왕한 재(財)가 칠살(七殺)을 생(生)하니 파격(破格)이다.

❸ 당연히 귀(貴)하지 않다.

❹ 재(財)와 칠살(七殺)이 만나면 대부분 파격(破格)이다.

<table>
<tr><td>時</td><td>日</td><td>月</td><td>年</td></tr>
<tr><td>庚</td><td>戊</td><td>壬</td><td>己</td></tr>
<tr><td>申</td><td>子</td><td>申</td><td>未</td></tr>
</table>

❶ 식신생재격(食神生財格)이다.

❷ 戊일의 庚申시이니 합록격(合祿格)이라고 논하는 것은 잘못이다.

❸ 팔자에 식신(食神)과 재성(財星)이 있어 아름다운 것이다.

❹ 눈에 보이는 것을 찾으려 해야지 밖에서 찾으려 하면 안 된다.

올바른 견해(見解)가 없으면 이치(理致)를 정확히 살피지 못한다. 그렇게 되면 잘못된 이론을 보고도 알지 못한다. 왜 귀격(貴格)인지 모르는 사람들이 많다. 귀명(貴命)을 귀록(歸祿)이라고도 하고, 일주(日柱)나 시주(時柱)를 보고 귀격(貴格)을 정하기도 한다. 모두 잘못된 것이다. 사주가 확실하지 않은 경우도 많은데 근본을 연구하지도 않고 헛된 이론에 구애를 받는다면 평생 연구해도 이치를 해득하지 못할 것이다.

_자평진전

제3부

격국론

格局
局
論

32

정관격正官格에 대하여

정관(正官)은 나를 극한다는 점에서 칠살(七殺)과 같다. 그러나 정관격(正官格)은 존귀(尊貴)하기 때문에 형충파해(刑沖破害)를 꺼린다. 인간은 만물의 영장이라고 하지만 교만하기 때문에 정관(正官)으로 바로잡아야 한다. 정관(正官)은 존귀(尊貴)하니 나라의 임금이고 법이며, 가정의 부친이다. 정관(正官)을 형충파해(刑沖破害)하는 것은 하극상(下剋上)이니 용납할 수 없다.

정관(正官)은 생(生)해 주고 호위(護衛)하는 것을 좋아한다. 재인(財印)이 보필(輔弼)하여 주면 좋다. 재인(財印)의 보필(輔弼)이 없이 정관(正官)만 홀로 있는 고관무보(孤官無輔)는 다치기 쉬우니 좋지 않다. 희신(喜神)을 존속시키고 기신(忌神)을 제거하면 귀하게 된다.

　정관격(正官格)의 고저(高低)를 분별하는 방법은 재인(財印)이 천간에 투(透)했는가 보는 것이다. 재인(財印)의 위치가 적절하여 서로 장애가 되지 않으면 대귀(大貴)하다.

時	日	月	年
戊	乙	壬	甲
寅	巳	申	申

❶ 설상공(薛相公)의 사주이다.

❷ 인성(印星)인 壬水와 재성(財星)인 戊土가 있다.

❸ 재인(財印) 사이에 일간인 乙木이 있어서 戊土가 壬水를 극하지 못한다.

❹ 그래서 대귀(大貴)하게 되었다.

❺ 그러나 정관(正官)이 꺼리는 형충(刑沖)이 있다.

❻ 형충(刑沖)으로 개고(開庫)되어 합거(合去)가 없으면 성격(成格)이다.

❼ 寅申巳 삼형(三刑)이 있어 현실적인 삶에 굴곡은 있었을 것이다.

時	日	月	年
乙	戊	丁	壬
卯	申	未	戌

❶ 잡기(雜氣) 정관격(正官格)이다.

❷ 정관(正官)이 卯未에 뿌리를 두었다.

❸ 丁壬 합거(合去)되어 정관(正官)만 남았다.

❹ 고관무보(孤官無輔)가 되어 벼슬이 7품 이상에 오르지 못했다.

정관(正官)이 칠살(七殺)과 다른 점은 고관무보(孤官無輔)를 싫어한다는 것이다. 재(財)와 인수(印綬)가 공히 투출(透出)하면 특히 대귀(大貴)하고 이때 재(財)와 인수(印綬)가 상극(相剋)하면 귀(貴)가 다소 떨어진다. 그래서 위치가 중요하다.

정관격(正官格)이 재(財)와 인(印) 중 하나만 쓸 때는 재(財)를 쓰는 것이 인(印)을 쓰는 것보다 좋다. 재(財)는 관(官)을 생하지만, 인(印)은 정관(正官)을 보호한다고는 해도 관(官)의 힘을 빼기 때문이다.

<table>
<tr><td>時</td><td>日</td><td>月</td><td>年</td></tr>
<tr><td>庚</td><td>丁</td><td>丁</td><td>乙</td></tr>
<tr><td>戌</td><td>未</td><td>亥</td><td>卯</td></tr>
</table>

❶ 김장원(金壯元)의 명(命)이다.

❷ 재(財)와 인(印)을 병용(併用)하는 사주이다.

❸ 상관(傷官)이 없고 칠살(七殺)도 없어 인중용재(印重用財)로 성격(成格)되었다.

❹ 정관격(正官格)이 재(財)와 인(印)을 병용(併用)한 것으로 봐도 된다.

時　日　月　年
辛　壬　辛　己
亥　寅　未　卯

❶ 선참국(宣參國)의 명(命)이다.

❷ 己土가 출하여 정관격(正官格)이다.

❸ 지지 목국(木局)이지만 두 개의 辛金이 막고 있다.

❹ 상관(傷官)을 만났으나 인수(印綬)로 극을 당해 사주가 맑아졌다.

時　日　月　年
戊　甲　乙　庚
辰　子　酉　寅

❶ 이참정(李參政)의 명(命)이다.

❷ 甲木이 酉金을 써서 정관격(正官格)이다.

❸ 천간에 칠살(七殺)인 庚金도 있다.

❹ 乙庚 합거(合去)로 합살류관(合殺留官)이 되어 사주가 맑아졌다.

정관격(正官格)에 상관(傷官)이 투출(透出)하여 인수(印綬)가 상관(傷官)을 제(制)할 때 재성(財星)이 있으면 안 좋다. 재성(財星)이 인수(印綬)를 파괴하여 상관(傷官)을 보호하기 때문이다. 그러나 재(財)가 있어도 대귀(大貴)할 수 있다. 지지에 형충(刑冲)이 있어 파격(破格)되어도 회합(會合)으로 해소될 수도 있다.

時	日	月	年
丙	己	壬	丁
寅	巳	寅	丑

❶ 범태부(范太傅)의 사주이다.

❷ 丁壬합이 되어 천간의 丙丁 혼잡(混雜)이 없어졌다.

❸ 인수격(印綬格)에 정관격(正官格)도 함께 쓴다.

❹ 상관(傷官)이 오더라도 인수(印綬)가 막아줄 것이다.

정관격(正官格)의 운(運)

운(運)을 논하는 것은 각각의 사주에 따라 다르고, 그 법칙이 매우 융통성이 크므로 전부를 설명할 수는 없다. 통변(通辯)은 사람이 하는 것이니 어느 이론에 집착하면 안 된다. 그 대략만 설명한다.

정관(正官)은 재(財)와 인(印)을 쓰는 것이 원칙이다. 팔자가 신약(身弱)하면 나를 돕는 운(運)이 좋다. 정관(正官)이 약하면 정관(正官)을 돕는 운(運)이 좋다. 정관(正官)이 천간에 노출되었을 때는 정관(正官)이 합거(合去)되거나, 칠살(七殺)과 섞이거나, 정관(正官)이 거듭 있거나 또는 지지에 형충(刑沖)이 되었다면 불리하다. 어느 격국(格局)이든 마찬가지이다.

정관격(正官格)에 재(財)가 있는 정관용재(正官用財)일 경우 일간이 약해질 우려가 있으므로 인수운(印綬運)과 신왕운(身旺運)이 좋고, 식상운(食傷運)은 꺼린다. 사주가 신왕(身旺)하고 재관(財官)이 약(弱)하면 재관운(財官運)이 좋을 것이다.

정관패인(正官佩印)이면 인성(印星)으로 내가 강해지니 정관(正官)을 생(生)하는 재운(財運)이나 나의 힘을 빼는 식상운(食傷運)이 좋다. 만일 관(官)이 강하고 신약(身弱)하여 인수(印綬)가 용신일 때는 재운(財運)이 오면 인수(印綬) 용신을 극(剋)하니 재운(財運)이 올 필요가 없다. 팔자 전체를 보고 신강, 신약을 판별해서 따져야 하는 것이다.

정관격(正官格)에 식상(食傷)이 있을 때 인수(印綬)가 용신이 되면 관(官)과 인수(印綬)가 왕(旺)해지는 운(運)이 좋고, 재운(財運)은 꺼린다. 그러나 인수(印綬)가 중첩되어 중(重)하다면 재운(財運)도 해롭지 않다.

정관격(正官格)에 칠살(七殺)이 섞일 때는 식상운(食傷運)이 나쁘지 않다. 사주에 겁재(劫財)와 칠살(七殺)이 합하고 있다면 재운(財運)도 좋다. 식재관(食財官)을 써서 팔자가 신약(身弱)하면 신왕운(身旺運)과 인수운(印綬運)도 좋다. 다만 칠살(七殺)이 다시 드러남을 꺼린다.

팔자마다 특징이 있으니 다르게 논해야 하고 운(運)의 글자 역시 특징이 다르니 따로 논해야 한다. 상황에 맞추어 해석해야지 기계적인 형태에 얽매이면 안 된다. 모든 격국(格局)이 그러하다.

33
재격財格에 대하여

　재(財)는 내가 힘을 빼며 극(剋)하여 사용하는 것이다. 재(財)는 관(官)을 생(生)하니 아름다운 것이고 재물(財物)이고 처첩(妻妾)이고 건강(健康)이기도 하다. 재(財)는 뿌리가 깊은 것이 좋고, 뿌리없이 홀로 노출된 재(財)는 좋지 않다. 재(財)가 한 개만 천간에 투(透)하면 좋고 혼잡(混雜)되면 안 좋다. 재(財)가 너무 많이 투출한 태로(太露)는 꺼린다.

　재왕생관(財旺生官)이 되면 재(財)가 노출되어도 좋다. 재(財)가 노출되면 비겁(比劫)의 분탈(分奪)이 우려되지만 관(官)이 있으면 겁재(劫財)가 와도 관(官)이 막아준다. 창고에 있는 재(財)는 도둑이 와도 관청에서 막아주는 것과 같다.

時	日	月	年
乙	戊	壬	壬
卯	午	子	申

❶ 갈참정(葛參政)의 명(命)이다.

❷ 재(財)가 천간에 드러났지만 정관(正官)이 비겁(比劫)의 분탈(分奪)을
막아준다.

재격(財格)의 귀격(貴格)은 여러 가지이다. 재왕생관(財旺生官), 재봉
식상(財逢食傷), 재격투인(財格透印) 등이다.

재왕생관(財旺生官)은 일단 신강(身强)을 전제로 한다. 신강(身强)
하고 상관(傷官)과 칠살(七殺)이 투(透)하지 않으면 귀격(貴格)이다. 재격
(財格)에 식상(食傷)이 있는 재용식상(財用食傷) 사주가 신강(身强)하고
한 개의 비겁(比劫)만 있으면 유정(有情)하다. 이때 정관(正官)은 투(透)
하지 않아야 한다. 식재관(食財官)을 쓰려면 신강(身强)을 전제로 한다.

時	日	月	年
辛	庚	壬	壬
巳	辰	寅	寅

❶ 양시랑(楊侍郎)의 명(命)이다.

❷ 재용식상(財用食傷)이다.

❸ 한 개의 비겁(比劫)이 있고 정관(正官)이 투(透)하지 않았다.

❹ 그러나 재격(財格)에 정관(正官)이 투출(透出)하고 신약(身弱)하면 나쁘다.

재격패인(財格佩印)은 재격(財格)에 인수(印綬)가 상신(相神)이다. 외로운 재(財)는 귀할 수가 없다. 그러나 인수(印綬)가 내 몸을 도우면 귀(貴)하다.

❶ 증참정(曾參政)의 명(命)이다.

❷ 申월에 庚金이 투(透)해 재격(財格)이다.

❸ 재격(財格)은 신약(身弱)하기 쉬우니 인수(印綬)의 도움이 있으면 좋다.

❹ 이때 재(財)와 인(印)은 서로 극하지 않는 위치여야 한다.

❶ 재격(財格)에 인수(印綬)가 내 몸을 도우니 귀(貴)하다.

❷ 그러나 재(財)와 인(印)이 서로 극(尅)하니 작은 부자에 불과했다.

재격(財格)에 식상(食傷)과 인성(印星)을 겸하는 사주가 있다.

식상(食傷)과 인성(印星)이 장애가 없으면 성격(成格)이다. 또 관성(官星)이 암장(暗藏)되어 있을 때 식상(食傷)을 제거하여 관(官)을 보호하면 귀격(貴格)이다.

時　日　月　年

丙　戊　戊　庚
辰　子　子　戌

❶ 오방안(吳榜眼)의 명(命)이다.

❷ 재격(財格)에 식상(食傷)과 인성(印星)이 있지만 멀리 떨어져 있다.

時　日　月　年

辛　癸　乙　壬
酉　巳　巳　辰

❶ 평강백(平江伯)의 명(命)이다.

❷ 재격(財格)에 편인(偏印)과 식신(食神)이 있다.

❸ 巳酉 금국(金局)에 강해진 편인(偏印)이 식신(食神)을 극한다.

❹ 재격패인(財格佩印)으로 성격(成格)이다.

❺ 巳월에 辛金이 투하여 편인격(偏印格)이라 할 수 있다.

❻ 자평진전(子平眞詮)에서는 재격(財格)에서 다루고 있다.

재격(財格)에 상관(傷官)을 용신으로 쓰는 경우가 있다.

재(財)가 왕(旺)하지 않고 비겁(比劫)이 강하고 상관(傷官)이 하나 투출하여 비겁(比劫)의 기운을 설(洩)하면 된다.

時	日	月	年
壬	辛	辛	甲
辰	酉	未	子

❶ 왕학사(汪學士)의 명(命)이다.

❷ 甲木이 未에 통근하여 재격(財格)이다.

❸ 辛金이 재(財)를 겁탈한다.

❹ 이때 壬水 상관(傷官)이 겁재(劫財)를 설하여 재(財)를 생(生)한다.

재(財)가 왕(旺)한데 비겁(比劫)이 없고, 상관(傷官)이 투출(透出)하면 불리하다. 또 재(財)가 가벼운데 겁재(劫財)가 투출(透出)하면 부득이 상관(傷官)을 쓴다. 재(財)가 왕(旺)할 때는 상관(傷官)을 써서 재(財)를 돕는 것이 오히려 해(害)가 된다.

재격(財格)에 칠살(七殺)이 있을 때 합살(合殺)하여 재(財)를 존속시키거나, 제살(制殺)하여 재(財)를 생조(生助)하면 귀격(貴格)이다.

時	日	月	年
戊	甲	庚	乙
辰	午	辰	酉

❶ 모장원(毛壯元)의 명(命)이다.

❷ 겁재(劫財)가 칠살(七殺)을 합거(合去)하고 재(財)를 존속시켰다.

時	日	月	年
甲	戊	戊	庚
寅	寅	子	辰

❶ 이어사(李御使)의 명(命)이다.

❷ 子辰 수국(水局)으로 재격(財格)이다.

❸ 식신(食神)으로 제살(制殺)하고 재(財)를 생(生)했다.

재격(財格)에 살인(殺印)을 쓰는 경우도 있다.

칠살(七殺)이 세력을 이루면 두렵게 된다. 이때 인수(印綬)로 화(化)하면 부격(富格)이다. 겨울의 土일주는 귀(貴)하다.

時	日	月	年
乙	己	丁	乙
亥	巳	亥	丑

❶ 조시랑(趙侍郎)의 명(命)이다.

❷ 乙木 살(殺)이 강해 丁火 인수(印綬)가 화살(化殺)하고 해동(解凍)했다.

❸ 재(財)가 천간에 없어 인수(印綬)를 극(剋)하지 않으니 귀(貴)하다.

재격(財格)에 칠살(七殺)과 인수(印綬)를 써야 할 때, 인수(印綬) 하나만 있거나 재(財)와 살(殺)이 모두 천간에 투출(透出)하면 재(財)가 인수(印綬)를 극해 부귀(富貴)하지 않다.

壬水 일주(日柱)가 午월생이거나 癸水 일주(日柱)가 巳월생이면 재(財)를 단독으로 써도 귀(貴)하다. 월령(月令)에 정관(正官)이 있기 때문이다. 지지 巳午 속에 들어 있는 土는 제대로 역할을 한다.

<table>
<tr><td>時</td><td>日</td><td>月</td><td>年</td></tr>
<tr><td>壬</td><td>癸</td><td>癸</td><td>丙</td></tr>
<tr><td>戌</td><td>未</td><td>巳</td><td>寅</td></tr>
</table>

❶ 임상서(林尙書)의 명(命)이다.

❷ 癸水가 巳월생으로 재(財)만 단독으로 써도 귀격(貴格)이다.

❸ 월지 巳 중의 戊土 정관이 있기 때문이다.

時　日　月　年

壬　壬　癸　丙
寅　戌　巳　辰

❶ 왕태복(王太僕)의 명(命)이다.

❷ 재(財)가 투출하고 戊土 칠살(七殺)이 감추어져 있다.

❸ 좋은 것을 취하고 나쁜 것을 버렸다.

겁재(劫財)와 양인(陽刃)이 너무 많으면 재(財)를 버리고 칠살(七殺)을 쓴다.

時　日　月　年

壬　丙　丙　丙
辰　午　申　辰

❶ 어느 상서(尙書)의 명(命)이다.

❷ 申월에 壬水가 투하여 칠살격(七殺格)이다.

❸ 살격봉인(殺格逢刃)으로 성격(成格)되었다.

❹ 칠살격에 양인(陽刃)이 일지(日支)나 시지(時支)에 있으면 양인(陽刃)을 유용하게 쓴다.

재격(財格)의 운(運)

재왕생관(財旺生官)에서는 신왕운(身旺運)과 인수운(印綬運)이 좋고, 칠살운(七殺運)과 상관운(傷官運)은 안 좋다. 재왕생관(財旺生官)일 때 인수(印綬)가 투출(透出)했을 때는 상관운(傷官運)도 해롭지 않다. 재왕생관(財旺生官)에서 식신(食神)이 있으면 파격(破格)이지만 인수운(印綬運)이나 칠살운(七殺運)은 좋다.

재격(財格)에 식신(食神)을 쓰는 재용식생(財用食生)의 경우 재(財)와 식상(食傷)이 중(重)하여 신약(身弱)하면 신왕(身旺)한 운(運)이 좋다. 식재관(食財官)을 쓸 때에는 일간이 약해질 우려가 있어 신왕운(身旺運)이 좋은 것이다. 재용식생(財用食生)에서 재(財)와 식상(食傷)이 가볍고 일주(日柱)가 신왕(身旺)하면 재운(財運)이나 식상운(食傷運)이 좋다. 칠살(七殺)은 꺼리지 않으나 관인운(官印運)은 불리하다.

재격패인(財格佩印)의 격국(格局)은 관운(官運)이 길(吉)하다. 일주(日柱)가 약하면 인수운(印綬運)이 길(吉)하다.

재용식인(財用食印)의 격국(格局)은 월령(月令)이 재성(財星)이고 천간에 식신(食神)과 인수(印綬)가 투출한 것을 말한다. 재용식인(財用食印)의 격국(格局)은 재(財)가 경(輕)하면 재운(財運)과 식신운(食神運)이 길(吉)하고, 신약(身弱)하면 비겁운(比劫運)과 인수운(印綬運)이 길(吉)하며 정관운(正官運)도 좋다. 그러나 칠살운(七殺運)은 꺼린다.

　　재격(財格)에 상관(傷官)을 쓰는 재대상관(財帶傷官)의 격국(格局)은 재운(財運)이 좋고 칠살운(七殺運)은 불리하며, 정관운(正官運)과 인수운(印綬運)도 역시 안 좋다. 재격(財格)에 칠살(七殺)이 있는 재대칠살(財帶七殺)의 격국(格局)은 합살(合殺) 또는 제살(制殺)이든 무엇이나 식상운(食傷運)과 신왕운(身旺運)이 좋다.

　　재격(財格)에 칠살(七殺)과 인수(印綬)가 있는 재용살인(財用殺印)의 격국(格局)은 인수(印綬)가 왕(旺)한 운(運)이 좋고 재운(財運)은 반드시 나쁘며, 식상운(食傷運)은 상황에 따라 다르다.

34
인수격 印綬格에 대하여

인수(印綬)는 내 몸을 생(生)하는 것이니 정인(正印)과 편인(偏印) 둘 다 아름답다. 그래서 재성(財星)처럼 인성(印星)은 정편(正偏)을 나누지 않고 본다. 인수격(印綬格)을 보는 방법도 한 가지만 있는 것은 아니다.

인수격(印綬格)에 정관(正官)이 투출하면 정관(正官) 자체가 격국용신(格局用神)이 될 수도 있다. 인수용관(印綬用官)에서 신왕(身旺)하고 인수(印綬)가 강하면 정관(正官)이 청순하기만 하면 된다.

時	日	月	年
戊	辛	戊	丙
子	酉	戌	寅

❶ 장참정(張參政)의 명(命)이다.

❷ 戌월에 戊土와 丙火가 투하였다.

❸ 戌월의 戊土보다 丙火가 청순하다.

인수격(印綬格)에 식상(食傷)이 있어도 귀한 경우가 있다.

時　日　月　年

壬　辛　戊　丙

辰　未　戌　戌

❶ 주상서(朱尙書)의 명(命)이다.

❷ 인수격(印綬格)에 상관(傷官) 壬水가 있지만 약하다.

❸ 壬水가 정관(正官) 丙火를 상(傷)하지 못한다.

❹ 천간이 화생토(火生土), 토생금(土生金), 금생수(金生水)로 흐른다.

時　日　月　年

壬　丁　己　乙

寅　酉　卯　亥

❶ 임회후(臨淮侯)의 명(命)이다.

❷ 식신(食神) 己土가 약하여 壬水 정관(正官)을 상(傷)하지 못한다.

❸ 강한 木 기운에게 己土가 제압되기 때문이다.

181

　　인수격(印綬格)에서 신강(身强)하고 인수(印綬)가 왕(旺)하면 태과(太過)하니 식상(食傷)을 써서 일간의 기운을 설기(洩氣)시키면 좋다. 그러나 인수(印綬)가 미약(微弱)하고 신약(身弱)일 때 식상(食傷)이 중첩되면 빈한(貧寒)하다.

時	日	月	年
己	丙	乙	戊
亥	午	卯	戌

❶ 이장원(李壯元)의 명(命)이다.

❷ 卯월에 乙木이 투하여 인수격(印綬格)이다.

❸ 丙午 양인(陽刃)에 인수(印綬)로 일간이 강해지니 식상(食傷)을 쓴다.

　　인수격(印綬格)에 편관(偏官)을 쓰는 경우가 있다. 편관(偏官)은 흉신(凶神)이지만 인수(印綬)를 생(生)할 때 부득이 사용한다. 일간이 중(重)하고 인성(印星)이 경(輕)하거나, 일간이 경(輕)하고 인성(印星)이 중(重)한 경우에 그 부족함을 편관(偏官)으로 메우면 유정(有情)하다.

時	日	月	年
庚	癸	癸	己
申	未	酉	巳

❶ 모장원(毛壯元)의 명(命)이다.

❷ 신경인중(身輕印重)하니 己土 편관(偏官)을 쓴다.

<table>
<tr><td>時</td><td>日</td><td>月</td><td>年</td></tr>
<tr><td>壬</td><td>壬</td><td>戊</td><td>壬</td></tr>
<tr><td>寅</td><td>辰</td><td>申</td><td>寅</td></tr>
</table>

❶ 마참정(馬參政)의 명(命)이다.

❷ 신중인경(身重印輕)하니 戊土 편관(偏官)을 쓴다.

❸ 신인(身印)이 모두 중(重)한데 살(殺)을 쓰면 고빈(孤貧)하다.

편인(偏印)이 나쁜 작용을 하면 효신(梟神)이라 하고, 좋은 작용을 하면 인수(印綬)와 동일하게 쓴다. 편관(偏官)이 나쁜 작용을 하면 칠살(七殺)이라 하고, 좋은 작용을 하면 편관(偏官)이라 보통 말한다.

인수격(印綬格)에 칠살(七殺)을 쓸 때 식상(食傷)도 있으면, 칠살(七殺)이 식신(食神)에게 제복(制伏)된다. 인수(印綬)가 일간을 생(生)하고 식상(食傷)으로 설기(洩氣)되니 이때는 신왕(身旺)이든 인수(印綬)가 중(重)하든 귀격(貴格)이다.

인수(印綬)가 많아서 재(財)를 용신으로 삼는 인다용재(印多用財)가 있다. 인수(印綬)의 뿌리가 견고하면 재성(財星)이 인수(印綬)를 파(破)해도 무방하다.

<table>
<tr><td>時</td><td>日</td><td>月</td><td>年</td></tr>
<tr><td>辛</td><td>壬</td><td>丙</td><td>辛</td></tr>
<tr><td>亥</td><td>申</td><td>申</td><td>酉</td></tr>
</table>

❶ 왕시랑(汪侍郞)의 명(命)이다.

❷ 인수(印綬)가 많아 丙火 재(財)를 용신으로 삼는다.

인수(印綬)가 경미(輕微)하고 재(財)가 중(重)할 때, 겁재(劫財)가 인수(印綬)를 구해 주지 못하면 탐재괴인(貪財壞印)이니 빈천한 격국(格局)이다.

인수(印綬)가 중(重)하고 재(財)가 경미(輕微)할 때, 식상(食傷)이 있으면 식상(食傷)이 재(財)를 생(生)하니 부자가 되지만 귀(貴)하지는 않다. 그러나 식상(食傷)이 있어도 귀한 경우도 있다.

<table>
<tr><td>時</td><td>日</td><td>月</td><td>年</td></tr>
<tr><td>丙</td><td>癸</td><td>乙</td><td>庚</td></tr>
<tr><td>辰</td><td>亥</td><td>酉</td><td>寅</td></tr>
</table>

❶ 우감부(牛監簿)의 명(命)이다.

❷ 乙庚합이 되어 인수(印綬) 庚金이 癸水를 생(生)하지 못해 귀(貴)하다.

❸ 인수용재(印綬用財)가 되었다.

재(財)를 합해 식신(食神)이 남는 경우도 귀(貴)하다.

<table>
<tr><td>時</td><td>日</td><td>月</td><td>年</td></tr>
<tr><td>癸</td><td>辛</td><td>甲</td><td>己</td></tr>
<tr><td>巳</td><td>未</td><td>戌</td><td>未</td></tr>
</table>

❶ 甲己합으로 재(財)를 합하고 식신(食神)은 남겨 귀(貴)하다.

❷ 인용식상(印用食傷)이다.

인수격(印綬格)에 관살(官殺)이 투(透)한 경우에는 합살(合殺) 또는
제살(制殺)하면 귀격(貴格)이다.

<table>
<tr><td>時</td><td>日</td><td>月</td><td>年</td></tr>
<tr><td>乙</td><td>甲</td><td>庚</td><td>辛</td></tr>
<tr><td>亥</td><td>辰</td><td>子</td><td>亥</td></tr>
</table>

❶ 합살류관(合殺留官)의 명(命)이다.

<table>
<tr><td>時</td><td>日</td><td>月</td><td>年</td></tr>
<tr><td>戊</td><td>丙</td><td>癸</td><td>壬</td></tr>
<tr><td>子</td><td>子</td><td>卯</td><td>子</td></tr>
</table>

❶ 거관류살(去官留殺)의 명(命)이다.

❷ 합살류관(合殺留官), 제관존살(制官存殺)이 되면 격국(格局)이 맑아

　　진다.

　　인수(印綬)가 변해 비겁(比劫)이 되면 인수(印綬)를 버리고 재관(財官)을 취한다.

<table>
<tr><td>時</td><td>日</td><td>月</td><td>年</td></tr>
<tr><td>癸</td><td>丙</td><td>庚</td><td>丙</td></tr>
<tr><td>巳</td><td>午</td><td>寅</td><td>午</td></tr>
</table>

❶ 조지부(趙知府)의 명(命)이다.

❷ 寅木 인수(印綬)가 寅午 화국(火局)이 되어 비겁(比劫)으로 변했다.

　　인수격(印綬格)에 재(財)와 칠살(七殺)이 투(透)하면 파격(破格)인데, 겁재(劫財)가 있어서 칠살(七殺)과 인수(印綬)가 남는다면 귀격(貴格)이다. 분별이 어려우니 잘 관찰해야 한다.

<table>
<tr><td>時</td><td>日</td><td>月</td><td>年</td></tr>
<tr><td>乙</td><td>甲</td><td>戊</td><td>庚</td></tr>
<tr><td>亥</td><td>戌</td><td>子</td><td>戌</td></tr>
</table>

❶ 겁재(劫財)가 재(財)를 제(制)하여 칠살(七殺)과 인수(印綬)가 남았다.

❷ 귀격(貴格)이다.

인수격(印綬格)의 운(運)

인수격에 정관(正官)이 있을 때 인수(印綬)가 중(重)하면 재운(財運)이 길(吉)하고 식상운(食傷運)도 유리하다.

인수격에 관(官)이 있고 식상(食傷)도 있으면 관운(官運)과 인수운(印綬運)이 좋고, 식상운(食傷運)은 관(官)을 해치니 해롭다. 칠살운(七殺運)은 괜찮다.

인수격에 식상(食傷)을 쓰는 사주는 재운(財運)이 길(吉)하고 식상운(食傷運)도 길(吉)하다. 정관운(正官運)은 정관(正官)이 식신(食神)에 상(傷)하니 재앙(災殃)이 있고, 칠살운(七殺運)은 복(福)이 된다. 식신(食神)은 흉신(凶神)인 칠살(七殺)을 극(剋)하니 좋은 관계이다.

인수격에 칠살(七殺)이 있는 사주는 식상운(食傷運)과 신왕운(身旺運)이 좋다. 재운(財運)이 오면 흉(凶)하다. 재(財)는 흉신(凶神)인 칠살을 생(生)하니 재(財)와 칠살(七殺)의 관계는 일반적으로 좋지 않다.

인수격에 칠살(七殺)과 식상(食傷)이 있으면 신왕운(身旺運)과 인수운(印綬運)과 식상운(食傷運)이 길(吉)하고 재관운(財官運)은 불길하다. 식상(食傷)과 정관(正官) 그리고 재성(財星)과 칠살(七殺)은 좋은 관계가 아니다.

인수격에 재(財)를 보면 겁재운(劫財運)이 좋고, 관운(官運)과 인성운 (印星運)도 좋으며 재운(財運)은 꺼린다.

인수격에 관살(官殺)이 모두 투출(透出)하면 식상운(食傷運)과 인수 운(印綬運)과 신왕운(身旺運)이 좋다. 관살(官殺)이 투(透)했을 때 재운 (財運)으로 가면 재앙(災殃)이다.

인수격에 식상(食傷)이 있을 때 인수(印綬)가 경미(輕微)하면 재운(財 運)이 나쁘다.

35
식신격 食神格에 대하여

식신(食神)은 원래 설기(洩氣)하는 작용이다. 정재(正財)를 생(生)하는 효용(效用)이 있기에 식신(食神)을 기뻐한다. 식신생재(食神生財)는 좋다. 식신생재(食神生財)는 신강(身强)함을 요한다. 내 힘을 빼는 식재관(食財官)을 용(用)할 때는 신강(身强)해야 한다. 비겁(比劫)이 중첩되어 신강(身强)하면서 식신생재(食神生財)가 되면 대귀(大貴)를 논한다. 신약(身弱)이라 해서 파격(破格)이라는 말은 아니다.

재성(財星)이 뿌리가 있으면 정편재(正偏財)가 중첩해서 천간에 투(透)할 필요는 없다. 물론 일간이 힘이 있어야 한다는 것은 말할 필요도 없다. 신강(身强)한 사주에 식신(食神)이 왕(旺)하고 재(財)가 투(透)하면 대귀(大貴)하다.

時	日	月	年
癸	癸	癸	丁
丑	亥	卯	未

❶ 양승상(梁丞相)의 명(命)이다.

❷ 식신(食神)이 왕(旺)하고 재(財)가 투(透)했다.

時	日	月	年
庚	戊	壬	己
申	子	申	未

❶ 사각로(謝閣老)의 명(命)이다.

❷ 식신(食神)이 왕(旺)하고 재(財)가 투(透)했다.

식신(食神)이 장간(藏干)에 있고 상관(傷官)이 투(透)하면 부귀(富貴)가 크지 않다.

時	日	月	年
甲	癸	癸	丁
寅	卯	卯	亥

❶ 심로분(沈路分)의 명(命)이다.

❷ 식상(食傷)이 중첩해 있다.

❸ 상관(傷官)이 투(透)하고 식신(食神)이 장간(藏干)에 있다.

❹ 그래서 부귀(富貴)가 크지 못했다.

時　日　月　年
丙　癸　丁　甲
辰　丑　卯　午

❶ 공지현(孔知縣)의 명(命)이다.

❷ 식신(食神)은 지지에 있고 상관(傷官)은 투출해 있다.

하목(夏木)이 재(財)를 쓰는 경우에는 식상생재(食傷生財)가 되어도, 뜨거운 불에 흙이 메말라 격(格)이 떨어져 무반(武班)에서 귀(貴)하다.

時　日　月　年
丙　甲　己　己
寅　寅　巳　未

❶ 황도독(黃都督)의 명(命)이다.

❷ 화염토조(火炎土燥) 금한수냉(金寒水冷)은 조후(調候)를 갖추지 못해 귀(貴)하지 못하다.

❸ 위 사주는 대운에서 조후(調候)를 갖춘다.

식신(食神)이 살인(殺印)을 쓰면 권위가 혁혁(赫赫)하다.

時　日　月　年
己　癸　辛　辛
未　酉　卯　卯

191

❶ 상국공(常國公)의 명(命)이다.

❷ 식신격(食神格)에 살인(殺印)을 썼다.

식신격(食神格)에 인수(印綬)가 없어 단독으로 칠살(七殺)만 투(透)하면 재(財)가 없어야 귀격(貴格)이다.

時	日	月	年
戊	丙	壬	戊
戌	子	戌	戌

❶ 호회원(胡會元)의 명(命)이다.

❷ 戌월에 戊土가 투하여 식신격(食神格)이다.

❸ 칠살(七殺)만 투하고 재(財)가 없어 귀격(貴格)이다.

금수식신격(金水食神格)이 칠살(七殺)을 쓰면 귀하고 총명하다.

時	日	月	年
丁	辛	壬	丁
酉	巳	子	亥

❶ 서상서(舒尙書)의 명(命)이다.

❷ 상관(傷官)이 투했으나 丁壬합으로 식신격(食神格)이다.

❸ 칠살(七殺) 丁火가 투하였다.

❹ 金水 식신격(食神格)에 칠살(七殺)을 써서 귀격(貴格)이다.

식신격(食神格)에 인수(印綬)를 쓰면 기신(忌神)이지만, 여름의 木은 너무 뜨거우니 인수(印綬)가 투(透)해도 좋다.

時　日　月　年
丙　甲　癸　丙
寅　子　巳　午

❶ 전참정(錢參政)의 명(命)이다.

❷ 巳월에 丙火가 투하여 식신격(食神格)이다.

❸ 팔자에 火기운이 강하니 水가 투하여 조후(調候)를 맞춘다.

❹ 목화상관희견수(木火傷官喜見水)할 경우이다.

단독으로 식신(食神)을 쓸 때 식신(食神)이 유기(有氣)하면 재운(財運)으로 가면 부(富)하게 되고, 재운(財運)으로 가지 않으면 가난하다.

식신격(食神格)에 인수(印綬)가 탈식(奪食)할 때, 다시 재성(財星)이 투출(透出)하면 부(富)하다. 물론 전체적인 팔자를 보아야 한다.

식신격(食神格)에서 식신(食神)이 칠살(七殺)을 합거(合去)하고 재(財)를 남기면 가장 뛰어나다. 식신격(食神格)에 칠살(七殺)이 투(透)하면 재(財)가 있음을 꺼린다. 그러나 재(財)가 앞에 있고 칠살(七殺)이 뒤에 있으면서 중간에 식신(食神)이 있으면, 재(財)가 칠살(七殺)을 생조

(生助)하지 못하니 귀(貴)하다. 원칙적으로 재(財)가 칠살(七殺)을 바로
옆에서 생조(生助)하면 안 좋다.

時　日　月　年
乙　己　辛　癸
亥　卯　酉　酉

❶ 유제태(劉提台)의 명(命)이다.

❷ 酉월에 辛金이 투하여 식신격(食神格)이다.

❸ 재(財)와 칠살(七殺)의 사이에 식신(食神)이 있다.

❹ 재(財)가 칠살(七殺)을 생조하지 못한다.

식신격(食神格)의 운(運)

식신생재(食神生財)에서 재(財)와 식신(食神)이 경(輕)하면 재(財)와
식신(食神)의 운(運)으로 가야 좋다. 재(財)와 식신(食神)이 중(重)하면
일간이 약해지므로 일간을 돕는 운(運)이 좋다. 관살운(官殺運)은 좋지
않다.

식신격에 살인(殺印)을 쓰면 인수운(印綬運)은 좋으나 재운(財運)은
꺼린다. 인수(印綬)는 살(殺)의 힘을 빼며 일간을 돕는다. 신왕(身旺)하
면 식상운(食傷運)도 복(福)이 되고, 관살운(官殺運)도 역시 길(吉)하다.

식신격에 칠살(七殺)이 있는 식신대살(食神帶殺)은 내가 약해지니 인수운(印綬運)이 좋고 신왕운(身旺運)과 식상운(食傷運)도 역시 좋다. 그러나 재운(財運)은 칠살(七殺)을 도우니 나쁘다. 식신(食神)이 너무 많고 칠살(七殺)이 경미(輕微)하면 제살태과(制殺太過)가 되어 좋지 않으니 많은 식신(食神)을 제(制)하기 위해 인수운(印綬運)이 좋고, 많은 식신(食神)을 재(財)로 흘러가게 하니 재운(財運)도 좋다.

식신(食神)이 태왕(太旺)하고 인수(印綬)가 있을 때는 재운(財運)이 가장 좋고, 식상운(食傷運)도 역시 길(吉)하지만 인수운(印綬運)과 관살운(官殺運)은 꺼린다.

식신격에 인수(印綬)가 있을 때 재(財)가 투출하여 인수(印綬)를 제(制)하면 재운(財運)이 가장 길(吉)하고 식상운(食傷運)도 길(吉)하지만 관살운(官殺運)은 꺼린다.

자평진전
고전편

36
편관격偏官格에 대하여

편관(偏官), 즉 칠살(七殺)은 나를 공격하는 흉신(凶神)이지만 대귀격(大貴格)에는 칠살격(七殺格)이 많다. 적장(敵將)을 잘 활용하면 큰 공적(功績)을 쌓을 수 있듯이 칠살도 잘 통제하면 경천동지(驚天動地)의 공로를 세운다. 왕후장상(王侯將相)의 명조(命造)에는 칠살격이 많다.

칠살격(七殺格)에서는 식신제살(食神制殺)이 상격(上格)이다. 칠살도 왕(旺)하고 식신(食神)도 강하고 일간도 강하면 극히 귀(貴)하다.

時	日	月	年
丁	乙	乙	乙
丑	卯	酉	亥

❶ 칠살격(七殺格)에 식신(食神)이 있다.

❷ 일간도 뿌리가 있어 힘이 있다.

❸ 극히 귀(貴)한 사주이다.

칠살격(七殺格)에 식신(食神)이 제살(制殺)할 때 재(財)와 인수(印綬)가 투(透)하면 안 된다. 재(財)는 식상(食傷)을 설기(洩氣)하여 칠살(七殺)을 돕고, 인수(印綬)는 식신(食神)을 제거하여 칠살(七殺)을 보호하기 때문이다. 그러나 재(財)가 앞에 있고 식신(食神)이 뒤에 있으면 재(財)가 생(生)한 칠살(七殺)을 식신(食神)이 다시 극제(剋制)하니 무방하다. 인수(印綬)가 앞에 있고 식신(食神)이 뒤에 있는 것도 식신(食神)이 태왕(太旺)하면 대귀(大貴)하다.

時	日	月	年
戊	丙	甲	壬
戌	戌	辰	辰

❶ 탈승상(脫丞相)의 명(命)이다.

❷ 칠살(七殺)이 투출(透出)하였다.

❸ 식신(食神) 戊土가 지지에 뿌리를 든든하게 내려 태왕(太旺)하다.

❹ 인수(印綬) 甲木으로 태과(太過)한 식신(食神)을 제거하면 귀격(貴格)이다.

❺ 만일 칠살(七殺)이 강할 때 식신(食神)이 경미(輕微)하면 파격(破格)이다.

칠살격(七殺格)에 인수(印綬)가 용신이면 인수(印綬)는 칠살(七殺)을 보호하니 좋지 않다. 그러나 살인상생(殺印相生)하여 유정(有情)하면 귀격(貴格)이다.

<table>
<tr><td>時</td><td>日</td><td>月</td><td>年</td></tr>
<tr><td>辛</td><td>壬</td><td>戊</td><td>丙</td></tr>
<tr><td>丑</td><td>戌</td><td>戌</td><td>寅</td></tr>
</table>

❶ 하참정(何參政)의 명(命)이다.

❷ 戊土 칠살(七殺)과 인성(印星) 辛金이 월령(月令)에 통근하였다.

❸ 살인(殺印)이 유정(有情)하다.

칠살(七殺)이 중(重)하고 신약(身弱)하면 일주(日柱)가 식신(食神)을 감당하지 못한다. 식신(食神)을 버리고 인수(印綬)를 용(用)하면 월령(月令)에 통근하지 못했다 하더라도 무정(無情)이 유정(有情)이 된다. 이때는 귀(貴)하지만 귀(貴)가 크지는 않다.

칠살격(七殺格)에 재(財)를 쓰는 경우는 좋은 것이 아니다. 그러나 식신(食神)이 인수(印綬)에 의해 극(剋)을 당하니 재(財)로 인수(印綬)를 제거하고 식신(食神)을 살리면 귀격(貴格)이다. 각 글자의 위치에 따라 이렇게 달라진다.

時	日	月	年
庚	丁	甲	戊
戌	未	子	戌

❶ 주승상(周丞相)의 명(命)이다.

❷ 戊土가 甲木으로 극(剋)을 당해 칠살(七殺)을 제복하지 못한다.

❸ 이때 재성(財星)이 인수(印綬)를 제거하니 식신(食神)이 맑아진다.

❹ 맑아진 식신(食神)이 칠살(七殺)을 제(制)하니 대귀(大貴)하다.

신강(身强)하고 칠살(七殺)이 약한데 인수(印綬)가 있어 칠살(七殺)의 힘을 뺄 때는 재(財)를 빌려 칠살(七殺)을 도와 격(格)을 맑게 하면 귀격(貴格)이다.

時	日	月	年
庚	丙	乙	甲
寅	戌	亥	申

❶ 유운사(劉運使)의 명(命)이다.

❷ 칠살격(七殺格)이 투(透)하지 못해 약하다.

❸ 인수(印綬) 乙木이 칠살(七殺)의 힘을 뺀다.

❹ 이때는 재(財)로 칠살(七殺)을 돕고 인수(印綬)를 극하면 좋다.

199

칠살격(七殺格)은 천간에 재성(財星)이 투출(透出)하지 않으면 용신이 맑으니 귀(貴)하다. 칠살(七殺)은 식신(食神)으로 제복(制伏) 또는 인수(印綬)로 화살(化殺)해야 한다.

칠살격(七殺格)에 정관(正官)이 섞인 사주는 관살혼잡(官殺混雜)이 되니, 정관(正官)을 제거하거나 칠살(七殺)을 제거하면 사주가 맑아져서 귀(貴)하다.

時	日	月	年
庚	庚	丁	癸
辰	寅	巳	卯

❶ 악통제(岳統制)의 명(命)이다.

❷ 癸水가 丁火 정관(正官)을 극하여 거관류살(去官留殺)이다.

❸ 사주가 맑아져 귀(貴)하다.

❹ 칠살격(七殺格)이니 관(官)을 제거하는 것이 좋다.

위 사주에서 정관(正官)은 귀기(貴氣)인데 정관(正官)이 제거된 이유는 격국(格局)이 칠살(七殺)이기 때문이다. 그래서 거관류살(去官留殺) 또는 거살류관(去殺留官)은 비중이 큰 것을 따르고 약한 것을 제거하면 좋다. 정관격(正官格)에 칠살(七殺)이 혼잡(混雜)했을 경우 정관(正官)을 제거하고 칠살(七殺)을 남겨둔다면 격국(格局)이 맑지 않다.

時	日	月	年
辛	辛	甲	丙
卯	亥	午	子

❶ 심낭중(沈郎中)의 명(命)이다.

❷ 子午충으로 칠살(七殺) 午火가 제거되어 거살류관(去殺留官)이다.

칠살격(七殺格)에 식신(食神)이 없으면 인수(印綬)를 써서 화살(化殺)하는 것이 당연하다

時	日	月	年
戊	戊	甲	戊
午	寅	寅	辰

❶ 조원외(趙員外)의 명(命)이다.

❷ 칠살격(七殺格)이다.

❸ 식신(食神)이 없으니 寅午 반합으로 인수(印綬)를 쓴다.

일간이 통근하고 있으면 제살태과(制殺太過)가 아니다. 일간이 뿌리가 없어 약할 때 극설교가(剋洩交加)가 되면 귀(貴)하지 못하다.

편관격(偏官格)의 운(運)

식신제살(食神制殺)에서는 살중식경(殺重食輕)하면 식신운(食神運)이 좋고, 살경식중(殺輕食重)이면 칠살(七殺)을 돕는 운(運)이 좋다.

칠살(七殺)과 식신(食神)이 균형을 이루는데 일주(日柱)가 약하면 일주(日柱)를 돕는 운(運)이 좋고, 칠살(七殺)을 혼잡하게 하는 정관운(正官運)이나 탈식(奪食)하는 인수운(印綬運)은 두렵다.

살격용인(殺格用印)에서는 재운(財運)이 불리하고, 상관운(傷官運)은 좋고, 인수운(印綬運)과 신왕운(身旺運)은 복(福)이 된다.

칠살격(七殺格)에 상관(傷官)을 쓰는 사주는 식신(食神)을 쓰는 사주와 같이 운(運)을 본다.

칠살격(七殺格)에 재(財)를 쓰면 재(財)가 인수(印綬)를 제거하고, 식신(食神)을 보존하게 된다. 이때 비겁운(比劫運)은 불리하고, 식상운(食傷運)과 재운(財運)은 길(吉)하고, 인수운(印綬運)은 두렵다.

재성(財星)으로 칠살(七殺)을 보강할 때는 재(財)가 충분하면 인수운(印綬運)과 비겁운(比劫運)이 좋고, 재(財)가 부족하면 재운(財運)과 칠살운(七殺運)이 좋다.

칠살격(七殺格)에 정관(正官)이 있으면 팔자가 거관류살(去官留殺)이든 거살류관(去殺留官)이든 신약(身弱)하면 일간을 돕는 운(運)이 좋고, 식신(食神)이 경미(輕微)하면 식신(食神)을 돕는 운(運)이 좋다.

사주를 맑게 할 때는 맑게 하는 글자가 상(傷)하지 않아야 한다. 식신제살(食神制殺)에서 제살(制殺)하는 식신(食神)의 글자가 상(傷)해선 안 된다.

칠살격(七殺格)을 식신(食神)이 아닌 양인(陽刃)으로 감당할 때, 칠살(七殺)이 경미(輕微)하면 칠살(七殺)을 돕는 운(運)이 좋고, 양인(陽刃)이 미약하고 칠살(七殺)이 강하면 칠살(七殺)을 제복(制伏)하는 운(運)이 좋다. 원국(原局)에 식신(食神)이 없으면 화살(化殺)하는 인수운(印綬運)이 좋다.

칠살격(七殺格)이 순수하면 정관운(正官運)이 와서 정편관(正偏官)이 섞이면 불리하다.

37

상관격 傷官格에 대하여

상관(傷官)은 길신(吉神)이 아니지만 내 자신을 잘 표현하는 빼어난 기운이다. 문인(文人)이나 학사(學士)에 상관격(傷官格)이 많다. 여름의 木이 水를 보거나 겨울의 金이 火를 보면 수기(秀氣)가 빼어나다. 격국 가운데 상관격이 가장 변화가 많으므로 기후(氣候), 강약(强弱), 희기(喜忌), 순잡(純雜)을 잘 살펴야 한다.

상관용재(傷官用財)에서는 상관(傷官)이 재(財)를 생(生)하고, 재(財)는 다시 정관(正官)을 생(生)하는 도구가 된다. 다만 신강(身强)하고 재성(財星)이 뿌리가 있어야 귀격(貴格)이다.

時	日	月	年
庚	戊	己	壬
申	午	酉	午

❶ 사춘방(史春芳)의 명(命)이다.

❷ 상관격(傷官格)에 庚金이 투하여 식신격(食神格)도 된다.

❸ 식상(食傷)이 재(財)를 생(生)하고 있다.

❹ 식상생재(食傷生財)는 일간이 강해야 한다.

상관(傷官)이 재(財)를 생(生)하는 상관생재(傷官生財)는 수기(秀氣)가 빼어나다.

時	日	月	年
戊	辛	乙	甲
子	未	亥	子

❶ 나장원(羅壯元)의 명(命)이다.

❷ 亥未로 상관(傷官)이 변하여 재(財)가 되었다.

❸ 상관생재(傷官生財)가 되었다

재(財)와 상관(傷官)이 유정(有情)한 것과 상관(傷官)이 재(財)로 화(化)한 것은 둘 다 수기(秀氣)가 빼어나다.

時　日　月　年

庚　丙　丁　己

寅　寅　丑　卯

❶ 진룡도(秦龍圖)의 명(命)이다.

❷ 상관(傷官)과 재(財)가 모두 월령(月令)에 통근하고 있다.

상관격(傷官格)에 인수(印綬)가 있는 상관패인(傷官佩印)의 격국(格局)에서는 인수(印綬)가 상관(傷官)을 제압하니 귀격(貴格)이다. 이때 상관(傷官)이 왕(旺)하고 약간 신약(身弱)해야 수기(秀氣)가 빼어나다.

時　日　月　年

壬　甲　丙　壬

申　午　午　申

❶ 나평장(羅平章)의 명(命)이다.

❷ 상관격(傷官格)에 인수(印綬)의 뿌리가 있으나 약간 신약(身弱)하다.

❸ 여름의 나무가 물을 만났으니 빼어남이 좋다.

❹ 인수(印綬)는 너무 많이 있을 필요가 없다.

정인(正印)과 편인(偏印)이 혼잡하여 투출(透出)하면 빼어나지 못하다. 상관(傷官)이 경미(輕微)하고 신강(身强)한데 인수(印綬)가 많이 있으면 빈궁하다.

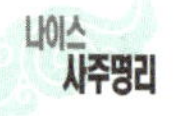

상관격(傷官格)에 재(財)와 인수(印綬)를 겸용할 때는 재(財)와 인(印)이 모두 청(淸)하고 서로 장애가 되지 않아야 한다.

時	日	月	年
壬	戊	己	丁
子	子	酉	酉

❶ 도통제(都統制)의 명(命)이다.

❷ 상관격(傷官格)에 재(財)가 많은데 인수(印綬)가 있다.

❸ 재(財)와 인(印)이 떨어져 있어 장애가 되지 않는다.

❹ 金水가 많아 사주가 차니 丁火는 좋다.

時	日	月	年
丁	戊	己	壬
巳	午	酉	戌

❶ 어느 승상(丞相)의 명(命)이다.

❷ 인수(印綬)가 많고 재(財)가 있다.

❸ 재(財)와 인(印)이 떨어져 장애가 되지 않는다.

상관격(傷官格)에 살인(殺印)을 쓰는 경우에는 상관(傷官)이 많고 신약(身弱)하면 칠살(七殺)이 생(生)한 인수(印綬)의 도움을 받는다.

時	日	月	年
丙	庚	丙	己
子	子	子	未

❶ 채귀비(蔡貴妃)의 명(命)이다.

❷ 칠살(七殺)이 상관(傷官)에 제복 당했다.

❸ 살인상생(殺印相生)이다.

❹ 재성(財星)이 없어 귀격(貴格)이다.

　상관격(傷官格)에 정관(正官)을 쓰는 상관용관(傷官用官)의 격국(格局)은 금수상관(金水傷官)에서만 사용한다. 그러나 금수상관격(金水傷官格)에서도 재(財)와 인(印)으로 정관(正官)을 보좌해야 하고 정관(正官)과 상관(傷官)이 모두 투출(透出)하면 안 된다.

時	日	月	年
丁	庚	甲	戊
丑	午	子	申

❶ 어느 승상(丞相)의 명(命)이다.

❷ 상관(傷官)인 子水가 지지에 있고, 정관(正官)인 丁火가 천간에 있다.

❸ 재인(財印)이 정관(正官)을 보좌한다.

❹ 정관(正官)이 지지에서 녹(祿)을 얻었다.

❺ 고관무보(孤官無輔)이거나 정관(正官)과 상관(傷官)이 모두 투(透)하

면 발복(發福)이 없다.

겨울에 金을 쓰는 상관격(傷官格)이 정관(正官)을 쓸 때, 상관(傷官)
이 재(財)로 변하면 수기(秀氣)가 빼어나고 귀(貴)하다.

時	日	月	年
己	辛	己	丙
亥	未	亥	申

❶ 정승상(鄭丞相)의 명(命)이다.

❷ 亥未로 상관(傷官)이 변하여 재(財)가 되었다.

금수상관격(金水傷官格)이 아니면서 상관격(傷官格)에 정관(正官)
이 있어 좋은 것이 있다. 상관(傷官)이 변하여 재(財)가 되면 재왕생관
(財旺生官)이 된 것이지 상관견관(傷官見官)이 아니다.

時	日	月	年
辛	己	壬	甲
未	亥	申	子

❶ 장승상(章丞相)의 명(命)이다.

❷ 申子 반합으로 상관(傷官)이 재(財)로 변하였다.

상관격(傷官格)에 관살(官殺)이 모두 투출(透出)한 경우 천간이 청(淸)하면 금수상관(金水傷官) 역시 귀(貴)하다. 그렇지 않으면 공허(空虛)하다.

상관격(傷官格)의 운(運)

상관용재(傷官用財)에서 재왕신경(財旺身輕)하면 인수운(印綬運)과 비겁운(比劫運)이 좋고, 신강(身强)하고 재(財)가 가벼우면 재운(財運)이 좋고 상관운(傷官運)도 좋다

상관패인(傷官佩印)의 격국(格局)은 상신(相神)을 보강하는 관살운(官殺運)이 좋고, 인수운(印綬運)도 좋다. 식상운(食傷運)은 꺼리지 않으나 재운(財運)은 흉(凶)하다.

상관격(傷官格)에서 재인(財印)을 겸용할 때 재(財)가 많고 인수(印綬)가 있으면 인수(印綬)를 돕는 운(運)이 좋고, 인수(印綬)가 많고 재(財)가 있으면 재(財)를 돕는 운(運)이 좋다.

상관격(傷官格)에 살인(殺印)을 쓸 때는 인수운(印綬運)이 가장 좋고, 정편관(正偏官)이 혼잡되면 길(吉)하지 못하고 재운(財運)에는 위험하다.

상관대살(傷官帶殺)의 격국(格局)은 인수(印綬)가 좋고 재(財)를 꺼린다. 그러나 상관(傷官)이 중(重)하고 살(殺)이 경미(輕微)하면 인수운(印綬運)과 재운(財運)이 좋다. 칠살(七殺)의 뿌리가 중(重)하면 식상운(食傷運)이 좋고, 인수운(印綬運)과 신왕운(身旺運)도 길(吉)하다. 재운(財運)은 흉(凶)하다.

상관용관(傷官用官)에서는 재운(財運)과 인수운(印綬運)이 좋고 식상운(食傷運)은 불길하다. 원국(原局)에 정관(正官)이 노출되고 재(財)와 인수(印綬)가 왕(旺)하면 비겁운(比劫運)과 상관운(傷官運)은 좋지 않다.

38
양인격 陽刃格에 대하여

양인(陽刃)은 정재(正財)를 겁탈한다. 양인(陽刃)은 일간의 록(祿)에서 앞으로 한번 전진한 곳에 있다. 양간(陽干)만 양인(陽刃)이 있다. 甲일간의 卯, 丙일간의 午, 戊일간의 午, 庚일간의 酉, 壬일간의 子가 양인(陽刃)이다. 음간(陰干)의 양인(陽刃)도 있으나 자평진전(子平眞詮)에서는 양간(陽干)의 양인(陽刃)만 강조한다.

양인(陽刃)은 재(財)를 겁탈하는 작용이 일반 겁재(劫財)보다 극렬하다. 그래서 양인(陽刃)은 흉신(凶神)이므로 극제(剋制)해야 하니 정관(正官)이든 칠살(七殺)이든 모두 좋다. 재(財)와 인(印)으로 관살(官殺)을 보좌하면 더욱 좋다.

양인격(陽刃格)에서는 칠살(七殺)도 재(財)와 인(印)으로 보좌한다. 양인격(陽刃格)은 재(財)와 인수(印綬)를 좋아하고 칠살(七殺)을 제복(制伏)하는 것을 꺼린다.

양인용관(陽刃用官)에서 양인(陽刃)이 천간에 투(透)해도 두렵지 않다. 그러나 양인용살(陽刃用殺)에서는 양인(陽刃)이 천간에 투출(透出)하면 격국(格局)이 성립되지 못한다. 정관(正官)은 양인(陽刃)을 제압하여 양인(陽刃)이 투출해도 해(害)가 없지만, 칠살(七殺)은 양인(陽刃)이 천간에 투(透)하면 칠살(七殺)과 합거(合去)되니 안 좋다.

예를 들면, 丙火 일주(日柱)가 午월에 나고 천간에 壬水 칠살(七殺)이 있어서 양인(陽刃)을 제복(制伏)하고 있는데 양인(陽刃) 丁火가 천간에 투출했다면 丁壬이 합(合)이 되어 탐합망극(貪合忘剋)이 된다. 그러면 壬水 칠살(七殺)이 양인(陽刃)을 극제(剋制)하지 못하므로 좋지 않은 것이다.

<table>
<tr><td>時</td><td>日</td><td>月</td><td>年</td></tr>
<tr><td>丁</td><td>丙</td><td>壬</td><td></td></tr>
<tr><td></td><td></td><td>午</td><td></td></tr>
</table>

❶ 丁壬합으로 壬水 칠살(七殺)이 탐합망극(貪合忘剋)한다.

❷ 그래서 壬水 칠살(七殺)이 양인(陽刃)을 극제(剋制)하지 못한다.

관살제인(官殺制刃)도 격(格)의 고저(高低)가 있다. 관살(官殺)이 노출되고 뿌리가 깊으면 귀(貴)가 크다. 관살(官殺)이 지지에 있고 천간에 드러나지 않았거나 천간에 드러나도 뿌리가 약(弱)하면 귀(貴)가 적다.

時	日	月	年
丙	壬	丙	己
午	寅	子	酉

❶ 어느 승상(丞相)의 명(命)이다.

❷ 정관(正官)이 천간에 투출(透出)하고 재(財)가 정관(正官)을 생(生)한다.

時	日	月	年
壬	丙	甲	辛
辰	申	午	丑

❶ 칠살(七殺)이 천간에 투출했으나 뿌리가 약하다.

❷ 재(財)가 칠살(七殺)을 생(生)하고 있다.

❸ 어느 승상(丞相)의 명(命)이다.

관살(官殺)이 양인(陽刃)을 극하는데 식상(食傷)이 있어도 귀하게 되는 경우가 있다. 인수(印綬)가 관살(官殺)을 식상(食傷)으로부터 보호하거나, 칠살(七殺)이 태과(太過)할 때 식상(食傷)이 제복(制伏)하거나, 관

살(官殺)이 식상(食傷)으로 인하여 거관류살(去官留殺) 또는 거살류관(去

殺留官)이 되어 사주가 청(淸)해질 때이다.

時	日	月	年
戊	庚	癸	甲
寅	寅	酉	午

❶ 목동지(穆同知)의 명(命)이다.

❷ 戊癸합으로 癸水가 정관(正官)을 손상하지 못한다.

❸ 정관(正官)을 극하는 식상(食傷)을 인수(印綬)가 제거하여 정관(正官)

　을 보호했다.

時	日	月	年
甲	戊	庚	甲
寅	申	午	寅

❶ 가평장(賈平章)의 명(命)이다.

❷ 두 개의 칠살(七殺)이 투출(透出)하고 뿌리도 깊다.

❸ 식신(食神)이 칠살(七殺)을 제압했다.

時	日	月	年
壬	庚	丁	丙
午	申	酉	戌

❶ 관살(官殺)이 천간에 투출(透出)하였다.

❷ 식신(食神) 壬水가 정관(正官) 丁火를 합거(合去)하니 칠살(七殺)이 홀로 남아 청수하다.

❸ 양인격(陽刃格)은 칠살(七殺)을 남기는 것이 유리하다.

양인격(陽刃格)에 관살(官殺)이 천간에 투하여 양인(陽刃)을 제거하고 인수(印綬)를 남기면 격국(格局)이 청수하다. 양인격(陽刃格)에 재(財)와 살(殺)이 투출(透出)하여 인수(印綬)를 제거하고 칠살(七殺)을 남기는 것을 꺼려한다. 그러면 부(富)하지도 귀(貴)하지도 않다.

양인격(陽刃格)에 재(財)를 쓰는 격국(格局)은 좋지 않다. 그러나 재(財)가 뿌리가 깊고 식상(食傷)을 쓸 때는, 양인(陽刃)이 식상(食傷)을 생(生)하고 식상(食傷)이 재(財)를 생(生)하니 이때는 건록(建祿)이나 월겁(月劫)보다는 못하지만 부귀(富貴)할 수 있다. 식상(食傷)없이 양인(陽刃)과 재(財)만 있으면 국(局)을 이루지 못한다.

양인격(陽刃格)의 운(運)

양인격(陽刃格)에 정관(正官)이 있는 양인용관(陽刃用官)은 정관(正官)을 돕는 운(運)이 좋다. 정관(正官)이 뿌리가 깊을 경우는 인수운(印綬運)과 비겁운(比劫運)이 좋다. 식상운(食傷運)은 정관(正官)을 합(合)하니 좋지 않다.

양인격(陽刃格)에 칠살(七殺)이 있는 양인용살(陽刃用殺)은 칠살(七殺)이 강하지 않으면 재운(財運)이 와야 좋다. 칠살(七殺)이 너무 강하면 신왕운(身旺運)과 인수운(印綬運)이 좋고 식상운(食傷運)도 좋다.

양인격(陽刃格)에 관살(官殺)이 모두 투(透)하면 거관(去官)이나 거살(去殺)하는 운(運)이 좋다. 신왕운(身旺運)도 좋으나 재관운(財官運)은 불리하다.

39
건록격建祿格과 월겁격月劫格에 대하여

건록(建祿)은 월건(月建)이 일주의 녹당(祿堂)인 것을 말한다. 건록(建祿)과 월지가 겁재(劫財)인 월겁(月劫)은 동일한 격(格)이다. 비견(比肩)이든 겁재(劫財)든 천간에 투출(透出)하고, 지지에서 회국(會局)을 이루면 식재관(食財官)을 취한다. 여기에서는 건록(建祿)과 월겁(月劫)을 구분해 설명하고 있으면서 격(格)을 정할 때는 동일한 격(格)으로 취급하고 있다.

건록격(建祿格)에 정관(正官)을 쓰는 록겁용관(祿劫用官)은 정관(正官)이 천간에 투(透)하면 기특하다. 재(財)와 인(印)이 함께 있어야 좋고, 정관(正官)이 홀로 있는 고관무보(孤官無輔)는 꺼린다.

時　日　月　年

癸　癸　戊　庚
亥　酉　子　戌

❶ 김승상의 명(命)이다.

❷ 건록격(建祿格)에 정관(正官)을 쓰는데 인수(印綬)가 정관(正官)을

　보호했다.

정관(正官)을 쓰는데 재(財)로 도울 수도 있다.

時　日　月　年

壬　丁　丙　丁
寅　巳　午　酉

❶ 이지부(李知府)의 명(命)이다.

❷ 비겁(比劫)이 강하니 정관(正官)을 쓰는데 재(財)가 돕고 있다.

　정관(正官)이 있고 재(財)와 인수(印綬)가 모두 있으면 신강치삼기
(身強値三奇)라 하여 더욱 귀(貴)하다. 삼기(三奇)는 재관인(財官印)이다.
삼기(三奇)가 있는 사주는 정관(正官)이 재(財)와 인수(印綬) 사이에 위치
하여 재(財)와 인수(印綬)가 다투지 않아야 한다.

時	日	月	年
丁	癸	戊	庚
巳	卯	子	午

❶ 왕소사(王少師)의 명(命)이다.

❷ 건록격(建祿格)에 정관(正官)을 쓴다.

❸ 재(財)와 인(印)이 떨어져 있다.

건록격(建祿格)과 월겁격(月劫格)에 재(財)를 쓰는 록겁용재(祿劫用財)는 반드시 식상(食傷)이 있어야 한다. 월령(月令)이 록겁(祿劫)이고 재(財)를 쓰는 경우는 서로가 싸우므로 식상(食傷)으로 통관(通關)해야 한다.

時	日	月	年
丙	癸	丙	甲
辰	丑	子	子

❶ 장도통(張都統)의 명(命)이다.

❷ 록겁용재(祿劫用財)에서 甲木 상관(傷官)이 있다.

겁재(劫財)가 재(財)로 변하는 화겁위재(化劫爲財), 또는 겁재(劫財)가 식상(食傷)이 되는 화겁위생(化劫爲生)은 빼어나다.

時　日　月　年

辛　丁　己　己
亥　丑　巳　未

❶ 월지 巳火가 재성(財星)의 뿌리가 된다.

❷ 巳丑 합(合)으로 재성(財星) 金의 기운도 강해진다.

❸ 화겁위재(化劫爲財)의 예이다.

時　日　月　年

甲　庚　甲　庚
申　子　申　子

❶ 고상서(高尙書)의 명(命)이다.

❷ 비겁(比劫) 申金이 변해 申子 반합으로 식상(食傷)이 되었다.

❸ 화겁위생(化劫爲生)의 예이다.

록겁용살(祿劫用殺)은 필시 제살(制殺)하여야 한다.

時　日　月　年

己　癸　壬　丁
未　卯　子　巳

❶ 누참정(婁參政)의 명(命)이다.

❷ 丁壬합으로 재성(財星)이 합거(合去)되고, 卯未 반합(半合)이 제살

　(制殺)하고 있다.

칠살(七殺)이 있고 재(財)가 있으면 아름답지 않다. 그러나 칠살(七殺)을 제거하고 재(財)를 남기면 귀격(貴格)이 된다.

時	日	月	年
丙	壬	癸	戊
午	午	亥	辰

❶ 원내각(袁內閣)의 명(命)이다.

❷ 戊癸합으로 합살(合殺)하여 재(財)만 남았다.

록겁격(祿劫格)에서 재관(財官)이 없으면 식상(食傷)으로 설기(洩氣)해야 하는데, 오로지 봄의 木과 가을의 金 일주만 귀(貴)하다. 木은 火를 만나면 목화통명(木火通明)하고, 金은 水를 보면 금수상함(金水相涵)으로 영통(靈通)하다.

時	日	月	年
丙	甲	丙	甲
寅	子	寅	子

❶ 장장원(張壯元)의 명(命)이다.

❷ 목화통명(木火通明)이다.

時　日　月　年

庚　庚　庚　癸
辰　子　申　卯

❶ 금수상함(金水相涵)이다.

록겁격(祿劫格)에 관살(官殺)이 모두 투출(透出)하면, 반드시 거류(去留)하여 사주를 맑게 해야 귀격(貴格)이 된다.

時　日　月　年

乙　甲　庚　辛
亥　辰　寅　丑

❶ 어느 평장(平章)의 명(命)이다.

❷ 乙庚합으로 합살류관(合殺留官) 되었다.

❸ 천간합(天干合)은 방해가 없으면 떨어져도 된다.

정관(正官)이 두 개 이상 투출(透出)하면 역시 정관(正官)을 제복해야 좋은데, 정관(正官)이 다툴 때는 상관(傷官)이 있어야 한다.

정관(正官)을 쓸 때 고관무보(孤官無輔)는 격국(格局)이 작아 귀(貴)를 누리기 힘들다. 식상(食傷)까지 투(透)하면 파격(破格)이다. 그러나 정관(正官)과 상관(傷官)이 모두 투(透)해도 귀한 경우가 있는데 다음과 같다.

時	日	月	年
庚	壬	乙	己
子	戌	亥	酉

❶ 왕총병(王總兵)의 명(命)이다.

❷ 乙庚합으로 상관(傷官)인 乙木이 합거(合去)되었다.

록겁격(祿劫格)에 재(財)를 쓸 때 식상(食傷)이 투출하지 않으면 발달하기 어렵다. 그러나 재(財)가 천간에 한 개 투하여 잡다(雜多)하지 않고, 지지에 재(財)의 뿌리가 많으면 역시 부유하나 귀(貴)하기는 어렵다.

관살(官殺)이 중첩하고 제복이 없어도 관살(官殺)을 제복(制伏)하는 운(運)이 오면 재복(財福)을 얻는다. 그러나 관살(官殺)이 과중(過重)하면 신상(身上)에 위험이 있다.

건록격(建祿格)과 월겁격(月劫格)의 운(運)

록겁격(祿劫格)에 정관(正官)이 있는 록겁용관(祿劫用官)은 인수(印綬)가 있으면 재운(財運)이 좋다. 정관(正官)을 합(合)하는 운(運)은 꺼리고, 칠살(七殺)이 혼잡되는 운(運)도 꺼린다. 식상운(食傷運)이나 비겁운(比劫運)은 흉하지 않다.

　　록겁용관(祿劫用官)에서 재(財)를 쓸 때 재식(財食)이 중(重)하면 인수(印綬)가 좋고 비겁(比劫)은 꺼리지 않는다. 재(財)와 식상(食傷)이 경미(輕微)하면 마땅히 재(財)를 도와야 하고 인수(印綬)와 비겁(比劫)은 안 좋다. 칠살(七殺)을 만나도 식상(食傷)이 있으니 상처가 되지 않으나 정관(正官)을 만나면 복(福)이 없다.

　　록겁칠살(祿劫七殺)에 식상(食傷)이 중(重)하고 칠살(七殺)이 미약하면 칠살운(七殺運)이 좋고, 칠살(七殺)이 중(重)하면 식상운(食傷運)이 좋다.

　　록겁칠살(祿劫七殺)에서 재성(財星)이 있으면 칠살(七殺)을 합거(合去)하면 좋고, 식상(食傷)만 남으면 식상운(食傷運)이 좋고 재운(財運)도 괜찮다. 정관(正官)이 투(透)해도 좋고 신왕운(身旺運)도 좋다.

　　록겁칠살(祿劫七殺)에서는 원국(原局)에서 재(財)를 합거(合去)하고 칠살(七殺)을 남기면 식상(食傷)으로 제살(制殺)하고, 칠살(七殺)이 미약하면 칠살(七殺)을 도와야 한다. 식상(食傷)이 미약하면 식상(食傷)을 돕는 운(運)이 좋다.

　　록겁식상(祿劫食傷)에서는 재운(財運)이 길(吉)하다. 칠살운(七殺運)도 꺼리지 않고, 인수운(印綬運)은 안 좋다. 천간으로 오는 정관운(正

官運)도 안 좋다. 만일 원국(原局)에 식상(食傷)이 태과(太過)하면 재운(財運)이 유리하고 인수운(印綬運)도 꺼리지 않는다.

록겁관살(祿劫官殺)은 합살류관(合殺留官)이든 존관제살(存官制殺)이든 식상운(食傷運)이 좋다. 비겁운(比劫運)도 좋지만 인수운(印綬運)과 재관운(財官運)은 좋지 않다.

40
잡격雜格에 대하여

잡격(雜格)은 월령(月令)에서 용신을 구하지 않고, 외격(外格)에서 용신을 정한다. 잡격은 종류가 많은데 잡격은 천간에 관살(官殺)이 없어야 성격(成格)이 된다. 관살(官殺)이 있다면 관살(官殺)을 용(用)하면 되는 것이다. 재성(財星)도 뿌리가 깊거나 재성(財星)이 두 개 이상 투출(透出)하면 외격(外格)을 취하지 않는다.

종왕격(從旺格)

종왕격은 팔자가 한 가지 오행 위주로 되어 있는 것을 말한다. 인수(印綬)가 청(淸)하고 사주 전체가 순수(純粹)하여야 한다. 순수(純粹)하다는 말은 극하는 오행이 없어야 한다는 것이다.

時　日　月　年

壬　乙　乙　癸
午　未　卯　亥

❶ 오상공(吳相公)의 명(命)이다.

❷ 木이 왕(旺)하고 木을 거스르는 기운이 없다.

❸ 인수운(印綬運)과 비겁운(比劫運)이 좋다.

❹ 재식운(財食運)도 길(吉)하지만 관살운(官殺運)은 꺼린다.

종화격(從化格)

천간합(天干合)이 되어 화(化)한 기운으로 격(格)을 정할 수도 있다. 그때는 화(化)한 기운이 사주를 지배해야 한다. 예를 들어 천간에 丁壬합木이 되었을 때 지지가 亥卯未나 寅卯辰이 온전하게 갖추어지고 봄에 출생하면 대귀(大貴)하다. 출생 월(月)이 봄철이 아닐 때는 귀격(貴格)이지만 격(格)은 떨어진다.

원국(原局)에서 화격(化格)이 제대로 성립되어 있다면 행운(行運)에 의해 성격(成格)이 되거나 파격(破格)이 되는 일이 없다. 화격(化格)이 되면 화(化)한 오행 운(運)과 화(化)한 오행을 생(生)하는 운(運)이 좋다. 화(化)한 오행의 식재운(食財運)도 무방하나 화(化) 오행의 관살운(官殺運)은 안 좋다.

時　日　月　年

甲　壬　丁　甲

辰　寅　卯　戌

❶ 丁壬합이고 지지 寅卯辰이고 卯월생이다.

❷ 일품(一品)의 귀(貴)를 누린 사주이다.

도충격(倒冲格)

사주에 재관(財官)이 없고, 같은 글자의 지지가 많이 있을 경우에 충(沖)하는 글자를 불러와 격(格)을 이루는 것이다.

時　日　月　年

戊　戊　戊　戊

午　午　午　午

❶ 사주에 午가 많으니 子水 재(財)를 충(沖)하여 온다.

❷ 운(運)에서 전실(塡實)되는 것을 기피한다.

❸ 전실(塡實)이란 도충(倒冲) 기운을 쓰고 있을 때 운(運)에서 같은 글자가 오는 것을 말한다.

❹ 많은 午火가 불러오는 子水를 쓰고 있을 때 운(運)에서 子水가 오면 좋지 않다.

229

時　日　月　年

甲　丙　庚　甲
午　午　午　寅

❶ 많은 午火가 子水를 충(沖)하여 온다.

❷ 운(運)에서 전실(填實)되는 것을 기피한다.

❸ 도충의 子水를 잘 쓰고 있을 때 운(運)에서 子水가 오면 안 좋다.

❹ 다른 운(運)은 무방하다.

❺ 잡격(雜格)은 특정 해당 글자가 전실(填實)되는 것을 크게 기피한다.

조양격(朝陽格)

조양격이란 辛金 일간이 戊子시에 출생하고 사주 천간에 재관(財官)이 없으면 巳火를 끌어와 관(官)으로 쓴다는 것이다. 戊丙 즉 관인(官印)은 巳에서 록(祿)이 되고, 戊子의 子水가 巳火를 암합(暗合)으로 특합(特合)하여 오니, 巳 중 丙火를 일간의 정관(正官)으로 쓴다. 辛金 일간 중 辛巳와 辛未 일주(日柱)는 조양격이 없다.

時　日　月　年

戊　辛　辛　戊
子　酉　酉　辰

❶ 장지현(張知縣)의 사주이다.

❷ 木운이 오면 평범하고, 火운은 꺼린다.

❸ 巳火를 암합(暗合)으로 끌어와 사용하고 있다.

합록격(合祿格)

합록(合祿)에서 록(祿)은 정관(正官)이다. 사주에 정관(正官)이 없으면 간지(干支)에서 이를 합(合)하여 오는 관(官)을 쓴다. 戊土 일간이 庚申시에 출생하고 사주에 관살(官殺)이나 인수(印綬)가 없으면 庚金이 乙木을 합(合)하여 오니 정관(正官)을 얻어 합록격(合祿格)이 된다고 한다. 戊土 일간이 庚申시를 만나면 식신(食神)이 왕(旺)해지는 운(運)이 좋고, 세월에서 일간과 金을 극하는 甲 丙 寅 卯를 만나면 불길하다고 한다.

<pre>
時   日   月   年
庚   戊   戊   己
申   辰   辰   未
</pre>

❶ 촉(蜀)왕의 명(命)이다.

❷ 土가 강하니 식신(食神) 庚申이 설기(洩氣)하는 용신이다.

❸ 庚金이 乙木을 합(合)하여 오는데 乙木이 정관(正官)이다.

❹ 申金은 巳火를 합(合)하여 온다.

정란차격(井欄叉格)

정란차격은 庚金 일주(日柱)가 辰월과 申월에 출생하고 지지에 申子辰 수국(水局)이 될 때이다. 申子辰 수국이 寅午戌을 충(沖)하여 오니 재관(財官)이 생긴다는 것이다. 만일 丙丁巳午나 甲乙寅卯가 있으면 이미 재관(財官)이 있으므로 충(沖)하여 재관(財官)을 끌어올 필요가 없다.

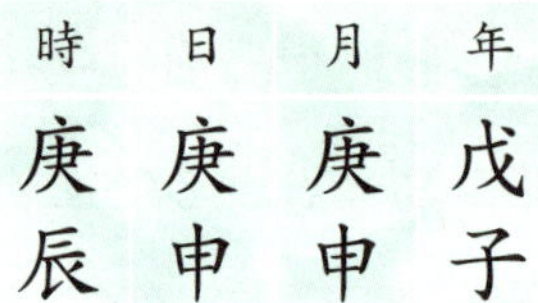

❶ 곽통제(郭統制)의 명(命)이다.

❷ 재운(財運)이 길(吉)하고 여타의 운(運)도 길(吉)하다.

❸ 전실(塡實)되는 운(運)은 꺼린다.

형합격(刑合格)

형합격은 癸水 일주(日柱)가 甲寅시에 출생하면 寅이 巳를 형(刑)하여 오고, 巳 중 戊丙은 일주에 재관(財官)이 된다. 합록격(合祿格)과 유사하다. 그러나 합록격은 기쁘게 합(合)하여 오고, 형합격은 강제로 형(刑)하여 오는 것이 다르다. 戊己가 투출하면 관살(官殺)이 이미 있으므로 형합격이 아니다.

時	日	月	年
甲	癸	己	乙
寅	卯	卯	未

❶ 십이절도사의 사주이다.

❷ 金운(運)은 불리하고 여타 운(運)은 길(吉)하다.

❸ 물론 전실(塡實) 운(運)도 꺼린다.

요합격(遙合格)

요합격에는 축요사격(丑遙巳格)과 자요사격(子遙巳格)이 있다. 축요사격은 辛丑 일주와 癸丑 일주(日柱)가 사주에 丑이 많으면, 丑 중 辛癸가 巳 중의 丙火와 戊土를 합(合)하여 와서 정관(正官)이 생긴다는 것이다. 원국(原局)에 申酉가 있으면 巳를 더욱 강하게 합(合)하여 오니 좋지만, 子水가 있으면 丑을 묶어두니 격(格)이 안 된다.

자요사격은 甲子일 甲子시에 출생하면 子 중의 癸水가 巳 중 戊土를 합(合)하여 오고, 戊土는 丙火를 동요하여 丙火가 辛金을 합(合)하여 온다는 것인데 辛金이 甲木의 정관(正官)이다.

사주에 子水가 있으면 子丑합이 되어버리니 요합격이 안 된다. 丙丁戊 己가 있으면 요합격의 성립조건인 辛癸 일주의 관살(官殺)이 있으니 요합격이 아니다. 관살(官殺)이 있을 때는 허자(虛字)로 관살(官殺)을 쓸 필요가 없다.

時	日	月	年
庚	辛	辛	辛
寅	丑	丑	丑

❶ 장통제(章統制)의 사주이다.

時	日	月	年
甲	甲	甲	甲
子	子	戌	申

❶ 나어사(羅御使)의 사주이다.

팔자에 재관인(財官印)이 없는데도 귀격(貴格)을 누리는 사람들이 있어 잡격(雜格)이 생겨난다. 형(刑)이나 합(合)으로 허자(虛字)를 불러오기도 하고 심지어는 지장간의 글자를 끌어다 쓰기도 한다. 그래서 서락오는 공록격, 공귀격, 추건격, 귀록격, 협술격, 서귀격, 기룡격, 일귀격, 일덕격, 복록격, 괴강격, 시묘격, 양간부잡격, 간지일기격, 오행구족격 등은 모두 이치에 맞지 않으니 논할 필요가 없다고 무시했다.

상관상진(傷官傷盡)

상관(傷官)이 정관(正官)을 보아서 좋을 때도 있겠지만 일반적으로 상관견관(傷官見官)은 파격(破格)의 요인이 된다. 상관견관위화백단(傷官

見官爲禍百端)이다. 그래서 상관(傷官)을 용(用)할 때에는 정관(正官)을 꺼린다.

상관상진은 명식(命式)에 관(官)이 없고 재인(財印)을 병용하는 경우이다. 심효첨은 이렇게 말한다. "정관이 무슨 죄가 있어서 정관(正官)이 상관(傷官)에게 상해를 입어야 하는가? 누차 경험한 바에 의하면 상관상진(傷官傷盡)이 된 사주에 빈천한 사람이 많았고 부귀한 사람은 적었다. 상관견관(傷官見官)이 되었으나 부귀(富貴)한 사람을 보았는데 이유를 알 수 없었다. 그러니 인물을 보고 판단하지 않을 수 없다."

서락오는 상관상진에 대해 다음과 같이 말한다.

"어떤 격국(格局)이든 희기(喜忌)가 있는데 유독 상관격(傷官格)이라고 왜 희기(喜忌)가 없겠는가? 상관(傷官)이 정관(正官)을 보아서 좋은 경우와 나쁜 경우가 있을 것이다. 격국(格局)들 중에 해석하기 힘든 것이 아주 많다. 나는 학식이 부족해서 오묘한 이치를 알지 못한다."

종격(從格)

기명종재(棄命從財)는 사주가 모두 재(財)로 이루어지고 신약(身弱)하여 무력(無力)한 경우 나를 버리고 재(財)에 종(從)하는 것이다. 종재격(從財格)이 되면 대귀(大貴)하다. 이때 인수(印綬)가 투출(透出)하면 신약(身弱)하지 않으니 종재(從財)가 아니다. 관살(官殺)이 있어도 종재(從財)가 아니다.

時	日	月	年
己	丙	乙	庚
丑	申	酉	申

❶ 왕십만(王十萬)의 사주이다.

❷ 식재운(食財運)은 길(吉)하고 신왕운(身旺運)은 불리하다.

기명종재(棄命從財)에서는 식상(食傷)이나 재운(財運)이 길(吉)하고 신왕운(身旺運)은 불리하다. 양간(陽干)은 비록 무근(無根)할지라도 인수(印綬)가 투(透)하면 종(從)이 안 된다.

기명종살(棄命從殺)은 사주가 관살(官殺)로 되어 있고, 일주(日柱)가 뿌리가 없어 자기를 버리고 관살(官殺)을 따라가는 것이다. 격(格)이 이루어지면 대귀(大貴)하다. 식상(食傷)이 있으면 종살격(從殺格)이 아니다. 인수(印綬)가 있어도 화살(化殺)하니 종살격(從殺格)이 아니다.

時	日	月	年
甲	乙	乙	乙
申	酉	酉	酉

❶ 이시랑(李侍郎)의 사주이다.

❷ 기명종살(棄命從殺)에서는 재관운(財官運)이 길(吉)하고 신왕운(身旺運)은 꺼린다.

❸ 식상운(食傷運)은 더욱 꺼린다.

　종격은 기세(氣勢)가 순수해야 귀격(貴格)이 되므로 거스르는 기운이 없어야 한다. 그래서 일행득기격(一行得氣格)은 인비(印比)가 희신(喜神)이 되고, 비겁(比劫)으로 되어 있는 종왕격(從旺格)은 비겁(比劫)이 희신(喜神)이 된다. 인성(印星)으로 되어 있는 종강격(從强格)은 인성(印星)이 희신(喜神)이 되고, 식상(食傷)의 힘이 강해 종격이 된 종아격(從兒格)의 경우는 식상(食傷)이 희신(喜神)이 된다. 재성(財星)이 강해 종격이 된 종재격(從財格)은 재성(財星)이 희신(喜神)이 되고, 관살(官殺)이 강해 종격이 된 종살격(從殺格)은 관살(官殺)이 희신(喜神)이 된다. 물론 강한 기운을 거스르는 글자는 기신(忌神)이 된다. 화격(化格)도 마찬가지이다.

　방합(方合)은 체(體)이고 삼합(三合)은 용(用)이다. 申酉戌과 巳酉丑은 차이가 있는 것이다. 방합은 혈연으로 뭉쳐진 가족과 같은 것이고, 삼합은 같은 일을 하기 위해 뭉쳐진 직장과 같은 것이다. 그래서 끈끈함은 방합이 더 강하다. 같은 종격을 이루더라도 방합으로 이루어진 종격인지, 삼합으로 이루어진 종격인지에 따라 차이가 있다.

　지지가 申酉戌로 이루어진 종혁격(從革格)은 그 강도가 말할 수 없을 정도로 강하다. 그래서 그 자체로 귀격(貴格)이 되어 대운(大運)에서 丙丁火가 와도 좋다.

난강망(欄江網)에 "金이 지지에 申酉戌을 보면 부귀(富貴)를 의심치 말라"고 했다.

그러나 巳酉丑 삼합으로 이루어진 종혁격(從革格)은 해체되기 쉬우니, 대운(大運)에서 丙丁火가 오면 문제가 될 수 있다. 종격을 판단하는 것은 체(體)의 영역이므로 원국(原局)과 대운(大運)의 영역을 말한다. 방합에 의한 종혁격(從革格)이라도 용(用)의 영역인 세운(歲運)에서 丙丁火를 보면 문제가 있을 수 있다.

적천수 방국론方局論에서 방方은 방합方合을 말하고, 국局은 삼합三合을 말한다.

난강망

欄江網

현재 난강망(欄江網)의 저자와 저작연대는 알 수 없다. 청대에 여춘태가 난강망(欄江網)을 편집하였고, 1937년 서락오가 『궁통보감』으로 출판하였다. 1941년 서락오가 조화원약(造化元鑰)이라 하여 『궁통보감』을 해설하였다. 난강망(欄江網)은 계절별, 그리고 월별로 각 천간을 정리하고 있다.

똑같은 甲木이라도 봄철의 甲木은 힘이 있을 것이고, 가을철의 甲木은 힘이 없을 것이다. 그래서 계절별로 살핀다는 점에서 주로 조후(調候)를 다루고 있지만 꼭 그렇지만은 않다. 천간이 지지에 뿌리를 두었는가를 보는 세력도 중요하기 때문이다.

고서(古書)에서 예를 든 팔자 사주는 주로 격(格)을 갖춘 사주이다. 당시 시대 상황으로 볼 때 일반인은 팔자 자체를 모르고 살았을 가능성도 크다. 일반인의 사주는 난강망(欄江網)이 제시한 성격(成格) 조건과 거리가 멀 경우가 많다.

論木
논목

木은 봄에는 제철을 만나 거침없이 솟는다. 木에는 甲木과 乙木이 있는데 甲木은 양(陽)이므로 기(氣)를 나타내고, 乙木은 음(陰)이므로 질(質)을 나타낸다. 甲木이 많을 때는 제(制)하기 위해서 庚金을 쓰면 좋다. 甲木에 庚金을 쓰면 지위가 높고 큰 재목이 된다. 木이 뿌리를 내리려면 土가 두터워야 한다. 土가 약(弱)하면 가지만 무성하고 뿌리가 약해지니 위태로운 근심이 있다.

봄철의 木은 성장하는 때이므로 水가 필요한데, 그렇다고 水가 지나치면 부목(浮木)이 되어 木은 떠다니게 된다. 木은 지지의 구성에 따라 활목(活木)과 사목(死木)으로 나누어진다. 寅卯 위의 木은 활목(活木)이고, 申酉 위의 木은 사목(死木)이다.

생목(生木)은 봄의 성장하는 나무이니 丙丁火를 기뻐한다. 사목(死

木)은 마르고 굳은 나무이니 다듬기 위해 庚辛金이 이롭다. 그러나 특정 글자를 용(用)할 때도 주변 상황에 따라 더 좋은 글자가 있을 수 있으니 항상 단정적으로 고집하지 말아야 한다. 생목(生木)은 아직 어린 나무이니 金을 보면 상(傷)한다[춘불용금]. 사목(死木)은 마른나무, 즉 장작에 비유할 수 있으니 庚金으로 쪼개서 丁火로 불을 붙이면 좋다[벽갑인정].

金과 木의 세력은 비슷하면 좋다. 자연현상에서도 그렇고 팔자에서도 서로 견제하는 세력이 비슷하면 서로 긴장감이 유지되어 좋다. 水와 火도 마찬가지이다. 그러나 가을생이면 가을 자체가 金 기운이 넘치는 계절이므로 木이 金의 도끼에 상(傷)할 수 있다. 가을에는 금기(金氣)가 넘치므로 금기(金氣)를 견제할 火가 필요하다. 물론 봄에는 木의 계절이니 木 기운이 강하고 금기운은 약해진다.

춘목(春木)

춘목(春木)은 아직 한기(寒氣)가 남아 있다. 그래서 춘목(春木)은 火를 기뻐하고 火로 나무를 따뜻하게 하면 나무가 굽지 않는다.

춘목(春木)에게는 水도 필요하다. 水가 있어야 나무가 성장하며 가지가 뻗어 나가는 아름다움이 있다. 그렇다고 水가 지나치면 뿌리가 썩으므로 흉(凶)하다. 水가 없어도 잎과 뿌리가 마르므로 춘목(春木)은 水火가 함께 존재하는 수화기제(水火旣濟)가 되면 좋다.

- 춘목(春木)에 土가 많으면 木이 묻혀 기운이 손상되니 土가 엷어야 재물이 풍족하다.

- 춘목(春木)에 金이 중(重)하면 木이 다치니 상해가 염려되고 일생이 한가롭지 못하다. 그러나 춘목(春木)에 木이 왕(旺)하다면 金을 얻어야 좋고, 金을 얻으면 평생토록 복(福)이 많다.

하목(夏木)

- 여름철에는 火가 강하니 하목(夏木)은 메마르게 된다. 여름은 무더우니 하목(夏木)에게는 많은 水가 필요하다. 水가 적으면 안 된다.

- 하목(夏木)에게 또 火가 많으면 스스로 불사를 염려가 있어 흉(凶)하다.

- 하목(夏木)에게 土는 마땅히 약해야 하고 두터우면 재앙(災殃)이 있다.

- 하목(夏木)에게 金이 많으면 불길하지만 없어도 곤란하다. 그 이유는 木을 다듬고 깎을 수 없기 때문이다. 木이 중(重)하면 숲을 이루지만 결국에는 결실을 위하여 金으로 가지치기를 해야 한다.

추목(秋木)

- 추목(秋木)은 점차 시들어 간다. 가을의 초에는 화기(火氣)가 남아 있으니 水土로 돕고 자윤(滋潤)하면 좋다. 그러나 중추(中秋)에는 강한 金으로 다듬어야 한다. 상강(霜降)이 지나면 水가 많으면 안 된다. 水가 많으면 木은 표류하게 된다. 한로(寒露) 이후에는 추워지니 火가 타올라야 좋다.

추목(秋木)은 약하니 土가 많으면 스스로 감당할 힘이 없다. 土는 강한 金을 생(生)하니 木은 더욱 약해진다.

동목(冬木)

겨울의 木은 모든 기운이 뿌리로 돌아가는 때이다. 동목(冬木)은 추워서 꼬부라지지만 土가 많으면 강한 水를 억제(抑制)하니 좋다. 물론 마른 土인 戌未土가 강한 水를 억제하니 더 좋을 것이다. 겨울철 水는 얼어서 수생목(水生木)을 할 수 없다.

겨울철에는 金이 많아도 木을 극하기는 어렵다. 탐생망극(貪生忘剋)으로 강한 金은 木을 극하기 전에 水를 먼저 생(生)하게 된다.

겨울의 木에게 火는 많아도 좋다.

동목(冬木)에게는 운(運)이 동남(東南)으로 가면 좋다.

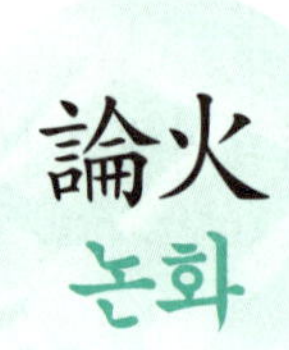

論火
논화

火는 양(陽)의 대표적 기질이다. 火는 솟아오르는 성질이 있다. 火는 남쪽을 나타낸다. 火는 타버리므로 오래 가지 않는다. 火에는 丙火와 丁火가 있는데 丙火는 빛이고, 丁火는 열이다. 丙火는 태양으로 가을 겨울에 조후(調候)를 맞출 때 보통 쓰이고, 丁火는 등대나 달빛처럼 어둠을 밝히는 불이다. 火는 숨겨지면 화롯불처럼 밝지는 않으나 불멸(不滅)의 상(象)이 되어 오래간다. 火는 木과는 목화통명(木火通明)이 되어 바람직하다. 火는 土를 만나면 빛을 잃고, 金을 만나면 연금(鍊金)하고, 水를 만나면 수화기제(水火旣濟)가 된다.

火를 견제하는 것은 水이다. 水와 火가 균형을 이루면 木과 金의 균형처럼 좋다. 水火가 균형을 이루면 수화기제(水火旣濟)가 된다. 팔자에서 水火가 균형을 이룰 때도 운(運)에서 균형이 틀어질 수 있으니 운(運)도 잘 살펴야 한다. 팔자보다 운(運)이 더 강한 힘을 가지고 있다.

火가 오래 가려면 반드시 木이 있어야 한다. 火는 봄철 寅卯에서는 木이 강하니 힘을 얻고, 가을 申酉에서는 木이 상(傷)하니 火는 약해진다. 丙火는 스스로 빛나지만, 丁火는 여리니 甲木이 있으면 좋다.

火는 여름 남방(南方)에서는 자신감이 넘치고, 겨울 북방(北方)에서는 水의 기운을 만나니 조심한다. 팔자가 火로 가득 찬 염상격(炎上格)도 운(運)이 서북(西北)으로 흐르면 귀(貴)가 소멸된다.

丙火는 壬水에게 극(剋)을 당하지 않는다【강휘상영】. 丙火는 강하니 壬水와 수화기제(水火既濟) 되어 좋은 관계가 된다. 실제로 상생상극(相生相剋)은 십신(十神)을 정할 때 외에는 적용하지 않는다. 강한 세력이 약한 세력을 극하는 것이 자연의 이치이다. 火가 水보다 강할 때는 수극화(水剋火)가 아니고 화극수(火剋水)가 된다.

봄에는 木의 기운이 강하여 火는 스스로 불살라지니 지나친 木을 꺼린다. 火는 여름에는 土를 만나면 어두워지니 꺼린다. 가을에는 火가 약해지니 약한 火로는 金을 제련할 수 없다. 겨울의 火가 또 水를 만나면 꺼진다. 팔자를 볼 때는 항상 전체의 상황을 보고 판단을 내려야 한다.

봄, 여름의 火에 지나친 木은 불사를 우려가 있어 좋지 않지만, 그러나 木이 없다면 버티기도 힘들다. 火는 土를 보면 약해지니 土가 많을 경우에는 木은 土를 극하는 재료로 사용할 수 있다. 土가 강할 때는 대개 甲木으로 억제한다. 여름철의 火는 土를 기피한다. 그러나 土가 있으면 火의 본색은 잃어가지만 오래 간다. 土에 火의 열이 간직되는 것이다. 겨울에는 水가 강하므로 土로 水를 견제하고 木으로 생하여 火를 구해야 한다.

춘화(春火)

- 춘화(春火)는 목생화(木生火) 현상이 일어나니 봄철이지만 木火의 세력이 비슷하다. 그러나 지나치게 木이 火를 생하면 불타오르니 좋지 않다.
- 춘화(春火)는 水로써 기제(旣濟)되어 수화기제(水火旣濟)되면 좋다.
- 춘화(春火)는 土가 많으면 빛이 묻히니 火土 상관(傷官)은 상관(傷官)의 좋은 성질이 나타나지 않는다.
- 봄철의 火가 또 강한 火를 만나면 극히 조열(燥熱)해지니 좋지 않다.
- 봄철의 火가 金을 보면 공(功)이 있으니 여러 개 있어도 좋다.

하화(夏火)

- 여름철의 火는 제철을 만나 왕(旺)하다.
- 하화(夏火)는 水를 만나 강한 火를 제(制)하면 재앙을 막을 수 있다.
- 하화(夏火)가 木을 보면 스스로 불타올라 요절(夭折)할 수 있다.

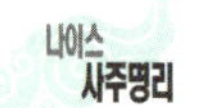

하화(夏火)가 金을 만나면 좋은 기물을 만들고, 하화(夏火)가 土를 얻으면 가색(稼穡)을 이룬다.

여름철 火에게는 식재(食財)에 해당하는 金土가 아름답고 이롭지만, 水가 없으면 金土가 마르고 갈라지니 좋지 않다. 水가 없어서 화염토조(火炎土燥)가 되면 남환여과(男鰥女寡)라 하여 홀아비 또는 과부 팔자가 될 수 있다. 하화(夏火)가 재차 木을 본다면 위태로운 지경에 이른다.

추화(秋火)

가을철 火는 약해진다. 추화(秋火)가 木을 얻으면 다시 밝아지는 경사가 있다.

추화(秋火)가 水의 극(剋)을 받으면 꺼지게 되니 환난(患難)을 면하기 어렵다.

추화(秋火)에 土가 중(重)하다면 그 빛이 가려지니 어둡게 된다.

가을은 金의 계절인데 또 金이 많을 때는 火가 손상을 입게 된다.

추화(秋火)는 火를 보면 동지(同志)를 얻으니 중첩(重疊)되어도 필시 이롭다.

동화(冬火)

동화(冬火)는 겨울철의 火로 그 형체를 상실한다. 시급히 木의 생(生)을 받아 구제되어야 한다.

● 겨울철 火가 또 水의 극(剋)을 당하면 재앙(災殃)이 따른다. 동화(冬火)는 水가 강하니 土로 제(制)하면 영화롭고, 火가 와도 이롭게 작용한다.

● 동화(冬火)가 金을 만나면 金이 水를 생(生)하니 해롭다. 金이 없다면 해를 입지 않으나 겨울철의 火는 약하니 水火로만은 대치 상태가 되어 일을 이루기 어렵다.

論土
논토

천간의 土는 오행에서 木火와 金水의 사이에 있다. 土는 木火라는 양운동(陽運動)을 金水라는 음운동(陰運動)으로 바꾸는 역할을 한다. 지지의 土는 각 계절의 전환점에 있다. 따라서 지지에서 木火金水는 土에 의지하여 계절을 바꾸니, 지지의 土는 계절에 따라 길흉(吉凶)이 다르다. 오행의 土는 천간의 土를 말한다.

대개 土는 火를 보면 힘을 얻고, 火가 약해지면 힘을 잃는다. 土는 만물을 키우기 위하여 존재하니 마르면 안 된다. 그래서 土는 水를 기뻐하지만 그렇다고 水가 많아지면 土는 허(虛)해진다. 土가 지나치면 木으로 극(剋)해야 한다. 특히 강한 土를 제(制)할 때는 甲木이 유용(有用)하다. 土는 모이면 둑처럼 막혀 답답하고, 흩어지면 먼지처럼 가볍다.

지지 辰戌丑未 중 천간의 土와 가장 가까운 것은 未土이다. 辰土는 지장간에 戊癸합이 있어 약하고, 丑土와 戌土는 金이 있어 土의 기운을 설기(洩氣)한다. 戌土는 늦가을 영양가 없는 메마른 땅이다. 丑土는 이제 봄으로 넘어가는 때이니 丑土에 丙火가 있으면 매우 좋다.

土가 많아 두터움이 지나칠 때는 甲木으로 소토(疏土)하면 좋다. 그러나 土가 적은데 木이 극하면 흩어지니 근심이 따르고 화근(禍根)이 된다. 辰未土는 천간의 土와 가깝고, 戌丑土는 천간의 土와 거리가 있다. 그래서 土는 辰未土를 좋아하여 귀(貴)가 있고, 丑戌土에는 귀(貴)가 없다. 지지의 土는 모두 다르다.

辰土는 水木을 모두 함유하여 가장 기세(氣勢)가 강하고 근면의 속성을 함유한다. 辰未土가 있는 사람은 음식을 좋아하고, 丑土가 있으면 소처럼 탐욕이 없고 사리(事理)가 분명하다고 한다. 戌土는 땅의 진기(眞氣)가 빠져버려 가장 약하고 메마르다. 戌土가 많으면 마른 건토(乾土)라 시비와 싸우기를 즐기고 잠이 많다.

土가 많고 木이 없으면 할 일이 없어져서 소통되지 못한다. 土에 水가 없으면 조열해서 조화롭지 못하다. 土가 火를 보면 상(傷)하니 화다토초(火多土焦)가 된다. 특히 여명(女命)에 화다토초(火多土焦)가 되면 발육 부진이나 과부(寡婦) 조짐이 있다고 하고, 남자도 홀아비 신세이거나 관도(官途)에 걸림돌이 생긴다고 한다. 팔자도 자연의 현상을 문자화한 것이므로 물상(物象)이 좋으면 팔자도 좋고, 물상(物象)이 나쁘면 팔자도 나쁘다.

춘토(春土)

- 춘토(春土)는 기세(氣勢)가 약하니 火의 조력이 필요하다. 火가 오면 목생화(木生火), 화생토(火生土)로 기운을 통하게 한다.

- 춘토(春土)에 木이 또 와서 지나치면 당연히 좋지 않고, 水도 적당해야지 범람해서는 안 된다.

- 춘토(春土)는 약하니 土의 비겁(比劫)이 와서 도우면 좋고, 金을 얻어서 강한 木 기운을 제(制)하면 좋다. 그렇다고 金이 지나치게 많으면 土의 기운이 거듭 설기(洩氣) 되어 좋지 않다.

하토(夏土)

- 하토(夏土)는 조열하니 水가 성(盛)하여 자윤(滋潤)하면 좋다.

- 하토(夏土)에 또 火가 왕(旺)하여 하련(煆煉)하면 땅이 메말라 갈라지므로 좋지 않다.

- 하토(夏土)에 木은 火를 타오르게 하니 부정적이지만, 水가 균형을 이루면 거리낌이 없다.

- 여름에는 재성(財星)인 水가 약한 때이므로 金이 水를 도우면 처복(妻福)과 재복(財福)이 좋다.

하토(夏土)에 土가 거듭 있으면 메마르고 막혀 통하지 않는다. 土가 지나칠 때는 甲木으로 극(剋)해야 마땅하다.

추토(秋土)

추토(秋土)는 金의 계절이니 식상(食傷)이 왕(旺)하고 土의 기운은 설기(洩氣)되어 약해진다. 그래서 자왕모쇠(子旺母衰)하다.

추토(秋土)에 또 金이 많으면 土는 기(氣)가 더욱 소모된다.

추토(秋土)에 木이 성(盛)하면 木이 제복되어야 순하고 어질다. 약해지는 土에 木이 극하면 좋을 리가 없기 때문이다.

추토(秋土)에 인성인 火는 많아도 꺼리지 않는다. 그러나 水가 범람하면 상서롭지 못하다.

추토(秋土)는 土가 약하니 비견(比肩)을 얻으면 도움이 되지만 상강(霜降) 이후에는 金水의 기운이 더욱 강해지니 비겁(比劫)도 별 도움이 되지 않는다.

동토(冬土)

동토(冬土)는 외한내온(外寒內溫), 즉 겉은 몹시 차지만 안으로는 따뜻한 기운이 있다. 겨울이라고 火의 기운이 없는 것은 아니다. 여름이라고 水의 기운이 없는 것이 아니다. 약해질 뿐이다. 겨울에는 火土의 기운이 드러나지는 않으나 내부적으로 응집된다. 그래서 동토(冬土)는 水가 왕(旺)하면 재물이 풍족하고, 金이 많으면 자식이 뛰어나다.

동토(冬土)에 火가 성(盛)하면 영화롭고, 木이 많아도 허물이 없다.

동토(冬土)는 강한 水기운을 土가 억제(抑制)하여 중화를 이루고 있다.

동토(冬土)에 비견(比肩)이 추가되면 최고의 명(命)이 되고 수명도
길다.

사계(四季)의 土

辰戌丑未는 계절이 바뀌는 때로 土가 왕(旺)하다. 이 중에서 가장 극왕
(極旺)한 것은 未土이다. 나머지 辰戌丑은 왕성한 것처럼 보이나 사실
은 왕(旺)하지 않다.

未월의 土가 화기(火氣)를 띠면 土는 더욱 강해진다. 土가 왕(旺)한 未
월에 또 土를 만나면 화염토조(火炎土燥)가 되어 가색격(稼穡格)을 이
루지 못한다. 그러나 未월의 土도 금국(金局)을 이루면 식상국(食傷
局)을 만나니 귀(貴)는 아니지만 부(富)는 이룬다.

論金
논금

金은 겉으로는 음(陰)이지만 속에는 아직 양(陽)의 기운이 있다. 그래서 소음(少陰)이다. 金은 丁火의 제련(製鍊)이 없으면 그릇을 이루지 못한다. 金과 火는 음양관계이다. 상극(相剋)의 관계는 음양관계이다. 음양(陰陽)이 조화를 이루면 귀격(貴格)이다.

金이 많고 火가 적으면 일을 도모하기 쉽지 않다. 金이 적고 火가 많으면 녹아 없어진다. 金도 많고 火도 많으면 최고의 격(格)으로 인사권을 가지고 좋은 차를 탄다. 팔자 원국(原局)보다 운(運)의 작용이 더 강하다. 영웅호걸이라도 운(運)을 잘 타고 나야 한다.

土는 金을 생(生)하지만 金이 많으면 土는 가벼워진다. 金은 水가 없으면 건고(乾固)해지고, 水가 많으면 잠기니 쓸모가 없다〔수다금침〕. 金이 성(盛)하면 火가 약해지니 그릇을 이루지 못한다. 오행의 상생상극(相生

相剋)은 이상적인 우주운동이고, 실제 팔자에는 강한 것이 약한 것을 극하는 현상으로 나타난다. 팔자에서는 화극금(火剋金)이 아니고 금극화(金剋火) 현상이 얼마든지 일어날 수 있다.

춘금(春金)

● 춘금(春金)은 火로 귀(貴)를 조율한다. 金은 火로 단련되어야 좋다.

● 춘금(春金)은 성질이 유(柔)하고 체(體)가 약하므로 두터운 土로 보조하면 좋다.

● 춘금(春金)에 水가 성(盛)하면 한기(寒氣)를 더하므로 미덕(美德)이 없다. 봄철에 水가 강하면 木을 도와 木이 왕(旺)해지니 金이 이지러질 염려가 있다. 이때는 金의 비겁(比劫)이 있어 도우면 빼어나다. 金이 강할 때는 火가 없으면 모든 것이 좋지 않게 된다.

● 자연의 현상에서 균형을 이루는 것이 무엇보다 중요하다. 봄과 가을, 그리고 여름과 겨울은 균형을 이루어야 한다. 木金과 水火이다.

하금(夏金)

● 하금(夏金)은 화극금(火剋金)으로 당하니 유약(柔弱)하여 형태조차 완전하지 않다. 金은 원래 火로 단련되는 것을 좋아하지만 서로간에 균형을 이루었을 때이다. 여름에는 火가 강하니 水가 성(盛)하면 자윤(滋潤)하여 오히려 좋아진다.

난강망
고전편

하금(夏金)이 木을 보면 火가 더욱 강해지니 金이 상(傷)한다. 이때 金을 보면 친구를 만나니 뛰어나고 건장해진다.

하금(夏金)에 土가 엷으면 가장 유용(有用)하지만 土가 두터우면 金이 매몰되어 빛을 잃는다. 金이 강한 土를 만나면 토생금(土生金)이 아니라 土에 덮여 쓸모가 없다[토다매금(土多埋金)].

추금(秋金)

추금(秋金)은 金이 제철을 만났으니 힘이 있는 때이다. 金이 강하니 火로 단련하면 큰 재목을 이룬다고 한다.

추금(秋金)에 土가 많으면 오히려 탁한 기운이 생긴다.

추금(秋金)이 水를 보면 정신(精神)이 뛰어나고, 木을 만나면 나무를 깎는 탁삭(琢削)의 위력을 떨친다.

추금(秋金)이 金을 보면 金 기운이 더욱 강해지니 과함이 지나쳐 좋지 않다. 중(重)함이 더욱 극왕(極旺)해져서 오히려 쇠약해지는 것이다. 지나치게 강하거나 지나치게 약한 것은 좋지 않다.

동금(冬金)

동금(冬金)은 한냉(寒冷)하니 힘이 약해진다. 만일 木이 많으면 탁삭(琢削)하기 어려우며, 水가 성(盛)하면 겨울철이라 金은 가라앉아 우환을 면키 어렵다.

水가 강할 때는 土가 있어 水를 제(制)하면 좋고, 火가 와서 도우면 조후(調候)를 맞추니 공(功)을 이룬다. 금수상관(金水傷官)은 화기(火氣)를 보아 최상격으로 친다. 조후(調候)가 치우치면 격(格)이 성격(成格)되어도 좋을 수가 없다.

동금(冬金)은 비견(比肩)이 모여 서로 도우면 좋고, 火土 즉 관인(官印)으로 온양(溫養)하면 이롭다.

論水
논수

水는 金이 있으면 멀리까지 흐른다. 水가 강할 때는 戊土로 억제(抑制)하면 좋다. 水가 범람하면 오히려 土를 극하므로 제방을 높이 쌓아야 한다. 水와 火가 균등하면 수화기제(水火旣濟)의 아름다움을 이룬다. 水와 土가 혼잡(混雜)하면 근원(根源)이 탁하여 흉(凶)하다. 특히 壬水와 己土가 만나면 기토탁임(己土濁壬)이라 하여 좋지 않다.

水는 사계절 모두 火가 많은 것을 꺼리는데 水가 고갈(枯渴)되기 때문이다. 水는 土가 많은 것도 꺼리는데 水가 흐르지 못하기 때문이다. 金이 약하다면 水가 부족해지기 때문에 역시 꺼린다. 木이 왕(旺)함을 꺼리는 이유는 水가 사(死)하기 때문이다. 다른 오행(五行)도 같은 방법으로 생각하면 된다. 水가 추동(秋冬)에 태어나면 범람이 우려되니 일단 戊土로 막아야 한다. 水가 탁(濁)하고 범람하는 것을 여명(女命)은 특히 꺼린다.

춘수(春水)

- 춘수(春水)는 눈과 얼음이 녹는 때이니 차고 어지러운 성질이 있다. 봄철의 水는 세차니 土가 없다면 넘쳐 흐르는 근심이 따른다. 또 水가 더해지면 제방을 무너뜨리는 강한 세력을 지닌다. 이때 土가 성(盛)하면 물이 범람할 근심은 사라진다.
- 춘수(春水)는 金의 생부(生扶)를 기뻐하나 金이 성(盛)함은 좋지 않다.
- 춘수(春水)는 火로서 수화기제(水火旣濟)됨을 바라지만 火가 많을 필요는 없다. 木을 보면 수생목(水生木)으로 공(功)을 베푼다.

하수(夏水)

- 여름철은 水가 마르는 때이니 하수(夏水)는 비겁(比劫)인 水를 얻으면 좋다. 또는 金이 금생수(金生水) 하여도 좋다. 즉, 여름의 약한 水는 비겁(比劫)이나 인수(印綬)의 도움이 있어야 한다.
- 하수(夏水)에 火가 왕(旺)하면 메마르니 火를 기피하고, 木이 성(盛)하다면 기운이 더욱 빠진다.
- 하수(夏水)에 土가 강하면 물이 흐르지 못하게 되니 좋을 리가 없다.

추수(秋水)

- 추수(秋水)는 금생수(金生水)가 되어 모왕자상(母旺子相)하다.
- 추수(秋水)는 투명하지만 金으로 도우면 더욱 맑고 선명해진다.
- 추수(秋水)에 土가 왕(旺)하면 혼탁해진다.

- 추수(秋水)에 火가 많으면 재(財)가 풍부해지고, 木이 중(重)하면 자식에게 영화가 따른다. 水가 중중(重重)하면 범람할 우려가 있다.

- 추수(秋水)에 土가 첩첩(疊疊)이 겹치면 강한 물을 억제(抑制)하니 걱정이나 탈이 없다.

동수(冬水)

- 동수(冬水)는 火를 만나면 따스해져서 한기(寒氣)가 제거된다.

- 동수(冬水)가 土를 만나면 강한 물이 통제되어 자연스러워진다.

- 동수(冬水)에 金이 많으면 강한 水가 더욱 강해지니 의(義)가 없다.

- 동수(冬水)에 木이 성(盛)하면 강한 힘이 설기(洩氣)되어 유정(有情)하다.

- 동수(冬水)라도 土가 태과(太過)하면 흔적이 사라지고, 水를 만나면 범람하지 않도록 土의 제방(堤防)이 필요하다.

甲木
갑목

寅월의 甲木은 어린 새싹과 다름없으니 따뜻한 丙火와 봄비 癸水가 있으면 좋다. 卯월이 되면 甲木이 자라나니 가지치기를 위해 庚金이 필요하다. 이때는 甲木의 성장 속도가 빠르니 뿌리를 잡아줄 土도 강해야 한다. 辰월이 되면 역시 가지치기를 위한 庚金이 필요하고 여름으로 가는 때이니 癸水보다는 모내기를 위한 저수지 물 壬水가 필요하다. 巳午未월 甲木은 무더우니 일단 癸水로 조후(調候)를 맞춘다. 여름철 약해진 甲木에게 金은 무리이니 방어를 위해 丁火를 쓴다. 未월부터 亥子丑 겨울까지는 甲木은 더 이상 부드럽지 않은 고목(枯木)이니 庚金을 쓴다. 가을 겨울의 甲木은 丁火와 庚金을 사용하여 **벽갑인정**(劈甲引丁)을 만들면 좋다. 특히 亥子丑 겨울에는 추우니 조후(調候)를 위해 丁火는 물론 丙火를 함께 써도 좋다.

봄철의 나무는 꾸준히 성장한다. 초춘(初春)엔 아직 찬 기운이 있으니 火로써 온난하게 하면 좋다. 춘목(春木)에 水가 많으면 극(剋)으로 변하니 정신(精神)을 손상시킨다. 춘목(春木)이 너무 생왕(生旺)하면 庚金으로 지엽(枝葉)을 다듬어 주는 것이 좋다. 그러면 **동량재목**(棟樑材木)이 된다. 辰월에는 양기(陽氣)가 강해지니 水가 마른다. 水로 도우면 꽃이 활짝 핀다. 寅월에 火가 없는데 水가 더하면 음농(陰濃)하여 기(氣)가 약해지니 뿌리는 상(傷)하고 잎은 마르게 된다. 水火의 조화가 이루어지면 좋다. 춘목(春木)이 火를 보면 **목화통명**(木火通明)으로 좋지만 만일 하목(夏木)이 火를 보면 **목화통명**(木火通明)이 아닌 **목분화열**(木焚火熱)이 된다. 참고로 동금(冬金)이 水를 보면 **금수상함**(金水相涵)이 아닌 **금침수탕**(金沈水蕩)이 되어 해롭다.

寅월 甲木

寅월 甲木은 아직 한기(寒氣)가 남아 있으니 따뜻한 태양 丙火가 필요하다. 丙火가 있으면 **한목향양**(寒木向陽)으로 준수함은 보장한다. 이때 봄비 癸水까지 있으면 대부대귀(大富大貴)하다. 그래서 寅월 甲木에 丙癸가 뿌리를 두고 천간에 투하면 부귀쌍전(富貴雙全)이다. 이른바 **목화통명**(木火通明)이다.

寅월 甲木이 丙癸를 사용할 때 庚辛金의 관살(官殺)은 꺼린다. 초봄의 어린나무 甲木에게 庚辛金 관살(官殺)은 해롭다[춘불용금(春不容金)]. 만일

寅월 甲木에 庚辛金이 있으면 丁火로 제(制)해야 한다. 丁火는 庚金을 제(制)할 수 있지만, 丙火로 庚金을 제(制)하기는 어렵다.

춘목(春木)에 水가 많으면 어린 나무가 물에 뜨게 되어 좋지 않다. 寅월 甲木이 수국(水局)을 만났는데 戊土의 제지(制止)가 없으면 죽어서도 들어갈 관(棺)이 없을 정도로 빈천하다.

時　日　月　年

辛　甲　丙　己

未　辰　寅　未

❶ 寅월에 丙火 식신(食神)이 투(透)하였다.

❷ 辛金 정관(正官)이 있어 파격(破格)이다.

❸ 식신(食神)이 정관(正官)을 극(剋)한다.

❹ 여명(女命)으로 결혼이 늦어지고 있다.

卯월 甲木

卯월 甲木은 양인격(陽刃格)으로 甲木의 힘이 무척 강하다. 양인격(陽刃格)은 흉폭하여 칠살(七殺)로 대적해야 한다. 양인격(陽刃格)에 살(殺)을 쓰는 **양인로살**(陽刃露殺)은 보통 이도(異途)로 부귀(富貴)를 누린다. 이도(異途)란 추구하는 것과는 다른 길이다. 예를 들면 고시공부를 하다가 결국 합격하지 못하고 다른 분야에서 성공하는 경우이다.

양인이 왕(旺)하고 살(殺)이 약할 때 재(財)가 가세해서 살(殺)을 도우

265

면 **살인양정**(殺刃兩停)이 되어 격국(格局)이 크게 되니 만인(萬人)을 누르는 영웅의 상(象)이 된다.

　卯월 甲木의 강한 木이 火를 써서 **목화통명**(木火通明)이 되면 시험에 강한 명(命)이다. 춘목(春木)은 대개 어질고 수명이 길다. 강한 卯월 甲木이 힘을 빼는 살(殺)이나 상관(傷官) 즉 庚金 또는 丁火가 없을 때는 부득이 재(財)를 쓴다. 그러나 양인격(陽刃格)에 재(財)는 제한적으로 쓰고 귀격(貴格)은 아니다.

時	日	月	年
己	甲	辛	丙
巳	子	卯	辰

❶ 卯월 甲木은 庚金과 火와 土가 필요하다.

❷ 丙火 식신(食神)과 정관(正官) 辛金이 동시 투하여 파격이다.

❸ 자녀가 없는 여명(女命)이다.

時	日	月	年
甲	甲	丁	甲
子	子	卯	寅

❶ 卯월 甲木이 필요한 庚金이 없다.

❷ 木이 왕(旺)하고 丁火를 쓰니 좋으나 귀격은 아니다.

❸ 시간강사를 하고 있는 독신 여명(女命)이다.

辰월 甲木

辰월 甲木은 재격(財格)이다. 辰월 甲木은 가지치기를 위해 庚金을 취하고 壬水를 쓴다. 辰월에는 土가 강하니 癸水로는 약하고 壬水를 쓴다. 봄철의 甲木은 성장하기 위해 水가 필요하다. 甲木이 성장하여 단단해지면 庚金과 잘 어울린다. 그래서 辰월 甲木에 庚壬이 천간에 투하면 과거에 합격한다. 辰월 甲木은 오직 庚金을 쓰고 다음에 壬水를 쓴다.

辰월 甲木에 壬水가 투(透)하면 재격(財格)에 인수(印綬)가 투(透)하니 재주와 학식으로 부명(富命)이다. 辰월 甲木은 庚金이 필요한데 辰월에는 金도 기운이 없는 때이니 암장(暗藏)된 庚金은 무용지물(無用之物)이다. 庚金이 힘있게 우뚝 솟으면 좋다.

辰월 甲木에 水 인수(印綬)가 하나도 없고 戊己土가 투간(透干)하고 지지 토국(土局)이면 **기명종재**(棄命從財)로 부귀(富貴)하고 처자(妻子)가 유능하다. 辰월 甲木에 재(財)가 약하고 비겁(比劫)이 강한 **재경비중**(財輕比重)은 파격(破格)이다. 비겁(比劫)이 섞여 있고 비겁(比劫)이 재(財)를 극하면 대개 늙도록 고생하고 가정의 권리를 쥐지 못한다.

時	日	月	年
庚	甲	丙	戊
午	寅	辰	戌

❶ 식상(食傷)의 기운이 강한 사주이다.

❷ 辰에 뿌리를 두었지만 甲木은 설기(洩氣)가 심하다.

❸ 신강(身强)해야 식재관(食財官)을 쓸 수 있다.

❹ 대기업 근무하다가 중소기업에 근무 중이다.

삼하(三夏) 甲木

삼하(三夏) 甲木은 허(虛)하고 마르므로 癸水가 시급하다. 여름철 甲木은 **목화상관**(木火傷官)이 된다. **목화상관**은 총명하고, 지혜 있고, 남을 해치지는 않지만 남녀 공히 생각과 의심이 많다. 목화상관은 인수(印綬) 癸水를 보는 것이 최상격(最上格)이다. 癸水가 없으면 하격(下格)이다. 癸水 대신 壬水만 투(透)해도 부(富)는 있다. 여름 木에 土를 쓰면 조후(調候)가 어긋나 귀(貴)는 아니지만 부(富)는 있다. 하목(夏木)에 金운이 오면 **상관견관**(傷官見官)으로 재앙(災殃)이지만 명(命) 중에 壬癸水가 투(透)하면 金을 설(洩)하면서 木을 도우니까 金운에 무사하다.

巳월 甲木

巳월 甲木은 퇴기(退氣)하고 丙火가 권세를 잡는다. 그래서 조후(調候)로 癸水를 쓰고 다음으로 丁火를 쓴다. 庚金은 癸水를 보조하니 좋지만, 庚金이 지나치게 많으면 오히려 병(病)이니 金이 많을 경우는 丁火를 써서 金을 방어한다. 이때 壬水가 있으면 庚金 칠살(七殺)의 힘을 빼며 甲木에게 힘을 주니 청고(淸高)하고 부귀(富貴)하다.

巳월 甲木은 약해지고 庚金은 장생(長生)으로 강하니 金이 많으면 병(病)을 얻는 것이다. 水 인수(印綬)의 도움 없이 庚金 칠살(七殺)의 공격이 지나치면 여름 木은 **극설교가**(剋洩交加)로 격(格)이 낮아진다.

또 丙火가 힘을 얻으면 목기(木氣)가 설기되어 뿌리나 잎이 마른다. 그러므로 壬水를 써서 중화(中和)를 얻는다.

時	日	月	年
癸	甲	丁	戊
酉	辰	巳	戌

❶ 巳월 甲木은 癸水와 丁火를 쓴다.

❷ 癸丁이 투(透)하였다.

❸ 사회적 지위와 부(富)를 이룬 명(命)이다.

午월 甲木

午월 甲木은 癸水를 먼저 쓰고 그다음 丁庚을 쓴다. 午월 甲木에 癸水가 없으면 丁火도 쓸 수 있으나 운(運)이라도 북방(北方)이어야 한다. 午월은 더우니 癸庚이 양투(兩透)하면 최상격(最上格)이다. 이때 金은 癸水를 보조한다.

午월 甲木 사주에 土 재성(財星)이 많아도 천간에 乙木이 있으면 **기명종재**(棄命從財)하지 않는다. 乙木 겁재(劫財)가 土를 극(剋)하며 일간 甲木의 동지(同志)가 되기 때문이다.

午未월의 甲木은 12운성(運星) 사묘(死墓)로 허(虛)하고 마르므로 癸水의 자윤(滋潤)이 시급하다. 여기에 庚金으로 水를 생하면 더 좋다. 여름

木의 핵심은 水, 즉 조후(調候)이다. 水가 투(透)하지 않을 때는 지지에 라도 있어야 **목분화열**(木焚火熱)을 피할 수 있다. 지지 辰土 속의 水는 辰土가 水의 창고라 미약하여 안 된다.

	時	日	月	年
	丙	甲	甲	辛
	寅	戌	午	亥

❶ 지지 寅午戌 삼합이 있다.

❷ 상관(傷官)의 기운이 강하다.

❸ 甲甲의 우두머리 기질에 머리 회전력 좋다.

❹ 『우주변화의 원리』 저자 한동석님의 사주로 알려져 있다.

	時	日	月	年
	癸	甲	庚	己
	酉	辰	午	未

❶ 午未합 辰酉합이다.

❷ 상관격(傷官格)의 여명(女命)으로 결혼이 늦어지고 있다.

未월 甲木

未월에는 丁火를 쓰고 庚金을 차용(次用)하여 庚丁이 양투(兩透)하면 **벽갑인정**(劈甲引丁)으로 최상격(最上格)이다. 未월은 한기(寒氣)가 드는 시절이니 대서(大暑) 후에는 癸水 없어도 무방하다.

未월 甲木은 월지가 土이므로 甲己합土로 화격(化格)이 될 수 있는데, 화격(化格)은 화(化)하는 오행을 생(生)하는 것을 용신으로 삼으므로 丁火를 취한다. 화격(化格)이라도 **화염토조**(火炎土燥)를 면하려면 癸水가 있어야 한다.

午未월 甲木이 丁火를 용(用)하면 운(運)이 북방(北方)으로 흘러야 한다. 운(運)이 남방(南方)으로 가면 木이 타서 재로 변해 **목화성회**(木火成灰)가 되어 흉(凶)하다.

午未월 甲木이 무성하면 庚金을 쓰고, 庚金이 지나치면 丁火를 쓴다.

午未월 甲木에 미약하나마 관살(官殺) 金이 있으면 하격(下格)이다. 재(財)와 살(殺)이 함께 있는 것은 대부분 파격(破格)이 되어 좋지 않다.

時	日	月	年
戊	甲	己	戊
辰	寅	未	戌

❶ 신왕재왕(身旺財旺)하다.

❷ 상당한 부(富)와 명성을 이루었다

❸ 군장성으로 예편한 후 사업으로 성공하였다.

삼추(三秋) 甲木은 늙어 시들어 장작이 된다. 고목(枯木)으로 장작을 만들려면 도끼 庚金이 필요하다. 즉, 추목(秋木)은 庚金을 만나면 귀격(貴格)이다. 춘목(春木)이 木, 하목(夏木)이 火, 동목(冬木)이 水를 꺼리는데, 추목(秋木)은 金을 기뻐한다. 이때 庚金은 丁火로 단련해야 날이 선 도끼가 된다. 그래서 삼추(三秋) 甲木은 丁庚을 사용한다. 丁庚이 모두 천간에 투하면 **벽갑인정**(劈甲引丁)으로 과갑(科甲)이다.

庚金은 투(透)해 있고 丁火가 없으면 장작을 태울 불이 없어 부자(富者)이지만 조심성이 없고 편안하지 못하다. 삼추(三秋) 甲木에 庚金이 많으면 丁火로 金을 제거하고, 丁火로 戊土를 배양하면 크게 부자(富者)이다. 만일 丁火가 암장(暗藏)되면 작은 부자(富者)이다.

삼추(三秋) 甲木에 丁火는 두 가지 역할을 한다. 庚金을 단련하여 귀(貴)를 이루고, 戊土를 생재(生財)하여 부(富)를 이룬다. 따라서 丁火가 투출하면 부명(富命)이고, 두 개의 丁火가 있으면 부귀(富貴)를 동시에 취한다.

삼추(三秋) 甲木의 귀(貴)는 丁庚이 조율한다. 가을 겨울에는 甲庚丁이 모두 적당한 힘을 가지고 있다면 격(格)을 이룰 수 있다. 삼추(三秋) 甲木은 癸水가 丁火를 상(傷)하게 하면 안 된다. 丁火가 훼손되지 않으려면 암장(暗藏)이라도 되어야 한다. 甲木이 庚金을 사용할 때 귀(貴)하려면 丁火를 써야 상격(上格)이다. 丁火 대신 丙火가 투하여 丙庚이 동시 투하면 부(富)는 크나 귀(貴)는 적다.

申월 甲木은 丁火가 으뜸이다. 庚金이 차선이고 庚金이 적으면 안 된다. 申酉월 甲木은 먼저 丁火를 취하고 다음으로 庚金을 쓴다. 丁火가 金을 녹이려면 甲木이 조력(助力)해야 용광로가 커진다.

申월 甲木은 丁火가 중요하니 水가 火를 극하면 좋지 않다. 丁火가 水로 격리되면 丁火가 金을 녹일 수 없으니 癸水가 丁火를 극할 때는 戊土로 癸水를 제(制)하고 火를 살려야 한다. 壬水는 꺼리지 않으나 丁火와 합(合)이 되니 이때는 戊土로 水를 제(制)하고 火를 보전해야 한다.

<table>
<tr><td>時</td><td>日</td><td>月</td><td>年</td></tr>
<tr><td>乙</td><td>甲</td><td>甲</td><td>乙</td></tr>
<tr><td>亥</td><td>子</td><td>申</td><td>未</td></tr>
</table>

❶ 申월의 甲木은 편관격(偏官格)이다.

❷ 지지 수국(水局)을 이루어 인수(印綬)도 강하다.

❸ 관인(官印)을 써서 벼슬을 하였다.

❹ 辰운에 申子辰 삼합으로 모든 글자가 물에 떠 재앙이 있었다고 한다.

酉월 甲木은 金이 왕(旺)하여 丁火를 선용(先用)하고 丙火를 차용(次用)한다. 庚金은 장작을 만들기 위해 필요하다. 酉월 甲木에 丁丙庚 모두 투(透)하면 최상격(最上格)이다. 추목(秋木)이 丁火를 보면 나쁘지 않고 귀(貴)하다. 酉월 甲木은 丁火를 보아도 **상관견관**의 파격(破格)이 아니고 귀격(貴格)이다. 추목(秋木)과 동목(冬木)이 丙丁火를 같이 쓰는 것도 마찬가지이다.

酉월 甲木에 지지 금국(金局)이고 庚金이 투(透)하면 木이 상(傷)하므로 요절 또는 잔병이 있을 수 있다. 이때 丙丁으로 파(破)해도 노년에는 질병이 있다. 丙丁이 투(透)해도 늦가을이니 강한 金을 극(剋)하기는 불가(不可)하다.

時	日	月	年
丁	甲	乙	庚
卯	子	酉	寅

❶ 酉월 甲木이 丁庚을 갖추었다.

❷ 장관급인 참정(參政) 벼슬을 했다는 사주이다.

戌월 甲木

戌월 甲木에 지지가 寅午戌 화국(火局)이 되면 金이 소멸되니 귀(貴)는 없다. 이때도 壬癸水를 용(用)하여 격국(格局)이 성격(成格)되면 능히 귀격(貴格)이 된다. 戌월 甲木에 한 무리 丙丁火를 보아 金이 상(傷)하면 거짓 학문이고, 이때 壬癸水가 丙丁火를 파(破)하면 학문이 참되다.

戌월 甲木에 丁戊가 양투(兩透)하고 水가 없으면 **상관생재**(傷官生財)로 부귀격(富貴格)이다. 戌 속에 丁戊가 모두 있어 **유정유력**(有情有力)

을 겸해 상격(上格)이 된다. 戌월 甲木에 甲木이 많으면 庚金을 용(用)하여 귀격(貴格)이다. 물론 庚金이 많으면 丙丁火로 제복해야 한다.

<table>
<tr><td>時</td><td>日</td><td>月</td><td>年</td></tr>
<tr><td>丁</td><td>甲</td><td>庚</td><td>丁</td></tr>
<tr><td>卯</td><td>子</td><td>戌</td><td>酉</td></tr>
</table>

❶ 戌월 甲木은 火와 庚金을 쓴다.

❷ 丁庚이 투(透)하였다.

❸ 壬癸水가 암장되어 습토(濕土)가 되어 부(富)와 명성을 이루었다.

삼동(三冬) 甲木

추동(秋冬)의 甲木에게 庚金은 나무를 다듬기 위한 좋은 관계가 되지만, 겨울의 甲木에게 우선 필요한 것은 火이다. 조후 때문이다. 아직 추위가 본격적으로 찾아오지 않은 亥월에는 庚金을 먼저 쓰고 다음으로 火를 쓴다. 본격적인 겨울이 된 子丑월에는 火를 먼저 쓰고 다음으로 庚金을 쓰면 좋다.

亥월 甲木

亥월 甲木은 고목(枯木)이니 庚丁을 쓰고, 추우니 조후(調候)를 위해 丙火를 쓴다. 亥월은 壬水가 강하니 戊土로 제(制)한다. 戊土가 투하여 壬水를 제(制)하면 甲木의 뿌리가 된다. 그렇게 되면 대부대귀(大富大

貴)하다. 亥월 甲木이 戊土를 용(用)하면 **한목향양**(寒木向陽)으로 조후가 맞아 귀격(貴格)이다.

그래서 亥월 甲木에 庚丁이 양투(兩透)하고 다시 戊土가 출(出)하면 부귀(富貴)가 극품(極品)이다. 만일 戊庚이 투(透)하면 비겁(比劫)이 투출해도 부자로 장수(長壽)한다. 이때 丁火가 없어도 부귀(富貴)하지만 약간 훼손된다. 甲木이 많아 戊土를 제(制)하고 庚金이 뿌리가 없으면 평상인이다.

亥월 甲木에 壬水가 출간(出干)하고 申亥를 보면 水가 강해 甲木이 물에 떠내려 가니 항시 위태롭다. 이때 운(運)이 또 壬水로 가면 사망하기도 한다. 水가 많을 때는 범람 우려가 있으니 반드시 戊土로 구제(救濟)해야 한다. 壬水가 범람할 때는 戊土로 구제해야지 己土로는 힘이 약하다.

<table>
<tr><td>時</td><td>日</td><td>月</td><td>年</td></tr>
<tr><td>戊</td><td>甲</td><td>丁</td><td>乙</td></tr>
<tr><td>辰</td><td>戌</td><td>亥</td><td>未</td></tr>
</table>

❶ 亥월 甲木은 庚丁을 쓰면 귀격(貴格)이다.

❷ 庚金이 지지에 오는 20대에 교사가 되었다.

❸ 辛巳 대운 명예 퇴직했다.

子월 **甲木**

子월은 한기(寒氣)가 있으므로 丙丁火를 용(用)하면 귀격(貴格)이다.

추동(秋冬)의 甲木은 힘이 뿌리로 가는 때로 고목(枯木)이 되니 모두 庚丁이 있어야 한다. 동목(冬木)에 癸水가 투(透)하면 丁火를 상(傷)하여 파격(破格)이 되기 쉽다. 이때 戊己土로 癸水를 제(制)하지 못하면 질병(疾病)에 시달린다.

子월 甲木에 차디찬 壬水가 중복되어 투출(透出)하고 庚金을 보면 위태롭다. 동목(冬木)이 金 관살(官殺)을 보면 얼어버리고, 동수(冬水)로는 木을 생(生)하기가 힘들다. 이때는 식신(食神) 丙火를 보아 찬 기운을 없에야 귀(貴)하다. **한목향양**(寒木向陽)이니 동목(冬木)은 火 식상(食傷)을 보아도 파격(破格)이 아니고 기후가 적합하여 좋아진다.

子월 甲木은 추우니 丁火를 먼저 쓰고 庚金은 나중에 쓰며 丙火로 보좌하면 좋다. 동목(冬木)은 丙火로 격(格)을 이루고 조후(調候)를 완성시켜 부귀격(富貴格)이 된다. 子월 甲木이 지지에 수국(水局)을 보고 壬水가 투출(透出)하면 水가 범람하여 木이 뜬다. **수범목부**(水泛木浮)이다.

時	日	月	年
癸	甲	戊	乙
酉	子	子	未

❶ 子월 甲木은 火와 庚金을 쓴다.

❷ 癸水가 투하여 丁火를 상(傷)한다.

❸ 戊土로 癸水를 제어해야 하나 乙木이 방해한다.

❹ 바둑을 가르친다.

丑월 甲木은 천지가 춥고 얼어붙으니 甲木을 먼저 庚金으로 **벽갑**(劈甲)하고 丁火로 **인정**(引丁)하면 **목화통명**(木火通明)의 부귀격(富貴格)이다. 이때 庚金은 귀(貴)를, 丁火는 부(富)를 조율(調律)한다. 丁火가 투하여 중중(重重)하면 역시 부귀(富貴)하다. 단 비견(比肩)이 있어야 丁火를 불타게 하니 재능과 덕(德)이 있다.

丑월 甲木은 지지에 水가 많으면 丁火를 상(傷)하게 하므로 비견(比肩)이 있더라도 평상인이다.

丑월 甲木은 庚金이 있어도 丁火가 없으면 불가하다. 庚金이 결핍되면 대략은 쓸 수 있으나 丁火가 없으면 쓸모가 없다. 겨울에는 조후(調候)가 우선이다. 丁火가 없으면 丙火로 대신할 수 있으나 庚金을 辛金으로 대신할 수는 없다.

時	日	月	年
辛	甲	丁	己
未	辰	丑	酉

❶ 丑월의 甲木은 火와 庚金을 쓴다.

❷ 상관(傷官) 丁火가 투하여 상관생재(傷官生財)를 이루었다.

❸ 庚金 대신 辛金이 투하여 소귀(小貴)하다.

乙木
을목

乙木은 연약하니 사철 癸水의 도움을 받고 丙火를 보면 좋다. 봄철 乙木은 甲木처럼 태양 丙火와 봄비 癸水를 반긴다. 巳월에는 지지에 丙火가 있으니 癸水만 있어도 좋다. 巳午未월은 무더우니 癸水를 우선 사용한다. 午未월에도 癸水를 먼저 쓰고 丙火를 쓴다. 가을 申酉월에는 丙火를 먼저 쓰고 癸水를 쓴다. 戌월은 땅이 메마르니 癸水를 쓰는데 癸水도 증발하기 쉬우므로 辛金으로 보좌한다. 亥子丑월 겨울에는 당연히 丙火가 필요하다. 亥월에는 水가 너무 강하니 戊土로 억제(抑制)하면 좋다.

삼춘(三春) 乙木

봄철 乙木은 따뜻한 햇볕이 필요하다. 그리고 다음으로 봄비 癸水가 와 주면 좋다. 봄철 乙木은 丙火와 癸水만 있으면 잘 성장한다. 특히 한기(寒氣)가 남아 있는 寅卯월에는 丙火를 먼저 쓰고 다음으로 癸水를 쓴다. 辰

월이 되면 사방이 따뜻하니 癸水를 먼저 쓰고 丙火를 쓰면 좋다.

寅월 乙木

寅월 乙木은 甲木처럼 丙火가 필수적이다. 丙火를 쓰고 癸水를 쓴다. 봄철 甲乙木에게는 丙火는 봄볕이고 癸水는 봄비이니 甲乙木은 丙癸만 있으면 저절로 자라게 된다. 삼춘(三春) 乙木이 丙火를 보면 **초목향양**(草木向陽)이고, 癸水로 자양(滋養)하여 근기(根基)를 이룬다. 乙木은 거의 대부분 水로 뿌리를 자윤(滋潤)하고, 丙火로 봄철 乙木을 따뜻하게 하면 영화롭다. 乙木은 丙癸 하나라도 부족하면 흉(凶)이다.

火를 보지 못한 습토(濕土)의 木은 하격(下格)이다. 木이 습기(濕氣)가 많아 번성을 못하는 것이다. 癸水는 출간(出干)하고 丙火가 장간(藏干)에 있으면 귀명(貴命)이다.

寅월 乙木이 水를 많이 만나면 물에 뜨니 흉(凶)하게 된다. 이때는 水를 극제(剋制)해야 한다. 乙木은 대개 水를 기뻐하지만 水가 태다(太多)하면 음습(陰濕)해지니 丙火가 필요하다.

봄의 乙木은 연약하니 金을 쓰면 괴롭다. 甲木은 木이 성(盛)하면 庚金으로 가지치기를 하지만, 乙木은 庚金이 있으면 흉(凶)하다. 乙庚 합(合)이 되면 뜻을 펴지 못한다.

時	日	月	年
辛	乙	壬	壬
巳	未	寅	寅

❶ 초반 壬水를 써서 공부에 열중하였다.

❷ 식상(食傷) 대운 활발한 활동으로 사업을 하였다.

❸ 후반 辛金 편관(偏官)을 써서 정계에 진출했다.

❹ 사주는 태어날 때 정해짐으로 운의 흐름이 중요하다.

卯월 乙木

卯월 乙木은 봄철이 무르익어 양기(陽氣)가 오르는 때이니 木이 차갑지 않다. 역시 丙癸가 양투(兩透)하고 庚金이 투(透)하지 않으면 대부대귀(大富大貴)하다. 卯월 乙木은 丙癸를 갖추면 최상격(最上格)이다.

卯월 乙木이 지지 목국(木局)을 보면 **곡직격**(曲直格)이다. 곡직격은 반드시 인수(印綬)가 있어야 명리(名利)를 떨친다. 인수(印綬) 수기(水氣)가 지지에만 있으면 아주 높은 지위는 못 간다. 그렇다고 인수(印綬) 水가 많아 丙火를 파괴하면 파격(破格)이다. 곡직격은 지지 장간(藏干)에라도 금기(金氣)를 보는 것을 꺼린다.

卯월 乙木은 寅월에 비해 나무가 더 성장하니 癸水를 더 필요로 하지만 丙火도 더욱 중요하다. 丙癸를 갖추면 영화가 있고, 癸水가 없으면 평범하다. 그러나 水가 많아 丙火가 곤(困)하거나 戊土가 많아 癸水를 합(合)하면 하격(下格)이다.

<table>
<tr><td>時</td><td>日</td><td>月</td><td>年</td></tr>
<tr><td>庚</td><td>乙</td><td>乙</td><td>癸</td></tr>
<tr><td>辰</td><td>未</td><td>卯</td><td>亥</td></tr>
</table>

❶ 卯월 乙木은 丙火와 癸水를 쓴다.

❷ 庚金이 투하여 곡직격(曲直格)을 이루지 못했다.

❸ 乙木이 강하면 설기(洩氣)하는 丙火가 있어야 한다.

❹ 일반인 사주이다.

辰월 乙木

辰월은 양기(陽氣)가 점점 성(盛)하므로 먼저 癸水를 쓰고 丙火를 쓴다. 대기가 차면 丙火를 먼저 쓰고, 더우면 癸水를 먼저 쓰는 것이다.

辰월 乙木은 丙火나 癸水 하나라도 투(透)하지 않으면 발전 못한다. 金을 보지 않고 丙火만 투(透)해도 辰 중 癸水 암장(暗藏)으로 귀명(貴命)이 된다.

지지 수국(水局)으로 水가 많을 때 己土를 보면 재주가 뛰어날 뿐 급제는 어렵다. 水가 많을 때는 己土보다 戊土로 제한다. 水가 많을 때 戊土를 쓰면 이도(異途)로 발전한다.

辰월 乙木이 辛金을 보면 파격(破格)이다. 이때는 丁火로 辛金을 제살(制殺) 또는 丙火로 합살(合殺)하면 좋다. 일반적으로 재(財)와 살(殺)이 만나면 파격(破格)이다.

時　日　月　年

丁　乙　戊　甲
亥　酉　辰　子

❶ 辰월 乙木은 癸水와 丙火를 쓴다.

❷ 지지 수국(水局)에 戊土가 있어 좋으나 甲木이 파괴한다.

❸ 암장된 丙火도 없으니 고단한 명(命)이다

삼하(三夏) 乙木

삼하(三夏) 乙木은 마른 풀이다. 巳월에는 丙火의 계절이므로 癸水를 전용하고, 午월에는 丙癸를 쓰는데 하지(夏至) 전(前)에는 癸水를 용(用)한다. 하목(夏木)이 丙癸를 보면 귀격(貴格)이다.

삼하(三夏)는 火가 왕(旺)한 때이니 음양(陰陽)의 균형을 위해 癸水가 필요하다. 하목(夏木)은 **목화상관희견수**(木火傷官喜見水)이니 목화상관(木火傷官)은 水가 있어야지 없으면 요절(夭折)한다. 癸水가 투(透)하면 귀격(貴格)이고 지지에 암장(暗藏)되어도 귀하게 쓴다.

삼하(三夏) 乙木이 丙癸를 쓰지 못하고 丁癸를 보면 파격(破格)되어 평범하다. 丙癸를 쓰면 상관격(傷官格)에 인수(印綬)를 쓰는 **상관패인**(傷官佩印)으로 성격(成格)되지만, 丁癸를 쓰면 효신이 식신격(食神格)을 파괴하는 **식신봉효**(食神奉梟)가 되어 파격(破格)이 된다.

하월(夏月) 巳午未 장간에는 모두 土가 있어 **화염토조**(火炎土燥)하여 木이 탈 지경이니 癸水가 많아도 좋다. 癸水가 많아도 木을 윤택하게 하

283

여 좋다. 하월(夏月) 乙木은 癸水의 유무(有無)로 귀(貴)를 조율한다.

巳월 乙木

巳월 乙木은 장간(藏干)에 丙火가 있으니 오로지 癸水가 최고이다. 巳월 乙木은 癸水를 전용하고 丙火는 참고한다. 巳월에는 癸水도 약하니 癸水를 보좌하기 위해 庚金보다 辛金을 쓰면 더 청(淸)하다. 그래서 巳월 乙木은 癸水가 투(透)하고 庚辛金이 투(透)하면 과갑(科甲)이다.

癸水만 있고 癸水를 보좌할 金이 없으면 水의 근원이 없으니 癸水가 천간에 투(透)해도 부(富)가 작아지기 때문에 대운(大運)이 도와야 한다. 癸水가 필요할 때 土가 많아 癸水를 파극(破剋)하면 **탐재괴인**(貪財壞印)이 되어 재앙(災殃)이 따르기 쉽다.

巳월 乙木에 丙戌가 태다(太多)하고 지지가 화국(火局)이면 水가 말라 맹인(盲人)이다. 乙木이 巳午를 보고 水를 만나지 못하면 잔병이 많거나 빈천 요절한다. 격국(格局)이 성격(成格)된다고 해도 음양(陰陽)의 조후(調候)가 기울어지면 귀격(貴格)으로 단정할 수 없다. 여름에는 水가 겨울에는 火가 우선이다.

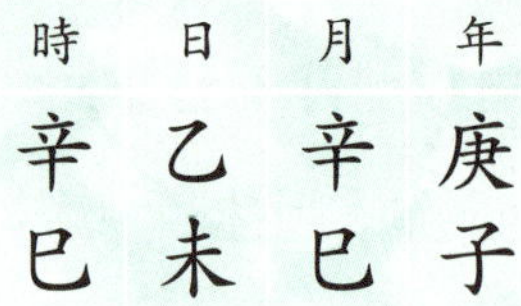

❶ 관살혼잡(官殺混雜)이다.

❷ 巳월 乙木에 필요한 癸水가 미약하다.

❸ 일간 乙木이 너무 신약(身弱)하여 식재관(食財官)을 쓰기 힘들다.

午월 乙木

午월 乙木은 丁火가 권리를 잡았으니 곡식이 가뭄을 만난 격이다. 팔자에 金水가 많은 것 빼고는 모두 癸水가 용신으로, 癸水가 출(出)하고 뿌리가 건전하면 자연히 부귀격(富貴格)이 된다. 乙木은 본성이 쇠갈(衰竭)하니 午월 乙木이 癸水를 보지 못하면 잔병이 많거나 요절(夭折)한다.

丙火가 투(透)하고 지지가 화국(火局)이 되면 木이 메마르니 잔질(殘疾)이 있고, 지지가 화국(火局)일 때 癸水 단비가 없으면 요절(夭折)한다. 壬水 저수지라도 있으면 죽음은 면한다.

	時	日	月	年
	癸	乙	丙	丁
	未	卯	午	巳

❶ 午월 乙木은 癸水와 丙火를 쓴다.

❷ 화기(火氣)가 강하여 丁火가 병(病)이다.

❸ 미약한 癸水라도 없다면 단명(短命)할 수 있다.

未월 乙木

계절이 대서(大暑) 후에는 찬기운이 있으니 **삼복생한(三伏生寒)**이다.

하목(夏木)은 삼복생한(三伏生寒)이라도 癸水가 없으면 흉(凶)하다. 癸水가 없으면 평상인이고, 운(運)이 북방(北方)으로 가지 않으면 일생이 곤고(困苦)하다.

午未월 乙木은 기(氣)가 쇠퇴하니 메말라 그을리므로 癸水를 용(用)하는데, 戊己土가 癸水를 극하면 하격(下格)이다. 이때 甲木이 투하여 土를 제복(制伏)하면 **거탁유청**(去濁有淸)이 되어 좋다. 土가 많은데 木이 없으면 평범하다.

未월 乙木에 한 무리의 戊土 출간했는데 비견(比肩)을 보지 않으면 **재다신약**(財多身弱)으로 부옥빈인(富屋貧人)이다. 원래 재격(財格)에 겁재(劫財)를 보면 파격(破格)이지만 재(財)가 지나치면 겁재(劫財)로 구한다. 未월 乙木은 재격(財格)인데 겁재(劫財) 甲木이 투(透)하면 파격(破格)되기 쉽다.

<table>
<tr><td>時</td><td>日</td><td>月</td><td>年</td></tr>
<tr><td>庚</td><td>乙</td><td>癸</td><td>乙</td></tr>
<tr><td>辰</td><td>酉</td><td>未</td><td>酉</td></tr>
</table>

❶ 未월 乙木은 癸水가 필요하다.

❷ 癸水를 극하는 戊己土는 없고, 金이 癸水를 생(生)한다.

❸ 재벌 회장 처(妻)의 사주로 알려져 있다.

삼추(三秋) 乙木

가을의 乙木은 한기(寒氣)가 시작되니 丙火를 우선 써야 한다. 그리고 癸水를 쓰면 된다. 봄, 여름, 가을의 乙木은 癸水가 있어야 성장에 지장이 없는 것이다. 戌월이 되면 乙木은 일단 癸水를 쓰고 다음으로는 辛金을 쓴다. 辛金은 癸水를 생해 주는 역할을 한다.

申월 乙木

申월 乙木은 丙癸로 귀(貴)를 논하니 이 두 글자 없이는 성격(成格) 되어도 벼슬이 높지 않다. 申월 乙木은 庚金이 영(令)을 잡으니 乙庚합이 되지만 천간과 지지가 합(合)하기란 어렵다. 申월 乙木이 화격(化格)이 제대로 되면 대부대귀(大富大貴)하다. 乙庚이 합(合)하여 진화(眞化)가 되면 부부 금슬이 좋다. 이때 丙丁火로 金을 녹이면 파격(破格)이다.

사주에 庚金이 많으면 乙木은 수난에 처한다. 가을의 乙木이 金을 만나면 가난하거나 요절한다. 庚金이 출(出)하면 반드시 乙木이 상(傷)한다. 그래서 丙火가 강한 金을 제(制)하면 귀격(貴格)이다.

申월 乙木은 퇴기하는 木이니 丙己로 乙木을 배식(培植)하면 뛰어난 격국(格局)이다. 이때 장간에 있는 丙火의 유무(有無)로 관직의 높낮이를 살핀다. 乙木이 申에 이르면 절(絕)에 이르니 관(官)을 취하기가 어렵다. 여기에 지지 화국(火局)이면 **극설교가**(剋洩交加)가 되어 빈천하다.

時	日	月	年
丁	乙	丙	辛
亥	亥	申	丑

❶ 丙辛합이 있어 丙火가 제 역할을 못한다.

❷ 천간은 양(陽)의 기운이 강하고, 지지에는 음(陰)의 기운이 가득하다.

❸ 뜻과 현실의 괴리(乖離)이다.

酉월 乙木

酉월은 乙木에게는 칠살(七殺)의 계절이다. 가을 乙木이 金을 만나면 가난하거나 요절(夭折)한다. 酉월 乙木은 칠살(七殺)을 丙火로 제(制)하고 인수(印綬)로 화살(化殺)하면 최상의 격국(格局)이다. 추분(秋分) 이후에는 丙癸가 양투(兩透)하면 최상격(最上格)이다. 癸水가 없으면 부득이 壬水를 쓰는데 壬水도 없으면 반드시 가난하다. 水는 강한 金 기운을 설(洩)하여 약한 乙木을 생(生)하니 水가 필요한 것이다. 추분(秋分) 이후에는 癸水 없고 丙火만 있어도 대략 부귀(富貴)하다. 丙癸 모두 없으면 하격(下格)이다.

酉월 乙木에 지지가 금국(金局)일 때는 반드시 丁火로 제(制)해야 한다. 丁火가 없으면 金에게 당하여 고생이다.

酉월 乙木이 금국(金局)이면 상(傷)히는데 다시 금운(金運)을 만나면 수명 보전이 힘들다. 이때 癸水가 있으면 金生水, 水生木하여 일생이 풍요로워진다. 甲乙木이 강한 金을 만나면 빈천하다. 이때는 火로 金을 제

(制)하거나 水로 화(化)해야 한다.

酉월 乙木은 사주에 戊己土가 많으면 가난하다. 土는 酉월 乙木에 꼭 필요한 水를 제(制)하고 강한 金을 생(生)하기 때문이다. 비록 癸水가 있다 하더라도 戊己土가 많으면 **칠살봉재**(七殺逢財)로 파격(破格)이다.

```
時  日  月  年
戊  乙  癸  甲
寅  亥  酉  辰
```

❶ 酉월의 乙木은 丙火와 癸水를 쓴다.

❷ 戊土가 투하여 癸水를 합하니 파격(破格)이다.

```
時  日  月  年
丁  乙  辛  癸
亥  酉  酉  未
```

❶ 칠살격(七殺格)이다.

❷ 칠살격(七殺格)에 식신(食神)이 투하여 참모총장격인 삼군 도독(都督)이 되었다.

❸ 癸水와 丁火가 멀어 장애가 되지 않는다.

戌월 乙木

戌월 乙木은 낙엽이 지고 뿌리가 마르니 필히 癸水가 필요하다. 그러나 戌월에는 癸水가 잘 마르므로 辛金의 발원(發源)이 필요하다. 辛金이 없으면 戊土가 癸水를 위협한다. 이때 甲木이 있으면 土가 많아도 구제된다.

장간에 戊土가 많고 천간에도 투(透)하면 종재(從財)로 가면 좋으나 비겁(比劫)이 없어야 한다. 이때 하나의 비겁(比劫)이라도 보면 **재다신약**(財多身弱)으로 부옥빈인(富屋貧人)이다. 종재격(從財格)은 부명(富命)이지만 종재(從財)가 되지 못하면 재다신약(財多身弱)으로 빈명(貧命)이다. 만일 비겁(比劫)이 투(透)하면 진종(眞從)이 아니다.

戌월 乙木에 辛金이 투(透)하면 **재투칠살**(財透七殺)의 파격(破格)으로 자식과의 인연이 안 좋다.

<table>
<tr><td>時</td><td>日</td><td>月</td><td>年</td></tr>
<tr><td>癸</td><td>乙</td><td>戊</td><td>辛</td></tr>
<tr><td>未</td><td>卯</td><td>戌</td><td>丑</td></tr>
</table>

❶ 戌월의 乙木은 癸水와 辛金을 쓴다.

❷ 癸水가 투(透)하고 辛金의 발원(發源)이 있다.

❸ 卯未 반합이 戊土를 극하여 벼슬이 상서(尚書)에 올랐다는 사주이다.

삼동(三冬) 乙木

겨울의 乙木에게는 조후 때문에 丙火가 필요하다. 亥월에는 水가 강하므로 戊土로 강한 水를 억제해 주는 것이 좋다. 子월부터는 양(陽)의 기운이 시작되니 水가 그렇게 강하지 않다고 보고 우선 丙火만 있으면 된다.

亥월 乙木

亥월 乙木은 壬水가 사령하므로 추우니 우선 丙火를 취하고 다음으로 戊土로 강한 水를 견제한다. 亥월 乙木은 丙戊 양투(兩透)하면 과갑(科甲)이다. 亥월 乙木이 丙戊 둘 다 없으면 모래성과 같아 뜻을 이루지 못한다.

水가 많고 戊土가 없으면 유랑(流浪)하고 방탕한다. 동목(冬木)은 **한목향양**(寒木向陽)으로 가면 좋다. 亥월 乙木은 丙火나 巳火처럼 火를 보지 못하면 아내, 자식 두기 힘들다. 동목(冬木)은 火를 기뻐하니 金을 보는 **인수봉관**(印綬逢官)이 상관(傷官) 火를 보아 **상관견관**(傷官見官)이 되어도 꺼리지 않는다. 조후(調候)가 우선인 것이다.

지지 목국(木局)이면 춘목(春木)처럼 왕(旺)한데 이때 癸水로 인수격(印綬格)을 이루면 戊土를 보아 **인수용재**(印綬用財)가 되어 상격(上格)이다. 그러나 亥월 乙木이 戊土를 많이 보면 안 좋다. 인수격(印綬格)이 재(財)를 기뻐할 때는 인수(印綬)가 중(重)해야 한다. 그래서 재(財) 戊土가 많으면 귀격(貴格)이 힘들다.

時	日	月	年
己	乙	癸	戊
卯	酉	亥	戌

❶ 亥월의 乙木은 丙火와 戊土를 쓴다.

❷ 丙寅 대운에 각 부(部)의 우두머리인 도사직을 하였다.

❸ 戊癸합으로 水의 기운을 통제하고 있다.

子월 乙木

子월 乙木은 차가우니 丙火를 용(用)하여 해동(解凍)한다. 癸水는 얼게 하니 丙火만 전용한다. 겨울에는 어느 천간이든지 대개 丙火를 용(用)한다. 조후 때문이다. 子월 乙木은 丙火가 있고 훼손되지 않으면 과갑(科甲)이다.

혹 壬癸水가 출간해도 戊土가 이를 제(制)하면 능력이 있고, 丙火가 지지 내에 있으면 역시 준수하다. 그러나 壬水가 투(透)했을 때 戊土가 없으면 빈천하다. 壬癸水가 출(出)하고 戊土가 극하면 구제되고, 이때 丙火가 투(透)하면 귀격(貴格)이다. 겨울철 추울 때 조후(調候)는 丙火가 담당한다. 丙火가 없으면 귀(貴)하지 않다.

子월 乙木이 목국(木局)을 보면 동목(冬木)이 숲에 있는 것과 같으니, 丙火 대신 丁火를 취해도 **한목향양**(寒木向陽)으로 대귀(大貴)하다. 丙火의 역량은 아니어도 丁火로도 의록(衣祿)은 있는데 이때 癸水는 없어야 한다.

時	日	月	年
丙	乙	戊	庚
戌	巳	子	申

❶ 丙火가 투하여 조후를 맞추었다.

❷ 申子의 강한 水가운을 戊土가 통제한다.

❸ 사림(詞林)의 벼슬을 하였다.

丑월 乙木

丑월 乙木은 **한목향양**(寒木向陽)이니 丙火만 보면 귀격(貴格)이다. 이 때 癸水를 보면 丙火가 가리니 파격(破格)이다. 지지에라도 丙火가 있으면 좋지만 운(運)이 동남(東南)으로 가면 좋다. 그러나 운(運)이 서북(西北)으로 가서 지지의 丙火를 극하면 빈한(貧寒)하다. 丑월 乙木은 丙火가 묘(妙)하다. 겨울 乙木은 겉모습이 성격(成格)된다 해도 丙火를 보지 못하면 가난한 유림(儒林)이다.

丑월 乙木에 己土가 많고 비겁(比劫)이 없으면 종재(從財)가 된다. 종재(從財)가 되면 거부(巨富)가 된다. 그러나 재(財)가 많을 때 천간에 비겁(比劫)이 있으면 **재다신약**(財多身弱)이 되어 가난하기 짝이 없다. 종재(從財)는 되지 않을 정도이고 戊己土가 많을 때는 甲木으로 제(制)하면 의록(衣祿)은 있다.

춘목(春木)과 동목(冬木)은 火를 만나면 힘이 빠지지 않고 생의(生意)를 얻는다. 이때 土가 있으면 火가 생재(生財)하여 부격(富格)이다.

時　日　月　年

庚　乙　己　庚
辰　巳　丑　子

❶庚金이 양투(兩透)하여 살(殺)로 변했다.

❷己土가 투출하여 金을 생하니 빈한(貧寒)하고 요절(夭折)했다.

丙火

병화

丙火는 강이나 호수인 壬水가 없으면 귀(貴)를 취할 수 없다. 丙壬은 음양(陰陽)의 결합으로 좋은 관계이다[강휘상영]. 丙火는 壬水의 극(剋)을 두려워하지 않으며 丙火가 미약하지 않으면 차선으로 癸水도 나쁘지는 않다. 팔자를 볼 때 오행의 생극(生剋)은 십신(十神)을 정할 때 외에는 유용하게 쓰이지 않는다. 오행이 아닌 천간과 지지 중심으로 판단하도록 한다.

丙火가 약할 때는 土가 오면 빛을 흡수하니 싫어하고 甲木의 생(生)을 반긴다. 丙火는 亥월을 제외하고는 대부분 壬水를 반긴다. 亥월에는 丙火가 실령(失令)하여 약하니 壬水를 용(用)하지 않고 甲木을 취한다.

丙火는 사철 壬水를 좋아한다. 丙火가 壬水를 보면 음양의 조화가 이루어지고 바다의 태양처럼 아름다운 모습이 된다. 寅卯월에는 壬水를 쓰고 壬水도 약해지니 庚金으로 보좌한다. 辰월에는 土가 강하니 일단 壬水를 쓰고 甲木으로 土를 극해 주면 좋다. 巳午未 여름철에는 壬水가 약해지기 쉬우니 庚金으로 돕는다. 申월에는 壬水가 생지(生地)를 만나 강하니 戊土로 제(制)해 주면 된다. 酉월에는 壬水를 쓰고 丙火가 약해지니 火로 돕는다. 戌월부터는 丙火가 약하니 甲木으로 일단 도와야 한다. 戌월에는 甲木을 먼저 쓰고 壬水를 차용(次用)하면 되고, 亥월에는 甲木을 써서 丙火를 돕고 庚金으로 壬水를 도우면 좋다. 子丑월 丙火는 甲木으로 丙火를 생(生)하고 壬水를 사용한다. 丙火는 壬水를 보면 **강휘상영**(江暉相暎)으로 좋은 관계이다.

삼춘(三春) 丙火

寅卯辰 봄철 丙火는 오직 壬水를 용(用)한다. 寅월에는 壬水를 庚辛金으로 보조한다. 卯월에는 오직 壬水를 쓰고, 辰월에는 土가 중(重)하므로 甲木으로 土를 제(制)해 주면 귀격(貴格)이다.

丙火와 壬水는 **강휘상영**(江暉相暎)이고, 여기에 甲乙木이 있으면 **염양려화**(艶陽麗花)라 하여 상당한 지위에 오른다. 丙火와 壬水는 **수화기제**(水火旣濟)의 상(象)이다. 壬水는 丙火를 **수보양광**(水輔陽光)으로 극하지 않는다. 戊土 역시 丙火를 설(洩)하지 않는다.

丙火는 癸水가 빛을 가리니 두려워하지만, 춘월(春月)에는 丙火가 강하면 癸水를 겁내지 않는다. 봄에는 癸水가 봄비이다. 그러나 월시(月時)에 癸水가 있어 강하면 **흑운차일**(黑雲遮日)로 발전이 힘들다. 원칙적으로 丙火는 壬水를 좋아하고, 癸水와는 좋지 않다.

寅월 丙火

寅월 丙火는 생지(生地)를 만나 화기(火氣)가 커지니 壬水를 취하고 庚金으로 보좌한다. 壬庚이 양투(兩透)하면 과갑(科甲)이다. 壬水가 투(透)하고 庚金이 암장(暗藏)되면 이도(異途)로 발달한다.

寅월 丙火에 재성(財星)인 庚金을 용(用)하면 재무계통으로 출세한다. 재(財)를 쓰려면 丙火가 신왕(身旺)해야 하니 인수(印綬)나 겁재(劫財)가 투(透)해야 귀격(貴格)이다. 寅월 丙火에 한 무리의 庚辛金이 있으면 **재성혼잡**(財星混雜)이 되어 평범하다. 庚辛金, 즉 재(財)가 혼잡해도 신왕(身旺)하면 재(財)를 다스릴 수 있어 귀격(貴格)이다.

寅월 丙火에 壬水가 많아 **살중신경**(殺重身輕)이 되면 파격(破格)이다. 丙火와 壬水 관계가 좋다지만 항상 균형이 잡혔을 때 그렇다. 이때 戊土로 강한 壬水를 제(制)하면 **식신대살**(食神帶殺)이 되고 일간까지 강하다면 유정(有情), 유력(有力)이 되니 부귀격(富貴格)이다. 식신(食神)으로 제살(制殺)하려면 신왕(身旺)해야 하고 그렇지 않으면 **극설교가**(剋洩交加)가 되기 쉽다.

時	日	月	年
癸	丙	壬	丁
巳	申	寅	巳

❶ 寅申巳 삼형(三刑)이 있다.

❷ 교정직(矯正職)으로 근무한다.

❸ 물상대체로 삼형(三刑)의 액(厄)을 피하고 있는 것 같다.

卯월 丙火

卯월 丙火는 양기(陽氣)가 성장하여 木이 메마르므로 壬水를 용(用)한다. 寅卯월에는 壬水가 12운성(運星) 병사(病死)이므로 庚金으로 생조(生助)해야 좋아진다.

삼춘(三春) 丙火에 壬水를 사용하면 귀(貴)가 보증되지만, 卯월 丙火에 壬水가 많을 때는 戊土로 제(制)하면 성격(成格)되어 출세를 기약한다. 많은 칠살(七殺)을 제복 못하면 떠돌이 팔자이고, 더구나 金 재성(財星)이 있어 水를 생하면 재(財)가 칠살(七殺)을 도우니 파격(破格)으로 하천(下賤)한 명(命)이 된다.

壬水가 많을 때 戊土가 투(透)하지 않으면 지지의 辰戌丑未 土로 壬水를 제(制)한다. 戌土는 마른 土로 戊土와 비슷하게 壬水를 제(制)할 수 있다. 戌土 다음으로는 未土가 강한 水를 제(制)할 수 있다. 그러나 卯월에는 卯未합이 되어 未土는 壬水를 설기(洩氣)만 한다. 丑土는 壬水를 거의 제(制)하지 못한다. 辰土도 戊癸합으로 土의 작용을 잃어 壬水를 거의 제(制)하지 못한다.

時	日	月	年
庚	丙	辛	辛
子	午	卯	酉

❶ 지지에 子午卯酉가 있다.

❷ 가만히 정지 상태는 불가하다.

❸ 축구 선수 박지성의 사주로 알려져 있다.

辰월 丙火

辰월 丙火는 壬水를 쓰고 土가 강하니 甲木을 쓴다. 壬水와 甲木이 투(透)하면 과갑(科甲)이다. 이때 金이 출간(出干)하여 甲木을 파(破)하면 수재(秀才)일 뿐이다. 甲木은 있고 壬水가 없으면 고생하여 재물을 모은다. 壬水와 甲木이 모두 없으면 우매(愚昧)하고 빈천(貧賤)하다.

辰월 丙火는 양기(陽氣)가 기세(氣勢)가 오르니 壬水를 용(用)한다. 지지에 토국(土局)이면 甲木을 취하여 壬水를 보호한다. 甲木이 없으면 庚金을 용(用)하여 壬水를 생조(生助)하고 辰월의 강한 토기(土氣)를 설기(洩氣)한다. 토기(土氣)를 설(洩)할 때는 일주(日柱)가 약해지니 반드시 일주(日柱)가 왕상(旺相)해야 한다.

辰월 丙火에 壬水가 용신이면 土가 왕(旺)한 시절이므로 천간과 지지에 土가 없어도 甲木으로 보좌하지 않으면 귀격(貴格)으로 보기 어렵다. 壬水가 이미 강할 때는 庚金을 기뻐할 필요가 없다.

時	日	月	年
壬	丙	丙	癸
辰	午	辰	丑

❶ 辰월 丙火는 壬水와 甲木이 투(透)하면 좋다.

❷ 甲寅 대운에 甲木이 투하였다.

❸ 丙午 양인(陽刃)으로 火기운이 강하다.

❹ 대운이 亥子丑으로 가니 태수(太守) 벼슬을 하였다.

삼하(三夏) 丙火

삼하(三夏) 丙火는 뜨거우니 반드시 壬水로 식혀야 한다. 壬水를 전용(專用)하고 壬水가 약하니 庚金으로 보좌해야 한다. 亥와 申 속의 지장간에는 이미 壬水가 있으니 그 壬水를 취할 수 있다. 申 속의 壬水는 庚金이 壬水를 생(生)하여 흐름이 깊으니 부귀격(富貴格)이다. 그러나 亥는 지장간의 壬水와 戊土가 丙火를 극설(剋洩)하니 申 중의 壬水가 더 좋다.

午월의 丙火는 양인격(陽刃格)으로 壬水가 투(透)하면 부귀(富貴)하다. 未월의 丙火도 壬水를 쓰는데 그러나 庚金도 함께 있어야 한다. 午월 丙火는 천간에 丁火와 壬水가 출간(出干)하면 丁壬합으로 **양인합살**(陽刃合殺)이 되어 대귀(大貴)하다. 양인합살(陽刃合殺)이 되면 위권(威權)이 만리(萬里)에 미친다.

양인(陽刃)이 태과(太過)하면 **양인도과**(羊刃倒戈)라 하는데 양인(陽刃)이 甲木의 생(生)을 받으면 더욱 강해져 자신을 해친다. 그래서 巳午월 丙火가 壬水와 살인격(殺刃格)을 이루면 인수(印綬)를 쓰지 못한다. 삼하(三夏)에 水가 지나치게 많으면 甲木이나 戊土로 극설(剋洩)해야 **살중신경**(殺重身輕)을 면한다.

巳월 丙火

巳월 丙火는 火가 왕(旺)하니 壬水가 필요하다. 壬水가 巳월에 12운성 절(絕)이므로 庚金으로 수원(水源)을 발(發)해야 마르지 않는다. 그래서 壬庚이 투하고 戊土가 없으면 귀격(貴格)이고 지지에 申金이 있으면 壬庚이 힘을 받으니 더 좋다.

壬庚이 투하고 戊土가 없으면 넓은 바다에 태양으로 현저한 문명지상(文明之象)을 이루어 과갑(科甲)이다. 壬水 대신 癸水는 힘이 부족하다. 巳월 丙火에 壬癸水가 모두 없으면 쓸모없는 사람이다. **화염토조**(火炎土燥)가 되어 승도 팔자이고 빈천 또는 요절한다. 巳월 丙火에 金은 많고 水는 없을 때 그리고 신재(身財)가 모두 강하면 거부(巨富)가 된다. 이때 습토(濕土)가 火를 어둡게 하고 金을 생하면 묘(妙)해진다.

살인격(殺刃格)은 한 개씩 살인(殺刃)이 서로 제(制)하면 위권(威權)이 있으나 한쪽으로 치우치면 흉폭하다.

時	日	月	年
甲	丙	辛	乙
午	午	巳	未

❶ 辛金이 없다면 완전한 염상격(炎上格)이다.

❷ 팔자를 주도하는 세력이 火 기운이니 火를 따른다.

❸ 벼슬을 했으나 水 대운에 어려움이 있었다.

午월 丙火

午월 丙火는 화기(火氣)가 최고로 왕(旺)하다. 양인(陽刃)이다. 양인격(陽刃格)에는 살(殺)이 최고이다. 그래서 壬水 두 개와 壬水의 근원처 庚金이 하나 투(透)하면 상격(上格)이다. 午월 丙火는 庚壬을 용신으로 한다. 壬水 대신 癸水가 있으면 낮은 부격(富格)이다.

午월 丙火에 戊己土가 출(出)하여 강한 화기(火氣)를 설(洩)해도 **화염토조**(火炎土燥)가 되어 형극(荊棘)이 많다. 火土 상관(傷官)이 조열(燥熱)하면 천업(賤業)과 인연이 있다. 午월 丙火가 지지 화국(火局)에 水가 없으면 조열(燥熱)하여 편고(偏枯)한 팔자이다.

한두 개의 癸水가 있어도 庚金으로 생(生)하지 못하고 火土를 많이 만나면 水가 핍박을 받아 장님이 된다. 사주 구성에 따라 **화염토조**(火炎土燥)가 지나치지 않으면 북방(北方) 운(運)에 길(吉)할 때도 있다. 金水가 없고 지지 화국(火局)인 염상격(炎上格)으로 가면 대부대귀(大富大貴)하다. 이때는 수운(水運)이 안 좋다. 염상격(炎上格)을 土로 설(洩)하면 부(富)는 크나 귀(貴)는 삭감된다.

時	日	月	年
己	丙	戊	戊
丑	午	午	戌

❶ 팔자가 조후(調候)를 잃었다.

❷ 丑土가 있다고는 하나 너무 약하다.

❸ 노비(奴婢)로 살았다는 명(命)이다.

未월 丙火

未월 丙火는 삼복생한(三伏生寒)하여 퇴기(退氣)할 때이니 壬水를 용(用)하고 庚金으로 보좌한다. 未월 丙火에 庚壬이 양투(兩透)하면 상격(上格)으로 부귀(富貴)하고 과갑(科甲)이다.

壬水만 있고 庚金이 없으면 근원(根源)이 없어 부귀(富貴)가 작다. 庚金이 없다 해도 壬水가 뿌리가 견고하고 유기(有氣)하면 귀(貴)는 있다. 未월 丙火에 壬水가 없으면 하천(下賤)하고 어리석고 고집이 세다. 남녀 모두 마찬가지이다.

未월 丙火는 庚壬이 투(透)하면 귀(貴)가 있지만 신약(身弱)하면 안 되니, 인비(印比)가 있고 동남(東南)운이어야 길(吉)하다. 未월 丙火는 상관격(傷官格)이니 수운(水運)에 관(官)이 오면 파란이 일어나기 쉽다. 수운(水運)은 **상관견관**(傷官見官)이 되어 나쁜 것이다. 壬水를 용(用)하는 **상관대살**(傷官帶殺)이 재(財)를 보면 파격(破格)이다. 이때 비겁(比劫)이 재(財)를 극하면 성격(成格)되기 쉽다.

時	日	月	年
壬	丙	丁	壬
辰	申	未	寅

❶ 未월 丙火가 필요한 壬水가 투(透)하고 庚金은 암장이다.
❷ 재(財)와 칠살(七殺)이 마주보면 파격이다.

❸ 이 팔자는 재(財)가 감추어져 귀격(貴格)이 되었다.

삼추(三秋) 丙火

丙火는 壬水와 **강휘상영**(江暉相暎)을 이루어 귀격(貴格)을 이룬다. 가을의 丙火도 역시 壬水를 쓴다. 申월에는 壬水가 장생으로 강하니 수가 강할 때는 戊土로 억제해 주면 좋다. 酉월에는 본격적으로 늦가을이 되어 추워지니 壬水 다음으로 火를 쓴다. 戌월에는 土가 강하여 壬水를 극할 수 있으니 甲木으로 억제해 주면 좋다.

申월 丙火

申월 丙火는 12운성 병(病)으로 이때 丙火는 寅이나 巳에 통근하여 신강(身强)해야 한다. 申월에도 丙火는 壬水를 용(用)하여 광휘(光輝)를 돕는다. 그러나 壬水가 많으면 안 된다.

申월 丙火에 壬水가 많을 때는 戊土로 壬水를 제(制)하면 고위직이다. 戊土가 많고 壬水가 적으면 보통인이다. 이때 戊土가 지지에 암장(暗藏)되면 생원(生員)이고, 戊土가 없으면 평범하다.

申월 丙火에 한 무리의 辛金이 있으면 **기명종재**(棄命從財)로 과갑(科甲)은 아니어도 크게 은영(恩榮)이 있다. 다만 친척에게 의지한다고 한다. 庚金을 보면 신강재강(身强財强)이든 종재(從財)든 큰 부자가 되기 쉽다. 물론 이때는 壬水가 없어야 한다. 칠살(七殺)과 재성(財星)은 함께 있으면 대부분 파격(破格)이다.

時　日　月　年

壬　丙　戊　壬
辰　申　申　戌

❶ 칠살격(七殺格)에 식신(食神)이 투하여 성격(成格)이다.

❷ 높은 벼슬에 올랐다는 명(命)이다.

酉월 丙火

酉월 丙火도 壬水를 용(用)한다. 丙火의 남은 빛이 있는 한 丙火는 壬水가 있어야 한다. 酉월에는 丙火의 기(氣)가 쇠(衰)하므로 팔자에 인비(印比)가 있어야 좋다. 壬水가 암장(暗藏)되어도 수명(秀命)이다.

申월과 酉월에는 壬水를 용할 때 丙火가 빛이 약하니 丙火가 많을수록 좋다. 土가 많으면 水가 곤(困)하여 선비일 뿐이다. 壬水가 없으면 癸水를 사용할 수 있으나 공명(功名)이 오래가지 못한다. 酉월 丙火는 丙火가 뿌리가 없고 쇠약하면 남녀 모두 음란하다고 한다. 그러나 丙火가 뿌리가 있고 金도 강하면 격(格)을 이루니 부자가 될 가능성이 있다.

酉월 丙火에 지지 금국(金局)을 이룰 때 겁재(劫財)가 투하여 신강재강(身强財强)이 되면 부명(富命)이다. 그러나 丙火가 뿌리없이 신약(身弱)한 상태에서 지지 금국(金局)에 종재(從財)가 되지 못하면 **재다신약**(財多身弱)의 파격(破格)이 된다. 酉월 丙火가 진종(眞從)이 성립되면 부귀격(富貴格)이다.

時	日	月	年
丁	丙	丁	丙
酉	辰	酉	寅

❶ 천간이 온통 火이다.

❷ 壬寅, 癸卯 대운에 관인(官印)을 얻어 상서 벼슬을 하였다.

❸ 비견(比肩)이 강한 사주가 인성(印星)을 얻은 때였다.

時	日	月	年
丙	丙	丁	辛
申	戌	酉	巳

❶ 酉월 丙火는 신강하면 壬水와 戊土를 쓴다.

❷ 일간 丙火가 통근되어 재성(財星)도 강하면 부자 가능성이 있다.

❸ 지지 금국(金局)을 이루고 겁재(劫財)가 투하여 부(富)를 이루었다.

❹ 신강재강(身强財强)이다.

戌월 丙火

戌월 丙火는 土가 왕(旺)하여 火가 회광(晦光)됨을 기피하니, 甲木으로 土를 막고 다음으로 壬水를 쓴다. 戌월 丙火는 12운성 묘(墓)이니 丙火의 빛이 어둡다. 丙火는 빛이 가려지는 것을 꺼리니 甲木으로 土를 극하여야 壬水와 조화된다. 戌월은 木도 메마르니 壬水가 없으면 甲木이 있어도 흉(凶)하다.

戌월 丙火에 甲壬 모두 투(透)하면 과갑(科甲)이고 부귀(富貴)하다. 壬水는 없고 癸水가 있으면 과갑(科甲)은 아니어도 이로공명(異路功名)을 이룬다. 壬水는 丙火의 광휘를 돕지만 癸水는 甲木의 자윤(滋潤)에 그친다.

庚金이 甲木을 파(破)하고, 戊土가 壬水를 곤(困)하게 하면 보통인이다. 팔자에 甲壬癸가 모두 없으면 하격(下格)이다. 戌월에는 丙火가 입묘(入墓)했으나 팔자가 염상격(炎上格)을 이루면 동남(東南)운일 때 대길(吉)하다. 염상격(炎上格)이 되지 못하고 지지 화국(火局)이기만 하면 운(運)이 남방으로 갈 때 가난하고 병을 얻어 뼈만 앙상하게 된다.

<table>
<tr><td>時</td><td>日</td><td>月</td><td>年</td></tr>
<tr><td>己</td><td>丙</td><td>壬</td><td>戊</td></tr>
<tr><td>亥</td><td>子</td><td>戌</td><td>申</td></tr>
</table>

❶ 戌월의 丙火가 水가 많아 약하다.

❷ 壬水를 보아 공직에 근무한다.

❸ 운(運)의 흐름이 양호하다.

삼동(三多) 丙火

겨울철에 丙火는 절태지에 이르러 힘이 없으므로 甲木으로 생해 주면 좋다. 그래서 우선 甲木을 찾는다. 亥월에는 戊土가 있어 壬水를 극하면 안 되니 庚金을 쓰면 통관 역할을 한다. 본격적으로 겨울이 시작되는 亥子월에는 甲木으로 丙火를 생하고 甲木과 좋은 관계인 壬水를 쓰면 좋다.

亥월 丙火

亥월 丙火는 12운성 절지(絕)에 이르러 힘이 없다. 甲木을 사용하여 생(生)해야 한다. 亥월은 물이 많아 甲木은 습목(濕木)이므로 戊土가 壬水를 제(制)하면 甲木은 丙火를 잘 생(生)한다. 丙火의 귀(貴)는 壬水가 담당하는데 戊土가 壬水를 제(制)하면 안 되니 庚金으로 돕는다. 丙火에게 亥월은 유일하게 壬水가 용신이 아니다.

亥월 丙火는 甲庚을 쓰거나 또는 庚壬으로 부귀격(富貴格)이 된다. 丙火가 寅巳에 뿌리가 있어 신강하면, 壬水는 살(殺)이 아닌 관(官)으로 좋은 작용을 한다. 양간(陽干)은 庚金을 빼고 모두 칠살(七殺)의 극(剋)을 기뻐한다.

亥월 丙火가 亥 중 壬水만으로는 木을 생(生)하기 어려우니 己土를 써서 壬水와 혼합하면 甲木을 생(生)하고 丙火를 생(生)하게 된다. 일반적으로 壬水가 己土를 보면 **기토탁임**(己土濁壬)이 되어 흉(凶)하다. 그러나 니토(泥土)가 壬水를 만나 비옥해져서 甲乙木의 뿌리를 배양하는 반생(反生)이 되는 경우가 있다.

時	日	月	年
壬	丙	己	辛
辰	子	亥	巳

❶ 亥월 출생이고 子辰 반합으로 水가 많은 사주이다.

❷ 丙己가 년지 巳火에 뿌리를 두어 버틸 만하다.

❸ 巳午未 대운에 일간이 강해지며 부귀(富貴)하였다.

子월 丙火

子월 丙火는 동지(冬至)에서 일양(一陽)이 생겨 약한 가운데 강해지므로 壬水를 용신으로 한다. 그리고 子월은 水가 강하니 戊土로 보좌한다. 그래서 子월 丙火는 壬水와 戊土를 용(用)하는 **살용식제**(殺用食制)가 귀격(貴格)이다. 戊土는 없고 己土가 있으면 **이로공명**(異路功名)이다.

子월 丙火는 戊土의 회광(晦光)을 가장 두려워하므로, 戊土는 용(用)인 동시에 병(病)이 된다. 그래서 壬水 또는 戊土 용신을 막론하고 甲木이 있어야 한다.

子월 丙火는 壬水가 없으면 癸水를 쓸 수 있지만 金으로 자양(滋養)해야 상(傷)하지 않는다. 한겨울 癸水는 설상(雪霜)과 같으니 丙火로 해동(解凍)해야 의금(衣衾)이 있다. 그러나 壬水 대신 癸水를 쓰면 드러나게 현달(顯達)은 아니다.

子월 丙火가 甲木이 없으면 **기명종살**(棄命從殺)이 될 수 있는데 지지에 수국(水局)이나 북방(北方)이 완전해야 진종(眞從)이 된다. 子월 丙火가 인수(印綬) 甲木을 보면 종(從)하지 않는다.

時	日	月	年
庚	丙	庚	辛
寅	寅	子	亥

❶ 강한 水기운이 寅으로 수생목(水生木)한다.

❷ 두 개의 寅木이 일간 丙火를 생하니 흐름이 좋다.

❸ 운(運)이 남방으로 갈 때 귀(貴)하게 된 사주이다.

<table>
<tr><td>時</td><td>日</td><td>月</td><td>年</td></tr>
<tr><td>戊</td><td>丙</td><td>庚</td><td>辛</td></tr>
<tr><td>子</td><td>子</td><td>子</td><td>酉</td></tr>
</table>

❶ 일간 丙火가 설 땅이 없다.

❷ 戊土도 강한 水를 극하기보다 일간의 힘을 뺀다.

❸ 대운까지 도와주지 않으니 가난하고 요사(夭死)하였다는 사주이다.

丑월 丙火

丑월 丙火는 이양(二陽)이 진기(進氣)하여 설(雪)을 업신여기고 서리를 기만하니 壬水가 용(用)이다. 丑월 丙火는 己土가 사령하니 土가 많으면 甲木이 적어서는 불가하다. 壬甲이 양투(兩透)하면 과갑(科甲)이고, 甲木이 암장(暗藏)되면 수재(秀才)이다.

丑월은 습토(濕土)가 영(令)을 잡는 때니 丙火를 어둡게 하고, 丑土 속의 己土가 丙火에 필요한 壬水를 탁(濁)하게 하니 土를 甲木으로 제(制)해야 한다. 甲木이 없으면 귀격(貴格)이 되기 힘들다. 丑월 丙火는 甲木을 쓰는 **상관패인격**(傷官佩印格)을 제일로 친다. 또 壬癸水가 투(透)하고 甲乙木이 투(透)하면 살인격(殺印格)으로 대귀(大貴)한 명(命)이다.

甲木이 없고 壬水만 투(透)해도 부격(富格)을 이룬다. 壬水 대신 癸水가 투(透)하면 명성은 못 얻어도 청아(淸雅)한 문필가이다.

時　日　月　年
丁　丙　乙　癸
酉　戌　丑　亥

❶ 중요하다는 壬甲이 년지(年支)에 자리잡고 있다.

❷ 식재관(食財官)을 쓰려고 해도 항상 신약(身弱)이 문제가 된다.

❸ 초반 재관운(財官運)이 강하게 오지만 신약(身弱)하여 고초(苦楚)가 있다.

❹ 巳午未 대운에 힘을 받을 것이다.

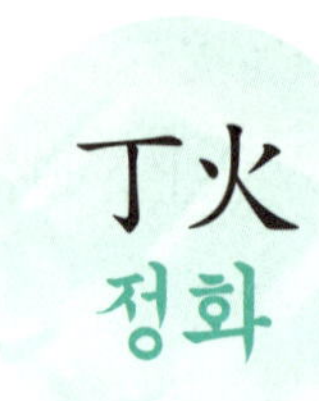

丁火는 보통 甲木과 庚金을 만나 **벽갑인정**(劈甲引丁)을 이루면 귀격(貴格)이 된다. 물론 각 글자의 힘이 균등했을 때이다.

寅월에는 甲木으로 丁火를 생(生)하고 庚金을 쓰면 좋다. 卯월에는 木이 강한 때이니 庚金을 먼저 쓰고 다음으로 甲木을 쓴다. 辰巳월에도 역시 甲庚을 쓰면 좋은 관계가 된다. 午월에는 무더우니 丁火는 午월의 丙火처럼 壬水를 먼저 쓰고 庚金을 쓰면 좋다. 未월에 丁火는 甲木으로 생(生)하고, 타지 않도록 壬水를 쓴다. 土가 강한 때이니 壬水는 조후(調候) 때문에도 필요하다. 가을과 겨울의 丁火는 약해지기 쉬우니 모두 甲木으로 생(生)하고 庚金을 쓰면 **벽갑인정**(劈甲引丁)이 된다. 申酉戌 가을철도 그렇고, 亥子丑 겨울철도 마찬가지이다. 모두 甲庚을 사용하면 귀격(貴格)이 된다.

봄철 丁火는 庚金과 甲木을 써서 **벽갑인정**을 만들면 좋다. 사철 丁火
는 甲木이 있어야 생명을 이어간다. 寅월에는 아직 한기(寒氣)가 있으니
甲木을 먼저 쓰고 庚金을 쓴다. 卯월에는 木이 강하니 庚金을 먼저 쓰고
甲木을 쓰면 좋다.

寅월 丁火

丁火는 반드시 甲木이 있어야 한다. 丁火는 甲木이 없으면 의지할 곳
이 없다. 그다음 庚金으로 甲木을 쪼개야 인정(引丁)이 가능하다. 寅월
에는 이미 甲木이 있으므로 먼저 庚金을 써야 귀격(貴格)이다.

寅월 丁火는 한 무리의 甲木에 庚金이 없으면 가난하거나 요절한다.
甲木이 강할 때는 庚金으로 파(破)해야 한다. 하나의 甲木과 여러 개의
乙木이 있으면 필시 고향을 떠나게 되어 가족과 인연이 없다. 乙木이 많
을 때도 편인(偏印)의 흉의(凶意)가 있으므로 庚金이 乙木을 제거하지
않으면 아내와 자식이 온전하기 어렵다.

寅월 丁火가 丁壬합 木의 화격(化格)을 이루면 필시 부(富)가 있다. 이
때는 화(化)한 오행을 극(剋)하는 庚金을 보지 않아야 한다. 寅월은 한기
(寒氣)가 있어 金水로 **재왕생살**(財旺生殺)하는 경우에는, 식신(食神)으
로 살(殺)을 제살(制殺)해야 귀격(貴格)이다. 보통 음간(陰干)은 칠살(七
殺)을 보면 귀격(貴格)이 힘들다. 丁火는 본성이 쇠갈(衰竭)하여 자체로
염상격(炎上格)을 만들지 못하니 甲木이 도와야 한다. 乙木은 자기도 쇠

갈(竭竭)하여 도움을 주지 못하니 甲木이 필요하다.

時	日	月	年
癸	丁	庚	辛
卯	酉	寅	卯

❶ 丁火 일간이 寅卯를 만난 것은 긍정적이다.

❷ 그러나 庚辛金이 木을 극하니 일간 丁火는 힘을 잃는다.

卯월 **丁火**

卯월 丁火에 庚甲이 투(透)하면 과갑(科甲)이다. 庚金이 투(透)하고 甲木이 암장(暗藏)되면 생원(生員)이나 공감(貢監)은 하고, 甲木이 투(透)하고 庚金이 암장(暗藏)되면 **이로공명**(異路功名)이다.

乙木은 풀과 같아 불이 잘 안 붙는다. 그래서 습을(濕乙)이다. **습을상정**(濕乙傷丁)이란 축축한 乙木은 丁火를 상(傷)하게 하여 인정(引丁)을 못하니 甲木이 있어야 한다는 것이다. 또 庚金으로 甲木을 **벽갑**(劈甲)해야 **인정**(引丁)을 한다.

卯월 丁火에 乙庚이 동시에 투(透)하면 **탐합망극**(貪合忘剋)하니, 용신 庚金이 무용지물(無用之物)이 되어 빈한(貧寒)하다. 丁火는 甲木이 없으면 수명이 길지 않으므로 부귀(富貴)가 길지 않다. 丁火는 甲木이 있어야만 **목화통명**(木火通明)이 되어 庚金을 극제(剋制)할 수 있다. 일파(一派) 水가 있으면 戊土가 있어야 귀(貴)하고 없으면 빈고(貧苦)하다. 乙木

이 적고 癸水가 많을 때 戊土로 제(制)하면 길(吉)하다.

時	日	月	年
庚	丁	癸	丁
子	卯	卯	卯

❶ 癸水는 일간을 극(剋)하기보다 卯木을 생(生)한다.

❷ 탐생망극(貪生忘剋)이다.

❸ 서방운(西方運)에 벼슬을 한 사주이다.

辰월 丁火

丁火의 부귀(富貴)는 甲庚으로 완성된다. 甲庚이 양투(兩透)하면 과갑(科甲)이다. 辰월은 戊土가 사령하니 丁火는 설기(洩氣)되어 약하다. 먼저 甲木을 용(用)하여 인정(引丁)하고 제토(制土)한 다음 庚金을 쓴다. 甲庚 하나만 투(透)하고 하나는 암장(暗藏)되면 학술과 덕행이 뛰어난 수사(秀士)이다.

辰월 丁火가 지지 목국(木局)이면 인(印)이 왕(旺)하니, 庚金이 있어 강한 木을 극하면 부(富)한 가운데 귀(貴)가 있다. 이때 癸水 관살(官殺)이 나타나서 재성(財星)인 金을 설(洩)하면 귀격(貴格)이 안 된다. 庚金은 투(透)하고 丁癸가 없으면 **이로공명**(異路功名)이다.

辰월에는 火土가 진기(進氣)하니 丁火가 약함을 두려워하지 않는다. 丁火가 壬水를 합(合)하면 좋은 이유는 합(合)해서 나오는 목기(木氣)가

315

丁火를 생(生)하기 때문이다. 辰월에는 지지 수국(水局)이고 종살(從殺)이 안 되면 **살중신경**(殺重身輕)으로 요절한다. 水가 강할 때 戊己土가 양투(兩透)하면 벼슬길에 오른다. 이때 甲木이 土를 파(破)하면 보통인이다.

時 日 月 年
己 丁 戊 甲
酉 卯 辰 戌

❶ 辰월에 戊己土와 甲木이 투(透)하였다.

❷ 土가 강하니 甲木을 쓴다.

❸ 甲木은 투(透)하고 庚金은 암장(暗藏)이다.

❹ 학술 쪽으로 나갈 것이다.

삼하(三夏) 丁火

여름철에도 丁火에겐 甲庚이 좋은 관계를 이룬다. 여름이 시작되는 巳월에는 甲木으로 생하고 庚金을 쓰면 좋다. 午월에는 더우니 壬水를 쓰고 庚金을 쓴다. 壬水는 조후를 맞추기 위함이다. 未월에는 한기(寒氣)가 시작되는 때이니 甲木으로 생하고 壬水를 쓰면 좋다. 壬水는 조후를 맞추어 甲木을 보호하는 역할을 한다.

巳월은 丙火의 시대이니 염열(炎熱)하여 스스로 왕(旺)하다. 그래도 丁火는 甲木이 필요하다. 丁火는 음유(陰柔)하니 巳월 왕지(旺地)에서도 기(氣)가 바르지 못해 甲木이 필요한 것이다.

甲木이 많으면 먼저 庚金을 취한다. 이때 癸水는 좋지 않다. 왜냐하면 癸水는 木을 생(生)하고 金을 설(洩)하기 때문이다. 癸水로 金을 설(洩)하면 습갑(濕甲)이 되어 丁火를 상(傷)하기 때문에 癸水는 병(病)이다. 화왕(火旺)하면 水가 있어야 **수화기제**(水火旣濟)되어 아름답다. 壬丙이 같이 투(透)하면 스스로 청귀(淸貴)하여 극품(極品)에 이른다. 壬丙은 십간론(十干論)으로 **강휘상영**(江暉相暎)이라 하여 아주 좋다.

巳월 丁火가 丙火를 보고 壬癸水가 丙火를 파하지 않으면, **병탈정광**(丙奪丁光)에 **신왕무의**(身旺無依)로 빈고(貧苦)하고 의지할 곳이 없다. 그러나 壬癸水가 丙火를 파하면 이로(異路)로 발전한다. 巳월 丁火가 土金을 쓰는 **상관생재**(傷官生財)가 되면 부(富)가 천금(千金)이다.

時	日	月	年
甲	丁	己	己
辰	酉	巳	亥

❶ 巳월의 丁火는 甲木과 庚金을 쓴다.

❷ 丁火는 음유(陰柔)하니 甲木의 도움을 받는다.

❸ 甲木이 투(透)하고 장간에 庚金이 있어 사업가로 성공한 사주이다.

午월 丁火는 화왕(火旺)하니 金水의 조후(調候)가 시급하다. 건록(建祿)이나 염상격(炎上格)이 아닌 한 甲木을 용(用)하지 않는다. 그래서 팔자에 金과 水가 없으면 운(運)이라도 서북(西北)으로 흘러야 한다.

午월 丁火에 지지의 木이 강해 인수(印綬)가 수기(水氣)를 설(洩)하여 火를 생하면 다시 뜨거워져 평범한 명(命)이다. 팔자 전체가 木火로 왕(旺)하면 火를 설(洩)해야 한다. 金水가 없으면 土로 설(洩)해야 하는 것이다.

午월 丁火에 癸水 하나 투(透)하면 대중 위에 군림한다. 대귀격(大貴格)은 관(官)을 취하지 않고 살(殺)을 취한다. **한난조습**(寒暖燥濕)은 간지 구별 없이 조절이 가능하므로 火가 많을 때 亥水가 있어 丙火를 제(制)하면 고빈(孤貧)까지는 아니다. 년지(年支)의 子水도 마찬가지로 청귀(淸貴)하여 과갑(科甲)은 아니더라도 의금(衣衾)이 적지 않다.

時　日　月　年
戊　丁　壬　庚
申　亥　午　午

❶ 丁火의 뿌리가 든든하다.

❷ 신강(身强)해야 식재관(食財官)을 쓸 수 있다.

❸ 초반 재관(財官)을 쓰고, 후반 식재(食財)를 써서 대부(大富)하고 장수하였다.

未월 丁火는 **삼복생한**(三伏生寒)인 때이니 丁火는 극히 약(弱)하다. 丁火는 하지(夏至) 후에는 쇠(衰)하는 본성이 있다. 그래서 甲木을 취하고 다음으로 壬水를 쓴다. 壬水는 조후(調候)도 맞추고 甲木을 타지 않도록 한다. 대서(大暑)가 지나면 金水가 진기(進氣)하니 甲木의 도움이 없으면 영화가 어렵다.

未월은 己土가 壬水를 탁(濁)하게 한다. 이때 甲木이 己土를 통제하지 않으면 丁火가 水를 감당하기 힘들고 庚金이 없으면 壬水가 혼탁하여 귀(貴)를 얻기 힘들다. 그래서 未월 丁火는 반드시 庚金이 壬水를 도와야 한다.

未월 丁火에 甲木이 출간(出干)하고 지지 목국(木局)일 때 亥는 甲木의 장생(長生)이 되고, 亥중 壬水가 丁火를 이끌어 과갑(科甲)이 필연이다. 목국(木局)이 아니고 지지 장간(藏干)에 壬水만 있어도 대귀(大貴)는 아니지만 벼슬길은 있다. 그러나 庚金이 없으면 아니다. 지지 목국(木局)일 때 水가 투간(透干)하면 습목(濕木)이 인정(引丁)을 못하니 평인이고, 甲木이 투(透)하면 재간은 있다.

時	日	月	年
甲	丁	癸	庚
辰	巳	未	子

❶ 未월의 丁火는 甲木과 壬水를 쓴다.

❷ 壬水 대신 癸水가 투(透)하였다.

❸ 庚金이 보좌하지만 소귀(小貴)한 명(命)이다.

삼추(三秋) 丁火는 약하여 甲木으로 생(生)하지 않으면 재관(財官)을 감당하기 힘들다. 庚金은 丁火를 상(傷)하게 하지는 않지만 기후가 차가와 丙火의 조후(調候)가 필요하다.

丙火로 金을 따뜻하게 하고 木을 말려 丁火를 도우니 丙火에 의해 丁火가 묻히는 **병탈정광**(丙奪丁光)을 우려하지 않는다. 丙火는 丁火의 빛을 빼앗기 이전에 甲木을 말려 丁火를 돕는다. 그래서 甲丙庚이 출(出)하면 상격(上格)이다. 庚金은 벽갑(劈甲)하기 위해서 필요하다. 벽갑(劈甲)은 도끼로 장작을 쪼개는 것이다. 삼추(三秋) 丁火에 壬癸水가 투(透)하면 戊己土로 제(制)해야 **식상대살**(食傷帶殺)의 귀격(貴格)이 된다.

여름에는 丙火 두 개에 丁火가 있으면 **병탈정화**(丙奪丁火) 현상이 일어나니 꺼리지만 가을과 겨울에는 조후상 丙火가 丁火를 돕는 경우가 많다. **병탈정광**(丙奪丁光) 현상이 있을 때는 丁火는 소년 시절 곤고(困苦)하고 형극(荊棘)이 있으니 지지에서 水를 보아 丙火를 제(制)할 필요가 있다.

삼추(三秋) 丁火는 비슷한 면이 많다. 그래서 한꺼번에 정리한다.

申월 丁火는 申 속에 壬水가 강한 金을 설기(洩氣)시키지만 酉월과 戌

월에는 지지에 水가 있어야 중년 이후 부귀(富貴)를 기대한다. 삼추(三秋) 丁火는 甲木이 용신인데 庚金이 없으면 무용(無用)하고, 申酉월에 甲木이 없으면 乙木도 가능한데 이때는 丙火로 말려야 한다. 甲木 대신 乙木을 용(用)하는 자는 부귀(富貴)가 작고 또는 부(富)는 있으나 귀(貴)는 없는 경우가 많다.

申월 丁火에 일파(一派) 庚金이 있으면 **재다신약**(財多身弱)이 되는데 申 속 庚金이 강하고 壬水가 申에서 장생(長生)되어 재관(財官), 즉 처자(妻子)가 가권(家權)을 쥔다. 申월 丁火에 壬水가 투(透)해 庚金을 설(洩)하면서 丁壬합이 되면 목기(木氣)가 나와 丁火를 도우니 흉변길(凶變吉)로 부격(富格)이 된다. 庚金이 많고 壬水가 없으면 하천(下賤)하다.

申酉월에는 甲木이 없으면 乙木을 용(用)하는데 이때는 丙火로 乙木을 말려야 한다. 이를 **고초인등**(枯草引燈)이라고 한다. 申월에는 申 중 庚金이 있어 甲丙을 쓰고, 酉월에는 甲丙庚 모두 사용한다.

酉월 丁火가 일파(一派) 辛金을 보면 종격(從格)이 순수하여 귀격(貴格)이다. 丁火는 辛金을 보면 진종(眞從)이 된다. 종격(從格)은 대개 친척, 가족, 귀인(貴人)의 도움으로 출세한다. 酉월 丁火에 한 무리 辛金이 있고 庚金과 비겁(比劫)이 없으면 **기명종재**(棄命從財)로 부(富)한 가운데 귀(貴)가 있고, 과갑(科甲)은 아니어도 이도(異途)로 공명(功名)을 이룬다.

戌월 丁火에 일파(一派) 戊土를 보고 壬水와 甲木이 없으면 **상관상진**(傷官傷盡)이 되어 예사롭지 않은 부귀(富貴)가 있다. 戌월에는 戊土가 火를 어둡게 하니 乙木은 무력하여 戊土를 제(制)할 수 없으니 반드시 甲木으로 제(制)해야 한다. 戌월에는 丁火가 있으니 甲木과 庚金만 사용한다. 대체로 甲木은 庚金을 떠날 수 없고, 乙木은 丙火를 떠날 수 없다.

時	日	月	年
辛	丁	甲	乙
丑	巳	申	未

❶ 인성혼잡(印星混雜)으로 인성(印星)이 약하다.

❷ 寅卯辰 대운(大運)에 인성의 뿌리가 된다.

❸ 그러나 지지에 형충회합(刑沖會合)이 일어나 만족스럽지 못하다.

❹ 재성(財星) 또한 혼잡(混雜)으로 학문이 순수하지 못하다.

時	日	月	年
壬	丁	己	丁
子	亥	酉	巳

❶ 재격(財格)에 식신(食神)이 투하였다.

❷ 식신생재(食神生財)를 이루었다.

❸ 후반 관(官)이 강하여 진로의 변경이 있을 것이다.

❹ 유명 스포츠인의 사주로 알려져 있다.

時　日　月　年

庚　丁　甲　甲
子　卯　戌　午

❶ 午戌 반합에 천간에 甲甲이 있다.

❷ 甲甲은 남보다 앞장서기 좋아한다.

❸ 관인운(官印運)에 공무원을 했다.

삼동(三冬) 丁火

亥子丑 겨울철 丁火도 성질이 비슷하다.

삼동(三冬) 丁火는 미약하고 차가우니 오직 甲庚을 용(用)한다. 삼동(三冬) 丁火는 반드시 甲木이 있어야 하고 庚金으로 보좌해야 한다. 甲庚이 양투(兩透)하면 과갑(科甲)이다. 庚金과 甲木이 없으면 인정(引丁)을 못하여 **목화통명**(木火通明)이 되지 않는다. 동월(冬月) 丁火는 甲木만 있으면 金水가 많아도 두렵지 않다. 그러나 己土가 甲木을 합(合)하면 용신이 기반(羈絆)되니 평범하다.

한난조습(寒暖燥濕)의 처리는 장간(藏干)에서도 가능하다. 삼동(三冬)에는 월령(月令)에 水가 있어 丙火를 파(破)하므로 **일병탈정**(一丙奪丁)이 안 된다. 丙火가 있어 丁火의 빛을 빼앗으려 해도 월령(月令)에 있는 水 때문에 구제된다.

丁火는 丙火가 불꽃을 도우면 재관(財官)을 기뻐한다. 丁火는 퇴기(退氣)이지만 丙火의 도움이 있으면 생왕(生旺)해져서 상관(傷官)으로 제살

323

(制殺)이 가능하다. 그러나 상격(上格)은 아니고 부귀(富貴)는 갖춘다. 동월(冬月) 丁火가 일시(日時)에서 壬水 두 개와 쟁합(爭合)할 때는 戊土로 파(破)해야 한다. 戊土는 상하(上下)로 상합(相合)하려는 성질이 강하다. **정흡**(靜翕)이라고 한다. 戊土는 정(靜)해도 합(合)한다.

삼동(三冬) 丁火는 庚金으로 벽갑(劈甲)하여 인정(引丁)하는 것이 정법이다. 수왕(水旺)하면 戊土, 화왕(火旺)하면 癸水를 사용하고, 이때 戊나 癸는 병(病)을 제거하는 약(藥)이다.

동월(冬月) 丁火가 丙火를 보고 癸水가 있으면 **신살양정**(身殺兩停)의 귀격(貴格)이다. 亥子월 丁火가 금왕(金旺)하고 수다(水多)한데 인비(印比)가 없으면 종살격(從殺格)으로 귀격(貴格)이다. 亥월의 亥에는 장간에 甲木이 있지만 습목(濕木)이라 丁火에게 보탬이 안 되어 종격(從格)이다. 물론 子월이 亥월보다 더 순수한 종격(從格)이다. 水가 많고 癸水가 왕(旺)할 때 인비(印比)가 하나도 없으면 **기명종살**(棄命從殺)이 되어 이도(異途)로 공명(功名)을 이룬다.

時	日	月	年
丁	丁	癸	癸
未	丑	亥	丑

❶ 팔자가 차다.

❷ 원국은 좋다고 볼 수 없으나 대운이 좋았다.

❸ 己未 戊午 丁巳 대운에 귀(貴)를 얻었다.

時	日	月	年
己	丁	戊	乙
酉	卯	子	亥

❶ 子월 丁火가 甲庚을 보지 못해 귀격(貴格)은 아니다.

❷ 식상(食傷)이 천간에 투하였다.

❸ 운(運)이 재관(財官)으로 흘러 좋았다.

時	日	月	年
甲	丁	乙	戊
辰	未	丑	子

❶ 팔자 지지가 춥지만 천간은 양(陽)의 기운이 넘친다.

❷ 대운 지지가 木火로 흐르니 대발(大發)하였다.

❸ 특히 巳午未 대운에 좋았다고 한다.

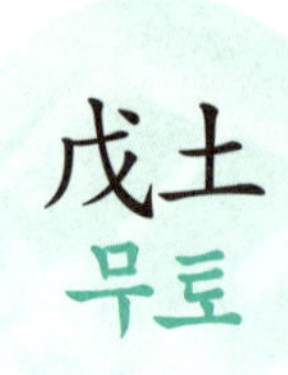

戊土
무토

土의 역할은 만물을 키우기 위함이다. 그래서 사철 甲木이 있으면 좋다. 寅卯辰월 봄철에는 따뜻한 태양 丙火와 봄비 癸水 그리고 甲木을 쓴다. 巳월도 마찬가지이다. 甲丙癸를 쓰면 귀격(貴格)이다. 午월은 무더우니 壬水를 먼저 쓰고 甲木과 丙火를 쓰고, 未월에는 癸水를 먼저 쓰고 丙甲을 쓰면 된다. 申酉월은 추워지니 丙火를 먼저 쓰고 메마른 땅을 적실 癸水가 필요하다. 戌亥子丑월 모두 추우니 丙火를 필요로 하는 것은 당연하다. 그리고 戊土가 키울 甲木도 필요하다. 戊土는 대개 甲木과 丙火를 써야 상격(上格)이 된다.

삼춘(三春) 戊土

삼춘(三春) 戊土에 양광(陽光)인 丙火가 있으면 문무(文武)가 모두 이롭고, 우로(雨露)인 癸水의 자윤(滋潤)이 있으면 생의(生意)가 충만하다. 戊土의 부귀(富貴)는 丙甲癸 삼자의 조화로 따진다. **무병불생**(無丙不

生), **무갑불령**(無甲不靈), **무계부장**(無癸不長)이 그것이다.

삼춘(三春) 戊土에 丙甲癸가 있으면 부귀(富貴)가 극품이다. 丙甲癸 중에서 2개 출(出)하고 1개 암장(暗藏)은 등과급제(登科及第)이고, 丙甲癸 중에서 하나 출(出)하고 2개 암장(暗藏)은 이로공명(異路功名)이다.

寅卯월은 丙火를 먼저 쓰고 甲木을 취하며 다음에 癸水를 쓴다. 寅卯월은 목왕(木旺)하니 土가 붕괴될 우려 있다. 그래서 丙火를 써서 土를 힘있게 하는 것이다. 丙火로 土가 성(盛)해지면 癸水로 보좌한다. 봄철의 戊土에 丙癸는 불청불우(不晴不雨)로 아름다운 명(命)이다.

寅卯월 戊土는 丙火가 먼저 투(透)해야 하고, 丙火가 없으면 부귀(富貴)가 힘들다. 丙火가 있고 癸甲이 없으면 봄 가뭄이 들어 만물이 생(生)하지만 재앙이 많아 노력의 결실이 없다. 한 무리의 丙火와 甲木은 있으나 癸水가 없으면 살인격(殺印格)으로 처음은 창성(昌盛)하나 결국은 기운다. 癸水의 자윤(滋潤)이 없으면 만물은 성장을 멈추게 된다.

寅월 戊土

寅월 戊土가 지지 화국(火局)일 때 壬癸水가 없으면 고빈(孤貧)하다. 寅 속에는 丙火와 戊土가 장생(長生)하니 중요한 것은 수기(水氣)이다. 그래서 癸水가 투(透)하면 귀격(貴格)이고, 壬水가 투(透)하면 부격(富格)이다. 지지 화국(火局)이면 조후(調候)로 水도 강해야 길(吉)하다.

寅월 戊土에 한 무리 甲木이 있고 丙火가 없으면 보통인이다. 이때 庚金이 투(透)하면 강한 木을 막으니 묘(妙)하다. 지지 수국(水局)일 때 甲

木이 출(出)하고 庚金도 투(透)하면 **살용식제**(殺用食制)로 부귀쌍전(富貴雙全)하다. 살(殺)은 인수(印綬)로 화살(化殺)하지 않으면 식신(食神)으로 제(制)해야 한다.

寅월 戊土는 寅 속에 丙火가 있어 목국(木局)을 이루면 부귀격(富貴格)이다. 寅월 戊土는 양간(陽干)이 월령(月令)을 득(得)했으므로 종살(從殺)은 없다. 寅월 戊土에 丙火가 많고 甲木도 많으면 木이 마르니 癸水로 물을 보충하고, 庚金으로 제(制)해야 귀격(貴格)이다. 丙火는 癸水로, 甲木은 庚金으로 제(制)한다. 일파(一派) 乙木에 甲木이 투(透)하면 **관살혼잡**(官殺混雜)으로 하천(下賤)하다.

<table>
<tr><td>時</td><td>日</td><td>月</td><td>年</td></tr>
<tr><td>壬</td><td>戊</td><td>戊</td><td>庚</td></tr>
<tr><td>戌</td><td>申</td><td>寅</td><td>戌</td></tr>
</table>

❶ 운(運)의 흐름이 중요하다.

❷ 운(運)이 군주(君主)이고 팔자는 신하(臣下)이다.

❸ 운(運)의 흐름이 좋은 재벌의 팔자로 알려져 있다.

卯월 戊土

卯월 戊土도 寅월과 비슷하다. 卯월 戊土는 丙甲癸가 모두 있으면 부귀(富貴)하다. 丙甲癸 중에서 2개 출(出)하고 1개 암장(暗藏)은 등과급제(登科及第)이고, 丙甲癸 중에서 하나 출(出)하고 2개 암장(暗藏)은 이로

공명(異路功名)이다.

卯월 戊土는 寅월처럼 丙火를 먼저 쓰고 甲木을 취하며 다음에 癸水를 쓴다. 寅卯월에는 木이 왕(旺)하니 戊土가 약해진다. 그래서 丙火를 써서 土가 성(盛)해지면 癸水로 보좌한다. 그렇게 되면 봄철의 戊土에 태양이 쬐고 봄비가 내려 생명이 잘 자란다.

時　日　月　年

壬　戊　乙　癸
子　寅　卯　未

❶ 卯월 戊土는 丙甲癸를 갖추면 귀격이다.

❷ 癸水는 투(透)하고 丙甲은 일지 寅 속에 있다.

❸ 최상격은 아니어도 과거급제한 사주이다.

辰월 戊土

辰월 戊土는 甲木과 癸水가 투(透)하면 상격(上格)으로 과갑(科甲)이다. 甲癸 대신 丙癸가 투(透)하면 공감(貢監)이나 생원(生員)이다.

지지 화국(火局)에 癸水가 투(透)하면 부귀(富貴)가 당연하다. 그러나 壬水가 투(透)하면 부귀(富貴)가 신고(辛苦)하다. 癸水는 우로(雨露)의 단비이니 자연의 수혜이고, 壬水는 강호이니 노고(勞苦)가 따르는 것이다.

지지 목국(木局)에 甲乙木이 출간했을 때 庚金이 투하면 귀(貴)하고, 庚金이 없으면 천박해진다. 庚金이 없다면 火라도 있어서 강한 木기운

329

을 설(洩)해야 한다. 辰월 戊土에 火土 인비(印比)가 있으면 조열하니 癸水가 투(透)하면 귀격(貴格)이다. 辰월 戊土에 寅卯辰 방국(方局)이면 종살격(從殺格)이 되어 대귀(大貴)하다.

時	日	月	年
丙	戊	甲	壬
辰	子	辰	寅

❶ 辰월 戊土는 甲癸가 투하면 상격(上格)이다.

❷ 甲木은 투했으나 癸水는 암장이다.

❸ 운(運)의 흐름이 좋지 않아 빛을 못 본 사주이다.

삼하(三夏) 戊土

여름에 戊土는 왕(旺)하니 甲木으로 소토(疏土)하면 좋다. 그리고 조후를 위해 水가 필요하다. 戊土든 己土든 土는 생명을 기르는 것이 목적이므로 丙火는 필수적이다. 그래서 戊己土는 일년 내내 丙火를 쓰는 것이다. 午未월은 더우니 水를 먼저 쓴다.

巳월 戊土

巳월은 양기(陽氣)가 상승하니 火土가 염조(炎燥)하다. 土가 강할 때이니 甲木으로 소토(疏土)하고 癸水로 조후(調候)한다. 甲木은 투(透)해야 힘이 있고, **한난조습**(寒暖燥濕)은 장간(藏干)으로도 조절하므로 수기(水氣)는 장간(藏干)에 있어도 좋다. 丙癸가 함께 투(透)하면 **인수용재격**(印綬用財格)으로 과갑(科甲)이다. 둘 중 하나가 투(透)하고 하나는 암장(暗藏)되어도 평범하지는 않다.

巳월 戊土에 丙火가 투(透)하면 진신(眞神)이 득시하여 甲木까지 출간(出干)하면 **인봉관살**(印逢官殺)로 조정의 재목이 된다. 한 무리 丙火가 있으면 **화염토조**(火炎土燥)로 하격(下格)이다. 이때 癸水가 투(透)하고 申亥에 뿌리 내리면 귀격(貴格)이다.

巳에는 庚金이 장생(長生)하지만 火土가 염조(炎燥)하니 금기(金氣)가 미약하다. 그래서 지지 금국(金局)에 癸水가 출(出)하면 기격(奇格)이고, 이런 사람은 개인의 부귀(富貴)에 그치지 않고 국가의 발전에 기여한다. 巳월 戊土가 화격(化格)이 되면 대귀격(大貴格)이다.

<table>
<tr><td>時</td><td>日</td><td>月</td><td>年</td></tr>
<tr><td>丙</td><td>戊</td><td>癸</td><td>辛</td></tr>
<tr><td>辰</td><td>辰</td><td>巳</td><td>丑</td></tr>
</table>

❶ 편인격(偏印格)이나 식재(食財)도 뿌리는 있다.

❷ 일간이 뿌리가 강하니 식재(食財)를 쓸 수 있다.

❸ 그러나 巳월이니 식재(食財)가 약한 맛이 있다.

❹ 소부(小富)하다.

午월 戊土

삼하(三夏) 戊土는 반드시 壬癸水가 있어야 한다. **화염토조**(火炎土燥)하니 水로 중화(中和)시켜야 하는 것이다. 특히 午월에는 癸水가 아닌 壬水가 적합하다.

삼하(三夏) 戊土는 土가 강하니 甲木이 있으면 길(吉)하다. 壬水가 있어야 甲木이 유용(有用)하다. 水가 없으면 타버린 木이 되어 무용(無用)하다. 午월 戊土에 壬甲 투(透)하면 재살(財殺)로 격(格)을 이루어 권위가 높다.

火土가 왕(旺)하고 한두 개의 癸水가 있는 것은 午월 丙火와 마찬가지로 癸水가 힘이 약해 癸水가 증발한다. 이런 팔자는 안질(眼疾)이 있다고 한다. 그러나 癸水 대신 壬水는 火를 제(制)하니 부귀(富貴)하다. 午월 戊土의 참다운 부귀(富貴)는 壬水가 있어야 한다. 午월 戊土에 壬水를 용(用)하면 이때는 申金 속에서 투(透)한 金이 壬水를 도우면 상격(上格)이다. 木火土가 중(重)할 때 水가 없으면 고빈(孤貧)하다.

時	日	月	年
丙	戊	庚	甲
辰	戌	午	申

❶ 양팔통(陽八通)에 양인격(陽刃格)이다.

❷ 壬申 癸酉 대운에 대부(大富)가 되었다.

❸ 그러나 甲戌 대운에 반합과 충이 동(動)하여 악사(惡死)를 당했다고
   한다.

未월 戊土

未월은 건조한 하월(夏月)이라 癸水를 용해야 귀(貴)를 논한다. 그러면 **록겁용재**(祿劫用財)가 된다. 未월 戊土는 土가 강하니 甲木을 쓴다. 癸水에 丙火가 투간(透干)하면 **인다용재**(印多用財)로 과갑(科甲)이다. 未월 戊土는 癸丙甲으로 결정된다.

未월 戊土에 丙火 없고 癸水와 甲木이 투(透)하면 수재이다. 甲木이 없어도 癸水, 즉 재(財)를 용(用)하면 부격(富格)이다. 丙火는 있고 癸水가 없으면 의록(衣祿)은 풍족하다. 丙癸가 없으면 보통인이고, 甲木도 없으면 하천(下賤)하다.

土가 많은데 하나의 甲木이 출(出)하고 庚辛金이 없으면 문장이 세상을 놀라게 한다. 이때 壬癸水가 甲木을 생하면 부귀(富貴)하고 명성이 있지만 水가 없으면 이름을 날리지 못한다.

時	日	月	年
乙	戊	己	癸
卯	申	未	丑

❶ 비겁(比劫)이 강하다.

❷ 癸水가 좋았는데 강한 土를 제할 甲木이 약하다.

❸ 직장보다는 프렌차이즈나 대리점 또는 자영업이 좋다.

가을철의 戊土에도 丙火와 癸水는 필요하다. 戊土는 마른 땅이므로 癸水를 좋아한다. 申월에는 丙癸甲을 쓰면 좋다고 하지만 그런 사주는 없다. 이때 癸水는 장간(藏干)에 있어도 좋다. 조후를 맞출 때는 지지에 암장(暗藏)되어도 좋다.

申월 戊土

申월은 한기(寒氣)가 나오는 시절이니 먼저 丙火를 용(用)하고 다음으로 癸水를 취한다. 그리고 甲木을 차용(次用)한다. 申월 戊土는 丙火로 따뜻하게 하는 것이 급선무이다. 양기(陽氣)를 채우고 癸水로 윤택하게 해야 한다. 土는 화왕(火旺)하면 두터워지고 수왕(水旺)하면 무용(無用)해진다.

申월 戊土는 丙癸甲이 투(透)하면 부귀(富貴)가 일품이다. 그러나 丙癸甲이 투(透)할 수는 없고 丙壬甲만 가능하다. 그래서 지지에 子水나 辰土 등에서 癸水가 암장(暗藏)되면 된다. 丙火가 투(透)하고 癸水는 암장(暗藏)되면 수재(秀才)로 일방(一榜)을 기대한다. 丙甲이 양투(兩透)하고 癸水가 辰에 암장(暗藏)되어 회국(會局)이 되면 부귀쌍전(富貴雙全)이다.

丙火는 없고 癸甲이 투(透)하면 **재왕생관**(財旺生官)으로 위인이 청고(淸高)하고 거부(巨富)로 이로공명(異路功名)이다. 申월 戊土에 癸甲이 없으면 평범한 명(命)이다. 丙火가 있으면 아내가 어질고 자식은 효도한다. 丙癸甲이 모두 없으면 하격(下格)이다.

時　日　月　年

壬　戊　戊　壬
子　子　申　寅

❶ 재성(財星)이 무척 강하다.

❷ 申子, 즉 식재(食財)를 써서 개인사업을 한다.

❸ 水를 써서 물장사이다.

酉월 戊土

중추(仲秋)에는 왕금(旺金)이 토기(土氣)를 설(洩)하므로 戊土가 몹시 약하다. 酉월에는 金이 戊土를 설(洩)하고 차가우니 丙火가 필요하다. 조토(燥土)는 金을 생(生)하기 어려우니 癸水가 필요하다. 그래서 丙火를 먼저 용(用)하고 癸水를 쓴다.

酉월 戊土에 丙癸가 모두 투(透)하면 과갑(科甲)이다. 丙火가 투(透)하고 癸水가 암장(暗藏)되면 성균관의 유생이고, 癸水가 투(透)하고 丙火는 암장(暗藏)되면 **상관생재**(傷官生財)로 재물을 들여 관직을 얻는다. 丙癸가 전무(全無)하면 떠돌이 팔자이다.

酉월 戊土는 甲木의 소토(疏土)는 필요 없다. 월령(月令)이 戊土를 설(洩)하기 때문이다. 酉월 戊土에 丙丁火가 없고 辛金으로 구성되면 土金 상관(傷官)이 되어 총명하다. 이때 癸水가 있으면 **상관생재**(傷官生財)로 부귀(富貴)하다. 지지에 수국(水局)이 있고 壬癸水가 출간(出干)하면 **재다신약**(財多身弱)으로 부옥빈인(富屋貧人)이니 나약하고 무능하다.

時　日　月　年

壬　戊　癸　己

戌　午　酉　亥

❶ 상관격(傷官格)에 재성혼잡(財星混雜)이다.

❷ 재성(財星)에 대한 관심 많으나, 지지에 午戌 반합으로 인성이 강하다.

❸ 상관생재(傷官生財)를 거쳐, 인성을 통해 편재를 취하려 할 것이다.

戌월 戊土

戌월 戊土가 영(令)을 잡으니 일단 甲木으로 강한 土를 통제한다. 그 다음 戌월에는 戊土가 건조하니 癸水를 취하는데 합화(合化)는 꺼린다. 합화하여 火가 강해지기 때문이다. 戌월의 戊土는 甲木을 써서 강한 土를 억제하고 癸水로 적셔준 후 丙火를 쓰면 좋은 土가 된다. 그러나 戌월에는 땅이 말라 있고 土가 왕(旺)하니 丙火가 크게 필요한 것은 아니다.

丙火와 甲木은 없으면서 癸水만 있으면 작은 의금(衣衾)만 있다. 土가 강하면 일단 甲木이 필요하다. 그러나 丙癸가 없고 甲木만 있으면 역시 마른 土에 甲木만 있어 의금(衣衾)으로 그친다. 필요한 癸甲이 하나도 없고 丙火만 있으면 보통인 또는 승려(僧侶)나 도인(道人)이 되고 타인(他人)에게 의지하며 산다.

戌월 戊土는 일간이 영(令)을 잡아 왕(旺)하니 만일 재(財)가 국(局)을 이루고 壬癸水가 천간에 투(透)하면 **신왕재왕**(身旺財旺)이 되어 반드시 부격(富格)을 이룬다. 戌월 戊土에 지지가 화국(火局)이면 **화염토조**(火

炎土燥)가 되니 명리(名利)는 허(虛)하다. 戌월 戊土는 水가 없으면 일생 (一生)이 곤고(困苦)하다.

時	日	月	年
乙	戊	庚	丁
卯	寅	戌	酉

❶ 戌월 戊土가 신약(身弱)하여 식재관(食財官)을 제대로 쓰지 못한다.

❷ 초반 己酉 戊申 대운 곤고(困苦)하였다.

❸ 丁未 丙午 乙巳 대운에 일간이 힘을 얻어 자수성가(自手成家)하였다.

❹ 사주가 탁(濁)하여 탁부(濁富)라고 나와 있다.

삼동(三多) 戊土

겨울의 戊土에게 水는 필요없다. 그래서 甲木과 丙火를 쓰면 좋다. 겨울에는 추우니 丙火가 있어야 戊土는 따뜻해지고, 甲木이 있어야 만물을 키우는 土의 역할을 하게 된다. 子丑월에는 火가 많을수록 좋다.

亥월 戊土

亥월 戊土는 甲木과 丙火를 취하여 **관인상생**(官印相生)으로 귀격(貴格)이다. 癸水는 필요 없다. 亥에 壬水가 있기 때문이다. 亥월의 차디찬 戊土는 반드시 丙火가 있어야 한다. 만일 土가 많고 따뜻하면 甲木이 용신이다. 甲木이 아니면 土가 제 역할을 못하고, 丙火가 없으면 土가 차

337

가우니 丙甲이 있으면 만물이 발(發)하여 부귀(富貴)하다. 丙甲이 없으면 하격(下格)으로 고빈(孤貧)한 명(命)이다.

亥월은 甲木이 장생(長生)하고 水가 지지에 암장(暗藏)되어 있으니 丙火가 투(透)하면 명주(命主)는 귀(貴)하고 이름을 날린다. 亥월 戊土에 庚金이 있으면 관(官)을 파괴하므로 수재(秀才)로 그칠 수 있다. 庚金이 없고 丙火가 투(透)하면 과갑(科甲)이고, 庚金은 있는데 丁火가 제(制)하면 권위가 통달하여 이로(異路)로 공명(功名)을 이룬다.

亥월 戊土에 壬水가 투하여 丙火가 곤(困)하면 戊土로 구제(救濟)해야 한다. 그러면 재격(財格)으로 부(富)한 가운데 부중취귀(富中取貴)로 귀(貴)를 취한다.

時	日	月	年
庚	戊	辛	壬
申	寅	亥	申

❶ 亥월 戊土는 甲木과 丙火를 취하여 귀격이다.

❷ 이 팔자는 甲丙이 寅 속에 숨어 있다.

❸ 庚辛金이 강한 맛이 있어 丙午 丁未운에 대발(大發)했다는 사주이다.

子丑월 戊土

子월과 丑월은 엄동(嚴冬)이니 火가 중(重)해도 좋다. 火가 많으면 영화가 있고 丙火 하나만 투(透)하면 부자(富者)다. 子丑월 戊土는 火가 있어야 재관(財官)을 감당한다. 火가 없으면 식재관(食財官)을 모두 못 쓴다.

丙甲이 양투(兩透)하면 벼슬이 높고, 丙火가 출(出)하고 甲木이 암장(暗藏)되면 의금(衣衾) 이상이다. 丙火가 암장(暗藏)되고 甲木이 출(出)하면 관리(官吏)이고, 甲木은 있고 丙火가 없으면 청빈(淸貧)하다. 丙甲이 모두 없으면 하격(下格)이고, 丙火는 있고 甲木이 없으면 부자(富者)이다. 火가 태왕(太旺)할 때는 壬水가 없으면 하격(下格)으로 고빈(孤貧)하다.

子월 戊土에 수국(水局)을 보거나 또는 丑월에 亥子丑 방국을 이룰 때 비겁(比劫)이 없으면 종재격(從財格)으로 명리(名利)를 얻는다.

子丑월 戊土에 비겁(比劫)이 많고 甲木이 투(透)하면 귀격(貴格)이다. 그러나 반드시 丙火가 있어야 한다. 丙火가 없으면 외화내빈(外華內貧)이다.

丑월 戊土가 월시(月時)에 癸水가 투하여 쟁합(爭合)이 되면 재물은 많아도 **재다신약**(財多身弱)으로 고생이 많다.

丑월 戊土에 辛金이 투(透)하면 **토금상관격**(土金傷官格)이 되어 이로공명(異路功名)을 이룬다.

時	日	月	年
壬	戊	壬	壬
子	子	子	子

❶ 온통 水로만 되어 종재격(從財格)이다.

❷ 국사(國事)를 기록하는 태사(太史) 벼슬을 하였다고 한다.

時	日	月	年
甲	戊	辛	辛
寅	寅	丑	卯

❶ 丑월에 戊土는 丙火가 투해야 한다.

❷ 대운에서 乙巳 丙午 丁未 대운으로 갈 때 좋았다.

❸ 丑월 戊土에 辛金이 투하면 이로공명(異路功名)이다.

己土
기토

　己土는 논밭으로 역시 木을 키우는 일을 한다. 이른 봄철 寅월에는 丙火와 癸水가 필요하다. 卯辰월에도 甲木과 癸水와 丙火가 있으면 좋다. 여름철 巳午未월에는 더우니 癸水를 먼저 쓰고 丙火를 쓴다. 가을철이 되면 丙火를 먼저 쓴다. 申酉월에는 丙火를 쓰고 癸水를 쓴다. 戌월은 土가 강하니 甲木으로 소토(疏土)하고 다음에 戌土는 말랐으므로 癸水를 쓴다. 그리고 丙火를 쓰면 된다. 亥子丑 겨울에는 추우니 조후(調候)를 위해서 丙火를 먼저 쓰고 甲木으로 丙火를 돕는다.

삼춘(三春) 己土

　봄철 己土에게 丙火는 필수적이다. 寅월 己土에게는 丙火가 내리쬐고 癸水가 와주면 좋다. 卯월에는 봄이 무르익으니 甲木으로 己土를 억제해 주면 좋다. 그다음에 봄비 癸水를 쓴다. 辰월에는 태양 丙火가 내리쬐고 봄비 癸水가 오면 좋다. 辰월에 土가 강할 때는 甲木으로 소토(疏土)한다.

寅월 己土

　寅월에는 己土에 한기(寒氣)가 있으므로 丙火를 용신으로 한다. 丙火가 투(透)하면 **관인상생**(官印相生)으로 과갑(科甲)이다. 壬水가 있을 때는 戊土로 제방(堤防)이 필수이다. 己土의 병(病)은 壬水이고, 壬水가 있을 때 약(藥)은 戊土이다. 戊土가 없으면 평범하다. 만물이 왕성해지길 바라면 丙火로 돕고 戊土로 막으라고 했다.

　寅월 己土에 한 무리의 甲木이 있을 때 庚金이 출간(出干)하고 癸丙이 투(透)하면 중화(中和)되어 **인수용재격**(印綬用財格)으로 명리쌍전(名利雙全)이다. 甲木이 많고 庚金이 없으면 잔질(殘疾)이 있고 폐인(廢人)이 되니 이때는 丁火로 설(洩)하면 **관인상생**(官印相生)으로 구제된다. 寅월 己土는 丙火가 필수이고 여기에 癸水로 윤택하게 하면 상격(上格)이다. 寅월 己土는 火가 많을수록 복록(福祿)이 두텁고 癸水가 더하면 귀(貴)해진다.

　寅월 己土에 한 무리의 戊土와 甲木이 출(出)하면 영화가 있다. 그 이유는 월령(月令), 寅 속의 甲木이 戊土를 제(制)하면 丙火가 유용해지기 때문이다. 이때 乙木이 출(出)하면 乙木은 많아도 소토(疏土)가 불가능하니 간사한 소인(小人)이다. 乙木은 많아도 戊土를 제(制)하지 못한다.

<table>
<tr><td>時</td><td>日</td><td>月</td><td>年</td></tr>
<tr><td>丁</td><td>己</td><td>庚</td><td>丙</td></tr>
<tr><td>卯</td><td>未</td><td>寅</td><td>子</td></tr>
</table>

❶ 지지 木이 강하다.

❷ 일간은 현실에 발을 붙일 수가 없다.

❸ 정신이상으로 가출하여 거취불명인 사주이다.

卯월 己土

卯월은 양기(陽氣)가 오르는 시절이라 丙火는 필요 없다. 甲木을 용신으로 소토(疏土)하고 癸水로 보조한다. 甲癸가 출간(出干)하면 과갑(科甲)이다. 여기에 丙火가 하나 출(出)하면 권세가 더욱 높아진다. 이때 壬水를 보면 **기토탁임**(己土濁壬)이 되어 말단 관직이다. 卯월 己土는 甲癸丙 중 하나라도 없으면 하격(下格)이다.

卯월 己土가 庚金을 보아 甲木을 제(制)하거나, 壬水가 출(出)하여 丙火를 곤(困)하게 하거나, 비겁(比劫)이 중중(重重)하면 평범한 명(命)이다. 이때 丙火만 있으면 의록(衣祿)은 있다.

卯월 己土에 지지 목국(木局)을 볼 때 庚金이 투(透)하면 부귀(富貴)하다. 乙木이 많으면 乙木과 庚金이 乙庚합이 되어 庚金이 제 역할을 못하니 교활하며 간사하고 木火운에는 매우 불길(不吉)하다.

時	日	月	年
戊	己	乙	戊
辰	酉	卯	戌

❶ 辰酉합과 卯酉충 그리고 卯戌합이 있다.

❷ 합(合)이 충(沖)을 풀어 지지의 글자들은 온전하다.

❸ 편관(偏官)을 써서 평생 간호사로 일하는 여명(女命)이다.

辰월 己土

辰월은 벼(禾稼)를 심는 때이다. 모내기를 위해 丙火를 용신으로 하고 癸水를 쓴다. 辰월은 土가 강한 때로, 丙火를 써서 土가 강해지면 甲木으로 소토(疏土)하니, 丙甲癸 모두 투(透)하면 관위(官位)가 극품(極品)에 이른다. 관(官)을 재인(財印)으로 보위(保衛)하기 때문이다.

丙甲癸 세 개 중 하나만 투하여 격(格)을 이루면 과갑(科甲)이 되지만 득지(得地)해야 한다. 득지(得地)란 지지가 장생(長生)이나 건록에 이르러야 한다. 즉 丙火는 寅巳, 甲木은 寅亥, 癸水는 子에 암장(暗藏)될 때 득지(得地)라고 한다.

辰월 己土에 甲木을 용(用)하는데 庚金이 투(透)하면 병(病)이 된다. 丙甲이 있고 癸水가 없으면 치부(致富)하지만 귀(貴)는 없다. 癸水는 있고 甲丙이 없어도 의금(衣衾)은 있다. 丙癸는 있고 甲木이 없으면 재능 있는 선비이고, 丙癸가 전무(全無)하면 속인(俗人)이고, 甲丙癸 모두 없어도 속인(俗人)이다.

時	日	月	年
甲	己	壬	辛
子	巳	辰	未

❶ 일간이 강해야 식재관(食財官)을 쓸 수 있다.

❷ 辰월에 재관(財官)이 투(透)하였다.

❸ 초반 재용식생(財用食生)으로 부명(富命)이 되었다.

❹ 亥子丑 운(運)에 재성(財星)이 뿌리를 내려 대발(大發)하였다.

삼하(三夏) 己土

　삼하(三夏) 己土, 즉 巳午未월 己土는 비슷하다. 여름철 논밭은 특별한 변화없이 식물이 성장한다. 삼하(三夏) 己土는 단비를 가장 기뻐한다. 癸水가 가장 필요하고 다음으로 丙火가 있어야 한다. 丙癸가 양투(兩透)하고 辛金이 癸水를 생하면 **수화기제**(水火旣濟)가 되어 부귀(富貴)하고 높은 지위에 오른다. 이때 戊癸합이 되면 안 좋다. 여름철만이 아니고 癸水가 용신일 때는 언제나 戊土를 두려워한다. 戊癸합이 되면 격국(格局)이 변하니 화(禍) 또는 복(福)이 되기도 한다.

　丙火는 있는데 癸水가 없으면 壬水도 사용하나 대발(大發)은 없다. 癸水 대신 壬水, 辛金 대신 庚金이 있어도 쓰임은 같으나 격국(格局)이 낮아진다. 巳午월 己土는 스스로 장간(藏干)에 丙丁火가 있으니 丙火는 없고 癸水만 있어도 **인수용재**(印綬用財)로 성격(成格)이 된다.

　한 무리의 丙火가 土를 열나게 하고 丁火가 辛金을 제(制)하며 癸水가 무근(無根)이면 가뭄이 든 것처럼 고고(孤苦)하고 영락(零落)하므로 의록(衣祿)이 오래가지 못한다. 甲木이 없고 丙火가 중중(重重)할 때 水가 없으면 늙도록 고빈(孤貧)하다. 壬癸水가 함께 출(出)하여 火를 파(破)하고 己土를 윤택하게 하면 총명(聰明)하여 부중취귀(富中取貴)하니 전화위복(轉禍爲福)이다. 하월(夏月) 己土에 木火가 중(重)하고 水가 약할 때는 부신, 방광, 생식, 비뇨기에 염증(炎症)이 있을 수 있다.

時	日	月	年
乙	己	癸	丙
亥	亥	巳	申

❶ 巳월 己土에 필요한 丙癸가 천간에 투(透)하였다.

❷ 정3품 이상의 부인인 정경부인(貞敬夫人)의 사주이다.

時	日	月	年
甲	己	庚	己
子	丑	午	亥

❶ 午월 己土에 필요한 癸水와 丙火가 장간에 있다.

❷ 편인(偏印)에 비견(比肩)이 강하다.

❸ 상관견관(傷官見官)으로 공직에는 어울리지 않는다.

時	日	月	年
乙	己	丁	壬
亥	卯	未	寅

❶ 丁壬합이 있고 지지 목국(木局)이다.

❷ 종살격(從殺格)이 성립한다.

❸ 申酉 대운에 힘들었으나 水木운에 대발하여 각국 공사(公使)를 역임
했다.

가을철 논밭도 특별한 변화가 없다. 삼추(三秋) 己土는 만물이 수장(收藏)하는 시기로 한기(寒氣)가 차오르니 丙火가 필수이다. 그리고 癸水로 자윤(滋潤)한다. 삼추(三秋) 己土는 토기(土氣)가 설(洩)되니 자왕모쇠(子旺母衰)하다. 癸水로 강한 金을 설(洩)하고, 丙火로 金을 제(制)하고, 土로 보충하면 추월(秋月)의 생물도 무성(茂盛)하다.

삼추(三秋) 己土는 차갑고 설(洩)되니 癸水를 먼저 용(用)하고, 丙火를 쓴다. 그리고 辛金을 취하여 癸水를 보좌한다. 癸水가 투(透)하고 丙火도 투(透)하면 과갑(科甲)이고 권위가 높은 상격(上格)이다. 癸水는 없고 두 개의 丙火가 투(透)하면 **식상용인**(食傷用印)되어 무직(武職) 계통의 이도(異途)로 현달(顯達)한다. 丙火는 있고 壬癸水가 없으면 성실치 못하고, 壬癸水는 있고 丙火가 없으면 의식은 충족하나 재능이 있는 것으로 그친다.

삼추(三秋) 己土가 지지 화국(火局)일 때 水로 구제하지 않으면 간사하고 흉악한 사람이다. 火가 조열(燥熱)하면 土에 생기(生氣)가 없다. 삼추(三秋) 己土에 甲木이 출(出)하여 합(合)되지 않고 癸水가 도우면 재관(財官)을 용(用)하여 귀격(貴格)이다. 그러나 癸水는 없고 庚金이 甲木을 상(傷)하지 않으면 덕(德)을 쌓아야 과갑(科甲)이다.

삼추(三秋) 己土에 지지 금국(金局)이면 金이 많으니 癸水로 설(洩)하는 경우와 丙火를 써서 己土를 생(生)하는 두 가지 방법이 있다. 申월 己土가 지지 금국(金局)에 癸水가 투(透)하고 유근(有根)하면 **식신생재**(食

神生財)가 되어 부중취귀(富中取貴)하다. 삼추(三秋) 己土가 지지 금국 (金局)에 丙丁火가 출(出)하여 구제 못하면 영락(零落) 또는 고고(孤苦)하다. 이때 丙火가 투(透)하고 丁火가 암장(暗藏)되면 丁火가 己土를 생(生)하니 이름이 천하(天下)에 날리고 오복(五福)이 완전하다.

삼추(三秋) 己土는 지지에 사고(四庫)가 있을 때 土가 강하여 甲木이 투(透)하면 부(富)하고, 甲木이 핍절(乏絶)되면 고빈(孤貧)하다. 戌월에는 土가 성(盛)하므로 甲木으로 소토(疏土)하고 丙癸를 취한다. 추토(秋土)는 기(氣)가 설(洩)되어 차가우니 己土를 丙丁火가 보호해 주면 귀격(貴格)이 되는 것이다.

丙火가 투(透)하고 癸水가 암장(暗藏)되면 水가 마르니, 金이 水를 생(生)해야 빼어나고, 하나의 壬水가 癸水를 도우면 부귀(富貴)하고 강개심(慷慨心)이 있어 명성을 날린다. 戊土가 투(透)하면 水를 억제(抑制)하여 흉액(凶厄)이 있고 또한 가난하다.

목화상관(木火傷官)은 문직(文職)과 인연이 있고, **토금상관**(土金傷官)은 무직(武職)과 인연이 있다. 戊己土가 水가 많아 윤하(潤下)에 이르면 土가 무너지므로 고향을 떠나거나 빈한(貧寒)하고 분파(奔波)하기 쉽다. 즉 수왕(水旺)하면 土가 허(虛)해지고, 토왕(土旺)하면 水가 메마른다.

戊己土가 참되려면 팔자에 丙丁火를 구비하여 신강(身强)해야 한다. 戊己土는 亥卯未 관(官)과 申子辰 재(財)가 있으면 길(吉)하고, 형충파해 (刑沖破害)가 되면 흉(凶)하다.

時	日	月	年
甲	己	庚	戊
子	丑	申	寅

❶ 초반 겁재(劫財) 상관(傷官) 寅申충으로 곤고(困苦)하였다.

❷ 癸亥 甲子 대운에 대발(大發)하여 정계에 이름을 날렸다.

❸ 乙丑 대운에 乙庚 합화(合化)가 되어 낙향(落鄕)하여 재기(再起)를
하지 못하였다.

時	日	月	年
壬	己	癸	甲
申	未	酉	寅

❶ 酉월 己土는 丙癸가 필수적이다.

❷ 丙子 대운 丙癸를 갖추게 된다.

❸ 해군 장군인 제독(提督)으로 공명(功名)을 날렸다.

時	日	月	年
戊	己	甲	己
辰	未	戌	丑

❶ 온통 土이다.

❷ 주역(周易)의 대가(大家)였다고 한다.

삼동(三冬) 己土는 꽁꽁 언다. 그래서 丙火가 없으면 생의(生意)가 없다. 丙火가 시급하다. 丁火는 촛불과 같아 꽁꽁 언 땅을 해동(解凍)하기 힘들다. 그래서 丁火는 아무리 많아도 의록(衣祿)에 불과하다. 丙火가 寅에 암장(暗藏)되어도 유용(有用)하다.

토왕(土旺)하면 甲木을 쓰고, 수왕(水旺)하면 戊土를 쓴다. 戊土를 용신으로 쓸 때는 壬水가 왕(旺)한 亥월에만 쓴다. 己土는 습(濕)하여 壬水를 제(制)하지 못하니 반드시 戊土가 도와야 한다. 戊土가 없으면 부옥빈인(富屋貧人)이다. 이때 水가 왕(旺)하면 겁재(劫財)인 戊土로 분산하고, 火로 따뜻하게 하면 부(富)한 가운데 귀(貴)를 취한다. 火가 투(透)하면 **재격투인**(財格透印)으로 성격(成格)되어 귀(貴)하다.

삼동(三冬) 己土에 壬水의 출간(出干)은 밭에 호수가 침범하니 **재다신약**(財多身弱)으로 고생한다. 삼동(三冬) 己土는 반드시 火土가 있어야 부귀격(富貴格)이다. 火가 있으면 고(孤)하지 않고, 土를 보면 빈(貧)하지 않다.

토금상관(土金傷官)에 인수(印綬) 火가 있으면 부귀격(富貴格)이다. 丑월에는 丑 속에 土金이 있어 체용(體用)이 동궁(同宮)이라 기격(奇格)을 이루는데 丙丁火가 없으면 불가하다. 조후(調候)를 볼 때 壬癸水와 丙丁火는 차이가 있다. 癸水로는 화왕(火旺)을 다스리기에는 부족할 때가 있고, 丁火는 해동(解凍)하기에는 힘이 약할 때가 있다.

초동(初冬)에는 壬水가 강하니 戊土를 쓰고 그 외에는 丙丁火를 용

(用)한다. 삼동(三冬) 己土는 丙火가 천간에 투(透)하고 지지에도 하나 암장(暗藏)되어 있고 甲木이 함께 투(透)하면 **관인상생**(官印相生)으로 길(吉)하다.

삼동(三冬)은 수왕(水旺)할 때니 또 한 무리의 壬癸水가 있고 인비(印比)가 없으면 종재격(從財格)이 된다. 종재격(從財格)이 되면 과갑(科甲)에 준한다. 그러나 **비겁쟁재**(比劫爭財)는 평범하고 처와 자식이 가권(家權)을 잡는다.

한 무리의 戊己土가 있을 때는 甲木이 투(透)하면 부귀(富貴)하다. 또 한 무리의 庚辛金이 있으면 丙火를 용(用)하는 것이 필수이고, 丁火로 도와야 한다. 이때 丙火 암장(暗藏)은 金土가 따뜻해져서 부귀(富貴)하다. 이때 庚金이 투하여 강하면 丁火로 제(制)해야 한다.

時	日	月	年
丁	己	乙	己
卯	酉	亥	酉

❶ 일간 己土가 의지할 곳이 없는 사주이다.

❷ 남방(南方) 운(運)에 좀 나아질 것이다.

❸ 원국(原局)이 편고(偏枯)하여 일생 고빈(孤貧)하였다.

時	日	月	年
戊	己	甲	戊
辰	巳	子	戌

❶ 비겁(比劫)이 많다.

❷ 재격(財格)에 강한 土를 甲木이 제(制)하고 있다.

❸ 寅卯辰 대운에 부자가 되어 일생 대부(大富)였다고 한다.

時	日	月	年
甲	己	乙	戊
戌	未	丑	辰

❶ 지지가 모두 土로 비겁(比劫)이 강하다.

❷ 그러나 丑월에 己土가 강한 것은 아니다.

❸ 한 무리의 戊己土가 있을 때는 甲木이 투(透)하면 부귀(富貴)하다.

❹ 土는 변화가 있는 삶을 예고한다.

庚金
경금

庚金도 甲木이나 丁火와 마찬가지로 보통 甲庚丁이 모여 귀격(貴格)을 이룬다. 寅월에 庚金은 丙丁火에 甲木을 사용하면 귀격(貴格)이다. 卯월과 辰월에도 丁甲을 써서 성격(成格)이 된다. 巳午월에는 더우니 壬水를 써서 조후(調候)를 맞추고 戊土를 축축하게 하여 庚金을 생하면 된다. 午월에는 壬水를 쓰고 癸水를 차용(次用)한다. 未申酉월에는 가을철로 접어드니 丁甲을 써서 **벽갑인정**(劈甲引丁)을 만든다. 戌월에는 土가 강하니 甲木으로 제(制)하고 壬水로 축축하게 하면 土가 金을 생하게 된다. 亥월에는 겨울의 시작이고 亥 속에 甲木이 있으니 丁丙을 써서 성격(成格)이 된다. 子월과 丑월에도 추우니 丙丁火를 쓰고 甲木을 써서 귀격(貴格)을 만든다.

삼춘(三春) 庚金

일반적으로 庚金은 丁火와 甲木을 써서 귀격(貴格)을 이룬다. 寅월은 한기(寒氣)가 있으니 丙丁火를 쓰고 甲木을 쓰면 좋다. 卯월은 木의 기운이 강해지니 丁火를 먼저 쓰고 甲木을 다음으로 사용한다. 辰월은 土가 강하니 甲木을 먼저 쓰고 丁火를 쓰면 좋다.

寅월 庚金

寅월은 **목왕지절**(木旺之節)이니 金이 약하다. 火土가 寅의 지장간에 있으므로 마른 조토(燥土)가 金을 생(生)하기 힘들고, 오히려 土가 두터워 金이 묻힐 수 있다. 그래서 봄의 庚金은 약하지만 戊土는 안 된다. 戊土는 건토(乾土)로 庚金을 덮어버리니 戊土가 있으면 甲木이 있어야 한다. 그래서 춘금(春金)은 약할 때 비겁(比劫)은 기뻐하지만 인성(印星)인 戊土는 꺼린다. 己土는 습토(濕土)이니 괜찮다.

비겁(比劫)과 인성(印星), 즉 土金으로 庚金이 힘을 얻으면 丙甲이 있어야 하고, 丁火가 단련하면 길(吉)하다. 丙甲, 즉 재관(財官)이 모두 寅에 있으니 부귀(富貴)가 가볍지 않다. 土가 많을 때 甲木이 투(透)하면 귀(貴)하고, 甲木이 암장(暗藏)되면 부(富)가 있다. 이때 庚金이 있으면 甲木을 제(制)하니 안 된다.

지지 화국(火局), 즉 관살(官殺)에 壬水가 투(透)하고 뿌리가 있으면 **식신제살**(食神制殺)로 크게 부귀(富貴)하다. 관살(官殺)이 회국(會局)을 이루면 반드시 壬癸水 식상(食傷)으로 구해야 한다. **寅월 庚金**은 丙甲을 쓰면 상격(上格)이고, 丁火는 차선(次善)이다. 춘금(春金)에 火 관살(官殺)이 많으면 요절하거나 또는 빈한(貧寒)하다. 庚金은 火의 단련(鍛鍊)

을 기뻐하나 지나치면 안 좋다.

<table>
<tr><td>時</td><td>日</td><td>月</td><td>年</td></tr>
<tr><td>丁</td><td>庚</td><td>壬</td><td>壬</td></tr>
<tr><td>丑</td><td>子</td><td>寅</td><td>午</td></tr>
</table>

❶ 土金으로 庚金이 힘을 얻으면 丙甲이 있어야 하고, 丁火가 단련하면 길(吉)하다.

❷ 재관(財官)이 모두 寅에 있으니 부귀(富貴)가 가볍지 않다.

❸ 대운(大運)에서 火가 강할 때 팔자의 水가 크게 도움이 된다.

❹ 북한 김정일의 사주로 己酉 대운(大運) 사망.

卯월 庚金

卯월 庚金은 지지에 乙木이 있어 암암리에 乙庚합의 금기(金氣)에 의해 강해져 추금(秋金)처럼 丁火를 용(用)하고 庚金으로 벽갑(劈甲)한다. 丁火 대신 丙火가 있으면 억지로 노력해야 부귀(富貴)해진다. 丁甲이 있어도 庚金이 없으면 보통인이다. 丁庚은 있는데 甲木이 없으면 평상인이다.

卯월 庚金은 丁火가 투(透)하면 庚甲이 없어도 공감(貢監)은 한다. 丁火는 없고 丙火가 있으면 이로(異路)로 공명을 이루어 부중취귀(富中取貴)하다. 춘월(春月) 丁火는 왕(旺)도 쇠(衰)도 아니니 甲木을 써서 보좌하면 기물이 되지만, 庚金의 벽갑(劈甲)이 없으면 인정(引丁)을 못한다.

卯월 庚金이 丁火를 용(用)하면 甲木과 함께 성격(成格)이 된다. 이때 庚金이 甲木을 제(制)하면 부귀격(富貴格)이 되지만 재(財)가 깨지니 처(妻)가 형극(刑剋)을 당한다. 甲乙木이 한 무리를 이루고 비겁(比劫)이 없으면 종재격(從財格)이 되어 부귀(富貴)하다. 이때 하나의 비견(比肩)이라도 있으면 **재다신약**(財多身弱)이 되어 부옥빈인(富屋貧人)으로 고빈(孤貧)하다.

丁　庚　己　庚
丑　寅　卯　申

(시간 표: 時 日 月 年 / 丁 庚 己 庚 / 丑 寅 卯 申)

❶ 비견(比肩)과 인성(印星)으로 일간이 약하지 않다.

❷ 재격(財格)으로 부자(富者)였고 丁火까지 취하여 귀(貴)하였다.

❸ 卯월 庚金이 丁甲을 취하여 귀(貴)하다.

辰월 庚金

辰월 庚金은 土의 계절이니 묻힐 염려가 있다. 먼저 甲木으로 소토(疏土) 후 丁火로 단련한다. 庚金에 丁火가 없으면 요절 또는 빈한(貧寒)하다. 甲丁 두 글자 중 하나만 없어도 참된 부귀(富貴)는 아니다. 甲木은 투(透)하고 丁火가 암장(暗藏)되면 채근(採芹)은 한다. 채근(採芹)은 진사(進士)나 생원(生員) 정도의 감투이다.

丁甲이 모두 암장(暗藏)되고 庚金이 甲木을 제(制)하지 않으면 부중취귀(富中取貴)하다. 丁火는 있고 甲木이 없으면 세상물정에 어두운 선비이고, 생각이 완고한 선비이다. 丁甲이 모두 없으면 하천(下賤)하다.

辰월 庚金이 지지 토국(土局)을 만났을 때 甲木이 없으면 金이 매립되어 빈천하다. 乙木은 소토(疏土)할 힘이 없으니 甲木보다 역량이 부족해 간사한 소인이다.

지지 화국(火局)에 癸水가 투(透)하면 부귀하다. 이때 丙火가 출간(出干)하면 癸水로는 힘이 부족하니 壬水로 제(制)하면 길(吉)하다. 水의 제지(制止)가 없으면 잔질(殘疾)이 있거나 또는 요절한다.

時	日	月	年
壬	庚	庚	庚
午	申	辰	子

❶ 申子辰 삼합으로 水의 기운이 강하다.

❷ 초년 巳午未 대운에 보통이었다.

❸ 申酉 대운에 대발(大發)하여 고관(高官)인 태사(太師) 벼슬을 하였다.

삼하(三夏) 庚金

巳午월 여름의 庚金은 조후상 壬水를 먼저 쓴다. 뜨거울 때이니 庚金이 좋아하는 丁火도 필요하지 않다. 특히 午월에는 무더우니 壬水와 癸水를 동시에 써서 庚金을 보호한다. 未월에는 다시 庚金과 좋은 관계를 이루는 丁火와 甲木을 쓰면 좋다.

巳월 **庚金**

巳월은 더우니 **庚金**은 壬癸水가 있어야 묘(妙)하다. 水로 火를 제(制)하여 土를 윤택하게 하면 귀격(貴格)이다.

巳의 장간(藏干)에는 戊土와 庚金과 丙火가 있다. 丙火는 金을 녹이지 못하고, 戊土는 건토(乾土)라서 金을 생(生)하지 못한다. 그래서 壬水를 용신으로 하여 뜨거움을 식힌다. 壬水가 있으면 戊土가 습토(濕土)로 변해 庚金을 생(生)하고, 여름의 丙火가 빛나니 壬戊丙이 완전하면 부귀쌍전(富貴雙全)하다. 그러나 壬戊丙 중 한두 개가 투(透)하면 공감(貢監)이나 의록(衣祿)은 있다.

巳월 **庚金**이 지지에 금국(金局)이 있으면 庚金이 강해져 丙火로는 제(制)가 안 되니 丁火가 투(透)해야 길(吉)하다. 그러나 丁火가 서너 개 출(出)하면 태과(太過)하여 파란(波瀾)이 있다. 庚金이 강할 때는 丁火를 사용하여 귀(貴)를 얻는데 이때 壬癸水가 丁火를 상(傷)하게 하면 오히려 흉(凶)하다.

時	日	月	年
甲	庚	己	己
申	子	巳	未

❶ 일간 庚金이 월지(月支)에 뿌리를 두고 인성(印星)이 많다.

❷ 申子 반합으로 강한 힘을 설기(洩氣)한다.

❸ 대운이 木水로 가니 약간 귀(貴)하였다.

午월 庚金은 丁火가 강렬하니 壬水를 전용하고 癸水를 차용(次用)한다. 庚金은 丁火로 단련함이 좋지만 午월의 丁火는 너무 강하니 水가 있어야 한다. 壬水가 투(透)하고 癸水는 암장(暗藏)될 때 장간(藏干)에 庚辛金이 있으면 과갑(科甲)이다. 이때 戊己土가 水를 제압하면 안 된다. 그러면 평범해진다.

戊土가 지지에 암장(暗藏)되고 木으로 제(制)하면 유림의 수사(秀士)이다. 壬水가 지지에 있고 金이 출간(出干)하면 학문에 밝고 귀(貴)하다. 壬水 대신 癸水가 출(出)하고 辛金이 도우면 이로(異路)로 발달한다.

지지에 화국(火局)을 이루면 반드시 水로 구제해야 한다. 지지 화국(火局)에 水가 핍절(乏絶)되면 좋을 리가 없다. 午월 庚金은 水가 없으면 대운(大運)이라도 북방(北方)으로 흘러야 효용을 실감한다.

時	日	月	年
壬	庚	庚	己
午	戌	午	未

❶ 초반 인수(印綬)가 강하여 좋은 환경에서 자랐다.

❷ 丁卯 丙寅 대운 재화(災禍)를 입어 곤고(困苦)하였다.

❸ 乙丑 甲子 대운에 강한 화기(火氣)가 억제되어 부유했다.

未월 庚金

未월 庚金은 삼복생한(三伏生寒)의 계절이다. 丁火를 용(用)하고 甲木을 취한다. 丁甲이 양투(兩透)하면 이름을 날리고 번영하나 癸水가 丁火를 상(傷)하면 흉(凶)하다. 甲木이 있고 丁火가 없으면 속인(俗人)으로 평범하다. 丁火는 있고 甲木이 없으면 생원(生員)이다. 丁甲이 모두 없으면 하천(下賤)하다.

未월은 己土가 왕왕(旺旺)하여 丁火가 투(透)하지 않으면 丁火는 없는 것과 같다. 未土의 장간(藏干)에 재관(財官)이 약하게 있으니 의록(衣祿)은 있다. 재(財)는 있는데 관(官)이 없으면 평범하고 속되고, 관(官)이 있는데 재(財)가 없으면 유림(儒林)의 수재(秀才)이다.

未월 庚金이 지지에 토국(土局)을 만나면 甲木을 먼저 쓰고 丁火를 쓴다. 지지 토국(土局)에는 甲木이 반드시 투(透)해야 소벽(疏闢)할 수 있다. 이때 甲木이 투(透)하면 문장(文章)이 뛰어나다. 즉. 덕망(德望)이 높아 세상에 이름을 날린다.

時	日	月	年
辛	庚	己	戊
巳	辰	未	辰

❶ 정편인(正偏印) 혼잡이다.

❷ 머리는 좋았으나 진로가 순탄하지 못했다.

❸ 丁巳 대운에 초등교사 발령을 받았다.

가을에는 추워지니 丁火를 먼저 쓰고 다음으로 甲木을 쓰면 귀격(貴格)을 이룬다. 戌월에는 土가 강하니 甲木을 먼저 쓰고 壬水로 씻어주면 좋다. 가공되지 않은 庚金은 壬水로 씻어주면 좋은 관계를 이룬다.

申월 庚金

申월 庚金은 매우 강하니 丁火를 전용하여 하련(煆煉)하고, 다음에 甲木으로 丁火를 인정(引丁)한다. 申월 庚金은 반드시 火로 단련해야 큰 기물이 된다. 추금(秋金)에 壬癸水는 좋지 않고, 木火를 만나 국(局)을 이루면 수복(壽福)이 하늘과 같다. 申월 庚金에 甲木은 있고 丁火가 없으면 평인이다. 丁甲이 모두 없으면 남의 밑에서 일한다. 申월 庚金에서 丁火 대신 丙火를 용(用)하면 부귀(富貴)는 있으나 丁火만 못하다.

申월 庚金이 지지에 수국(水局)을 보았을 때, 丁火는 없고 丙火가 사주에 있으면서 甲木이 없으면 필시 우둔하고 나약한 선비이다. 왜냐하면 金水가 양왕(洋汪)하여, 꼭 필요한 火를 제(制)하며 甲木도 없으니 발전을 못하는 것이다. 이때 甲木이 출간하여 인정(引丁)을 하면 생원(生員)이나 공감(貢監)은 한다.

지지에 토국(土局)이면 甲木을 먼저 쓰고 丁火로 보좌한다. 申월 庚金은 지지 화국(火局)이면 부귀(富貴)하다. 金이 지지 申酉戌을 만나면 종혁격(從革格)이 되어 부귀(富貴)하다.

時	日	月	年
壬	庚	甲	庚
午	申	申	午

❶ 木과 金, 金과 火가 서로 대치상태이다.

❷ 사주가 탁(濁)하다.

❸ 丙戌 대운에 火기운이 강하여 폐병으로 사망했다.

酉월 庚金

酉월 庚金은 강하니 丁火를 용(用)하고, 甲木으로 丁火를 보좌한다. 그리고 丙火로 조후(調候)한다. 酉월 庚金은 丁火로 단련하고 丙火로 한기(寒氣)를 제거하면 좋다. 酉월 庚金은 丁甲이 투(透)하고 다시 丙火를 한 개 보면 공명(功名)이다. 酉월 庚金은 **관살혼잡**(官殺混雜)을 꺼리지 않으니 관살(官殺)을 병용(竝用)한다.

酉월 庚金은 양인(陽刃)이니 丙火가 중중(重重)하고 丁火가 한 개 투(透)하면 **살왕인경**(殺旺刃輕)하여 과갑(科甲)이다. 살인(殺刃)이 균등하여 귀(貴)가 왕후에 이른다. 살인(殺刃)은 주로 귀(貴)가 무직(武職)에 있다. 酉월 庚金은 **금왕목쇠**(金旺木衰)에 火가 있으면 火로 인(刃)을 제압하니 살인격(殺刃格)이다. 금왕(金旺)하고 목쇠(木衰)한 시절에 丙丁火를 못 보면 예술하는 부류이다.

종혁격(從革格)은 申酉戌과 巳酉丑으로 종혁격(從革格)이 된다. 종혁격(從革格)이 乙丙丁 삼기(三奇)를 만나면 천추(千秋)에 명성을 날린다.

巳酉丑 금국(金局)으로 종혁격(從革格)이 성립되려면 金과 상극되는 丙丁甲이 팔자에 없어야 한다. 종혁격(從革格)일 때 미약한 火만 있어도 파격(破格)이 되어 버린다. 火운도 흉(凶)하다.

<table>
<tr><td>時</td><td>日</td><td>月</td><td>年</td></tr>
<tr><td>辛</td><td>庚</td><td>辛</td><td>癸</td></tr>
<tr><td>巳</td><td>申</td><td>酉</td><td>酉</td></tr>
</table>

❶ 비겁(比劫)이 너무 강하다.

❷ 火가 있어 종격(從格)도 아니다.

❸ 부친과 일찍 이별했다.

戌월 庚金

戌월 庚金은 戌土의 계절이니 土가 두터워 매립될까 두렵다. 土가 강할 때는 甲木을 용(用)하여 소토(疏土)하고 그다음 壬水로 세척한다. 추금(秋金)은 丁火를 용신으로 하고 壬水가 중요하다. 庚金은 壬水로 맑아지고 丁火로 예리함이 빛난다. 壬水를 쓸 때 **기토탁임**(己土濁壬)이 되면 안 되니 己土는 사용하지 않는다. 戌월 庚金은 戌己土가 모두 출(出)하면 흉(凶)하다.

壬甲이 양투(兩透)하면 과갑(科甲)이고, 甲木이 투(透)하고 壬水가 암장(暗藏)되면 고향의 우두머리인 향괴(鄕魁)는 가능하다. 甲木이 암장(暗藏)되고 壬水가 투(透)하면 쌀 관리 공무원인 늠공(稟貢)이다.

甲木은 있고 壬水가 없으면 **인수용재**(印綬用財)로 학문은 있다. 壬水는 있고 甲木이 없으면 庚金이 土에 묻히므로 평범하다. 壬甲이 모두 없으면 하격(下格)으로 우매하고 완고하여 무용지물(無用之物)이다. 이때 丁火, 관(官)이라도 있으면 그나마 유용하다.

時	日	月	年
辛	庚	丙	庚
巳	戌	戌	寅

❶ 일간 庚金의 뿌리가 튼튼하다.

❷ 庚寅 辛卯 대운에 발전하여 작은 벼슬을 하였다.

❸ 팔자에 水가 없어 조열(燥熱)하여 소귀(小貴)했다.

삼동(三冬) 庚金

亥월은 본격적으로 추워지니 庚金에게는 우선 火가 필요하다. 丁火와 丙火 모두 있으면 좋다. 子월에는 역시 丙丁火를 쓰고 甲木으로 생해 주면 좋다. 丑월에는 子월과 마찬가지로 조후상 丙丁火를 먼저 쓰고 다음으로 甲木을 쓰면 좋다.

亥월 庚金

庚金은 亥월에 12운성 병(病)이라서 약하다. 亥월 庚金은 물이 차고 추우니 丁火가 없으면 조화롭지 못하고, 丙火가 없으면 따뜻하지 못하다. **관살혼잡**(官殺混雜)이 되더라도 丙丁火가 함께 있어야 좋다.

亥월 庚金은 丁甲이 양투(兩透)하고 지지에 수국(水局)이 없다면 일방(一榜)은 있다. 亥월 庚金은 일선에 丁火를 용신으로 하고, 丙甲이 있으면 귀격(貴格)이다. 丙火는 투(透)하고 丁火가 없으면 현달(顯達)하지 못한다. 그러나 부격(富格)이다. 丙火가 투(透)하고 丁火는 암장(暗藏)에 甲木이 투(透)하면 이도(異途)로 무직(武職)이다.

金水가 혼잡되고 丙丁火가 전혀 없으면 어리석고 도량이 좁다. 팔자가 **금한수냉**(金寒水冷)하면 丙丁火를 우선 사용해야 한다. 亥월 庚金은 **금수상관**(金水傷官)으로 인수(印綬) 土가 없으면 총명하지만, 인수(印綬) 土가 있으면 혼탁하여 완고하고 어리석다.

時	日	月	年
戊	庚	辛	丁
寅	申	亥	巳

❶ 亥월 庚金은 丁火를 용신으로 한다.

❷ 지지에 寅申巳亥가 있어 역동적인 삶을 살았다.

❸ 필요한 甲木은 亥에서 장생(長生)이다.

❹ 박정희 대통령의 사주로 알려져 있다.

子월 庚金

삼동(三冬) 庚金은 丙丁火를 용신으로 하고 甲木으로 보좌하면 좋다.

子월 庚金은 천기(天氣)가 몹시 춥고 차니 丁甲을 취하고 丙火로 따뜻하게 한다. 丁甲이 양투(兩透)하고 丙火가 장간에 있으면 과갑(科甲)이다. 子월 庚金은 丁丙甲이 없으면 하격(下格)이다.

子월 庚金이 신약(身弱)하면 비겁운(比劫運)에 길(吉)하고 인수운(印綬運)은 안 좋다. 子월 庚金에 인수(印綬), 戊己土는 金水의 청(淸)함을 방해하기 때문이다. 子월 庚金은 丙火가 중중(重重)하면 부(富)하기는 하지만 청고(淸高)하지는 않다.

子월 庚金이 丙癸를 같이 보면 흑운차일(黑雲遮日)이 되어 비속(卑俗)해진다. 다만 여광(餘光)의 힘으로 재능은 있다. 子월 庚金에 丙丁火가 태다(太多)하면 **관살혼잡(官殺混雜)**으로 안 좋다. 특히 신(身)이 약하다면 두렵다.

<table>
<tr><td>時</td><td>日</td><td>月</td><td>年</td></tr>
<tr><td>癸</td><td>庚</td><td>庚</td><td>辛</td></tr>
<tr><td>未</td><td>辰</td><td>子</td><td>亥</td></tr>
</table>

❶ 子월 庚金은 丁甲으로 귀(貴)를 논한다.

❷ 丁甲이 지장간에 있다.

❸ 未土가 조후(調候)를 맞추고 있다.

❹ 乙未 甲午 癸巳 대운에 귀(貴)하지 못하고 부(富)했다.

丑월 庚金

丑월은 아직은 겨울이고 추우니 丙火로 해동(解凍)하고, 丁火로 연금(鍊金)한다. 겨울 庚金은 丙火로 조후(調候)하면 부(富)가 있고, 丁火로 단련하면 귀(貴)가 있다.

甲木이 적으면 연금(鍊金)이 불가하다. 丙丁甲이 투(透)하면 과갑(科甲)은 아니어도 대부대귀(大富大貴)하다. 丙火는 있고 丁甲이 없으면 부중취귀(富中取貴)하고, 丁甲은 있고 丙火가 없으면 특별한 재주가 있다. 丙丁火는 있고 甲木이 없으면 丁火를 생(生)해 주는 희신(喜神)이 없어 자수성가(自手成家)하고 지력(智力)으로 형통(亨通)하다.

丑월 庚金에 지지가 금국(金局)이고 火가 없으면 하격(下格)이다. 丑월은 기세(氣勢)의 순수함이 酉월의 巳酉丑 금국(金局)에 미치지 못하니, 丁丙甲이 없으면 금국(金局)을 지어도 무용지물(無用之物)이다. 丁火를 용(用)하여 귀격(貴格)이 된다.

時	日	月	年
丁	庚	丁	己
丑	戌	丑	酉

❶ 丑월 庚金은 丙丁甲으로 귀격(貴格)이다.

❷ 丁火는 있으나 해동(解凍)할 丙火가 없다.

❸ 운(運)의 흐름에 기대어 본다.

辛金
신금

辛金이 좋아하는 것은 壬水이다. 辛金은 사철 壬水를 써서 좋은 관계를 이룬다. 寅월에는 辛金은 약하니 己土로 생(生)하고 壬水를 쓴다. 卯辰월에 甲木을 쓰는 이유는 辛金이 싫어하는 土를 제거하기 위해서이다. 그래서 卯辰월에는 壬水를 쓰고 甲木을 쓰면 된다. 巳월 辛金은 더우니 壬水를 쓰고 癸水로 보좌한다. 午월에는 水로 조후(調候)를 맞추고, 辛金이 약할 때이니 己土로 생(生)해 주면 좋다. 未월에는 辛金이 土로 더럽혀지니 壬水로 씻어내고 庚金으로 보좌한다. 申酉戌월 가을철에는 壬水를 먼저 쓰고 봄철처럼 土를 방지하기 위하여 甲木을 사용한다. 겨울철 辛金은 丙火와 壬水를 써서 성격(成格)이 된다. 辛金은 壬水와 丙火와 좋은 관계가 된다.

삼춘(三春) 辛金

庚金이 甲丁을 만나 좋다면, 辛金은 壬水로 깨끗이 씻어지는 것을 좋아한다. 寅월에는 辛金이 약하니 己土로 생한다. 그러나 卯辰월에는 土가 많으면 안 되니 甲木을 쓰면 좋다. 항상 주변 상황을 보며 적절한 글자를 사용하면 좋다.

寅월 辛金

庚金은 양간(陽干)으로 강하고 예리하고 극하면 좋지만, 辛金은 음간(陰干)으로 강할 때는 극하면 안 되고 설(洩)하는 것이 좋다. 寅월 辛金은 寅 속 丙火가 있지만 辛金은 음간(陰干)이어서 극하면 안 되니 丙火를 직접 쓰지 못한다.

寅월에 辛金은 쇠갈(衰竭)하니 己土의 생(生)이 필요하고, 壬水로 火를 극(剋)해서 辛金을 보호해야 한다. 辛金은 寅월에 己土로 근본을 삼고 壬水에 의지하면 좋으니, 己壬이 양투(兩透)하고 庚金이 寅월의 강한 甲木을 제(制)하면 과갑(科甲)이다. 壬水를 보아도 己庚이 없으면 약한 金이 설기(洩氣)가 심해 빈천한 명(命)이 된다.

辛金에 丁火가 있으면 **화소주옥**(火燒珠玉)이라 하여 좋지 않은 관계이다. 寅월 辛金은 쇠갈(衰竭)하니 火가 극하면 흉(凶)하다. 특히 화국(火局)이면 대흉(大凶)이다. 寅월 辛金은 지지 화국(火局)을 보면 壬己가 있어도 **화왕토조**(火旺土燥)로 평범한 명(命)이 되어 버린다. 결론은 寅월 辛金은 己土를 용(用)하고 나중에 壬水를 쓴다. 그리고 庚金으로 보좌 후 丙火는 참고로 한다.

時	日	月	年
己	辛	庚	丙
丑	酉	寅	辰

❶ 寅월 辛金은 己土와 壬水가 있으면 귀격(貴格)이다.

❷ 이 사주는 己土는 있고 壬水가 없다.

❸ 비겁(比劫)의 기운이 너무 강해 외견은 좋으나 실속은 없는 사주이다.

❹ 항상 음양(陰陽)의 균형이 중요하다.

卯월 辛金

卯월은 양기(陽氣)가 화창하니 壬水를 먼저 쓴다. 寅卯월에는 辛金이 연약하여 土가 많으면 매몰되니 甲木으로 제(制)해야 한다. 戊己土는 辛金을 매몰시키고 보석의 빛을 잃게 하니 병(病)이다. 金이 土로 매몰(埋沒)되면 탁해져 고집이 세고 어리석다. 이때는 甲木이 약(藥)이다. 甲木으로 土를 제복(制伏)하면 辛金이 土에 더럽혀지지 않고 壬水도 탁해지지 않으니 높은 벼슬에 오른다. 이때 甲木이 아닌 乙木이 있으면 약간의 의금(衣衾)은 있지만 명리(名利)가 모두 헛되다.

卯월 辛金에 지지 목국(木局)이고 壬水로 설할 때는 庚金이 있어야 부귀(富貴)하다. 庚金이 없으면 평상인이다. 삼춘(三春) 辛金은 매우 취약하여 겁재(劫財)가 돕지 않으면 재(財)를 감당하기 힘들다. 음간(陰干)은 약할 때 겁재(劫財)가 도움이 되고, 양간(陽干)은 약하면 인수(印綬)가 도움이 된다.

卯월 辛金에 壬水가 중중(重重)하면 도세태과(淘洗太過)하니 일을 도모하기 어렵고 만사(萬事)가 불능이다. 이때는 庚金이 투하여 일간을 돕거나, 戊土로 壬水를 제(制)해야 길(吉)하다. 卯월 辛金에 지지 화국(火局)이면 **화왕토조**(火旺土燥)로 金水 모두 상(傷)하니 하류(下流)의 명(命)이다. 이때는 庚壬이 투하여 구제(救濟)해야 귀격(貴格)이 된다.

<table>
<tr><td>時</td><td>日</td><td>月</td><td>年</td></tr>
<tr><td>辛</td><td>辛</td><td>乙</td><td>癸</td></tr>
<tr><td>卯</td><td>丑</td><td>卯</td><td>丑</td></tr>
</table>

❶ 辛金을 씻어줄 壬水가 없고 癸水가 있다.

❷ 식재(食財)를 약한 인성(印星)과 함께 사용한다.

❸ 관(官)은 없고 교육 계통에 근무한다.

辰월 辛金

辰월은 戊土가 사령하여 인성(印星)이 강하니 모왕(母旺)하다. 먼저 壬水로 닦아내고 그다음에 甲木을 쓴다. 戊土가 출(出)하면 壬水를 극하여 한유(寒儒)에 불과하니 甲木으로 土를 제(制)해야 한다. 그래서 辰월 辛金에 壬甲이 투(透)하면 **재봉식상**(財逢食傷)이 되어 부귀(富貴)하고, 壬水가 투(透)하고 甲木이 암장(暗藏)되면 의록(衣祿)이 있다. 壬甲이 모두 없으면 평상인이다.

戊土가 출(出)하면 辛金이 묻히고 戊土가 水를 제(制)하니 甲木이 필요하다. 戊土를 제(制)하는 甲乙木이 없으면 청렴(淸廉)하고 학문은 있으나 빈한(貧寒)하다. 지지에 土가 많으면 金을 묻어버리는 병(病)이 되니, 甲木이 없으면 우둔(愚鈍)하고 완고(頑固)하다.

辰월 辛金에 火가 많을 때 水가 제복(制伏)하지 않으면 火土가 난잡(亂雜)하여 甲木이 있어도 분목(焚木)이 되어 승도(僧徒)의 길을 간다. 甲木이 출(出)하면 **인수용재**(印綬用財)로 귀격(貴格)이지만 이때는 庚金이 甲木을 제(制)하지 않아야 한다.

<table>
<tr><td>時</td><td>日</td><td>月</td><td>年</td></tr>
<tr><td>壬</td><td>辛</td><td>甲</td><td>壬</td></tr>
<tr><td>辰</td><td>酉</td><td>辰</td><td>子</td></tr>
</table>

❶ 壬甲이 투(透)하면 부귀(富貴)하다.

❷ 일간과 壬甲이 모두 뿌리가 튼튼하다.

❸ 북한의 주석이었던 김일성 사주로 알려져 있다.

삼하(三夏) 辛金

여름에도 辛金에게 필요한 것은 壬水이다. 巳午월에는 무더우니 壬癸水가 모두 있으면 좋다. 午월에 己土를 쓰는 이유는 약해진 辛金을 생하기 위해서이다. 未월에 庚金을 쓰는 이유는 辛金에게 필요한 壬水를 생하기 위해서이다.

巳월 **辛金**

巳월은 丙火의 계절이니 辛金은 丙火로 조열해짐을 기피하고 壬水를 좋아한다. 癸水가 투(透)하고 壬水가 암장(暗藏)되면 부(富)는 있으나 귀(貴)가 없다. 壬癸水가 모두 암장(暗藏)되고 戊己土 역시 암장(暗藏)되면 부(富)가 약소하다. 巳월 辛金에 壬癸水 모두 없고 火가 투(透)하면 金이 火에 녹아 반드시 고독한 홀아비이다.

지지에 화국(火局)을 이루고 이를 제(制)하면 길(吉)하지만 제(制)하지 못하면 흉(凶)하다. 火가 왕(旺)할 때 水가 없으면 土를 취해 설(洩)해야 한다. 이때 土는 통관(通關) 역할을 한다. 水가 아닌 土로 설(洩)하면 고빈(孤貧)은 면하나 귀격(貴格)은 아니다.

壬水가 亥에 암장(暗藏)되고 戊土의 출(出)이 없으면 역시 발달한다. 戊土가 출(出)하면 보통인이다. 戊土가 출(出)했을 때 甲木이 하나 투(透)하면 의록(衣祿)은 가능하다. 그러나 甲木은 있고 壬癸水가 없으면 외화내빈(外華內貧)으로 부귀(富貴)가 허망하다. 대개 甲木은 水가 없으면 戊土를 제(制)하지 못하고 火를 도울 뿐이다.

時	日	月	年
乙	辛	乙	丁
未	巳	巳	酉

❶ 조열함을 피하기 위한 水가 없다.

❷ 대운(大運)이 水金과 인연이 있어 다행이다.

❸ 己亥 戊戌 대운 인성(印星)을 활용한다.

午월 辛金

午월은 丁火의 시절이다. 辛金이 몹시 약해질 때이니 우선 己土로 생(生)해야 하고 壬水도 있어야 한다. 午월의 己土는 壬水가 있어야 습해져서 辛金을 생(生)할 수 있다. 辰월과 巳월은 戊土가 왕(旺)하니 辛金이 매금(埋金)될 가능성이 있으나 午월은 괜찮다. 그러나 한여름에는 **화왕토조**(火旺土燥)하니 金을 생(生)하기 어려워 반드시 壬水가 있어야 한다.

金水가 청(淸)할 때 己土가 있으면 탁해지니 불리하지만, 乙木을 배양할 때에는 혼탁한 것이 오히려 좋다. 午월 辛金은 壬癸己 모두를 용(用)한다. 壬己가 양투(兩透)하고 지지에 癸水가 있고 충(沖)이 없으면 현달(顯達)하고 과갑(科甲)이다.

火가 왕(旺)할 때 庚金은 水가 없으면 土로 설(洩)이 가능하다. 그러나 辛金은 午 중 己土가 있어도 水가 없으면 녹아버린다. 庚辛金이 여름에 생하면 壬癸水가 득지(得地)해야 한다. 여름에는 水도 약하니 득지(得地)하지 못하면 메말라 무용지물(無用之物)이다. 여름의 水는 申金과 亥子丑을 보아야 힘을 얻는다.

時	日	月	年
壬	辛	甲	丙
辰	亥	午	子

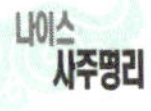

❶ 午월 辛金은 己土와 壬水가 있으면 귀격(貴格)이다.

❷ 壬水가 투(透)하고 己土는 장간에 있다.

❸ 중간 벼슬을 했다는 사주이다.

未월 辛金

未월은 土가 강하니 未월 辛金은 己土로 인해 덮이기 쉽다. 壬水로 씻어내고 庚金으로 보좌해야 한다. 그래서 壬庚이 양투(兩透)하면 과갑(科甲)이고, 壬庚이 출간(出干)하지 않고 지지에 암장(暗藏)해도 영화(榮華)가 있다.

戊土가 출(出)하면 壬水를 극(剋)하니 좋지 않고, 戊土가 출(出)할 경우에는 甲木으로 제(制)해야 길(吉)하다. 이때 甲木은 己土와 합(合)이 되지 않도록 떨어져 위치해야 한다. 甲木이 己土와 탐합(貪合)하면 甲己합 土가 되어, 土기운이 金의 빛을 가리고 壬水의 흐름을 막아 하격(下格)이다. 이때 庚金이 출(出)하여 甲木을 제(制)하면 안 된다.

未월 辛金은 지지가 목국(木局)일 때 壬水가 투(透)하고 庚金으로 수원(水源)하면 부귀(富貴)하다. 水가 마르지 않도록 庚金이 없으면 안 된다. 여름 辛金은 壬癸水가 중요하다.

時	日	月	年
庚	辛	辛	甲
寅	酉	未	辰

❶ 土로 덮인 辛金을 씻어낼 壬水가 없다.

❷ 인비(印比)의 기운이 강하다.

❸ 코너에 몰린 시지(時支)의 재성(財星)이 풀려날 때 좋을 것이다.

가을의 辛金은 왕(旺)해진다. 역시 壬水를 써서 씻어내고 강한 기운을 설기(洩氣)한다. 壬水는 土를 싫어하므로 가을 辛金은 甲木이 있으면 좋다. 申酉戌월 모두 壬水를 먼저 쓰고 甲木을 쓰면 사주가 좋아진다.

申월 辛金

申월은 직접 辛金이 사령하니 辛金은 왕(旺)하다. 申월은 壬水의 생지(生地)이므로 金의 수기(秀氣)를 설기(洩氣)한다. **금수상관**(金水傷官)이 청(淸)하여 맑아지면 戊土를 꺼린다. 그래서 戊土의 투출이 없으면 水가 막히지 않으니 발전한다. 申월 辛金에 土가 있고 甲木이 없으면 병(病)은 있고 약(藥)이 없으니 보통인이다.

申월 辛金에 庚金이 많으면 水로 설(洩)해야 한다. 그러나 한 무리의 金水가 있을 때는 하나의 戊土를 얻으면 좋다. 이때는 甲木이 있으면 제(制)해야 부귀(富貴)하다.

간지(干支)에 水가 많으면 戊土가 중(重)해야 수복(壽福)을 보장한다.

申월 辛金은 壬水가 많지 않아야 한다. 그래야 부격(富格)이다. 土는 火를 만나면 실(實)해져서 왕수(旺水)를 제함이 가능하다. 水가 申 중

壬水밖에 없을 때는 戊土로 제(制)하면 좋지 않다. 이때는 戊土가 있으면 甲木으로 제(制)해야 한다. 戊土도 있고 甲木도 있으면 의록(衣祿)이 있다.

申월 庚金은 丁火로 단련하면 길(吉)하지만, 申월 辛金은 庚金의 도움이 있어도 극(剋)은 싫어하고 설(洩)을 기뻐한다. 음간(陰干)은 극(剋)을 싫어한다.

時　日　月　年

庚　辛　壬　甲
子　丑　申　寅

❶ 겁재(劫財)와 상관(傷官)이 강하다.

❷ 상관(傷官)을 잘 쓸 수 있다.

❸ 여명(女命)에 상관(傷官)은 남편과 친하지 못하다.

❹ 상관(傷官)을 활용하여 영업 활동을 잘한다.

酉월 辛金

酉월은 辛金이 득령(得令)하여 왕(旺)이 극(剋)에 도달한다. 왕(旺)하다고 해도 음간(陰干)의 극제(剋制)는 바람직하지 않다. 壬水로 도세(陶洗)하면 金이 水를 보아 유통된다. 이때 戊己土를 보면 土가 병(病)이 되니 甲木으로 土를 제(制)하면 좋다.

戊己土는 辛金을 매몰하고 壬水를 혼탁하게 한다. 酉월 辛金이 戊土

377

가 두터우면 매금(埋金)되고, 酉월 辛金에 己土를 만나면 오금(汚金)이 되어 더럽혀진다.

금수상관(金水傷官)은 총명하나 土가 있으면 우매(愚昧)하다. 土가 있을 때 甲木이 출(出)하여 土를 제(制)하면 창업으로 자수성가한다. 酉월 辛金에 일파(一派) 壬水가 金을 설(洩)할 때 戊土가 출간하여 水를 제(制)하지 않으면 늙도록 빈고(貧苦)하다. 그러나 **금수상관**(金水傷官)은 학문을 좋아하니 학문은 계속한다. 己土로는 壬水를 못 막는다.

酉월 辛金에 한 무리의 乙木은 있고 천간에 庚金이 없으면 **재다신약**(財多身弱)이 된다. 이때 庚金으로 乙木을 합거(合去)하면 부귀(富貴)하다. 또 비겁(比劫)이 태다(太多)하면 **재경비중**(財輕比重)의 파격(破格)이 된다.

金이 가을에 생(生)하고 土가 중(重)하면 묻혀 가난하다. 庚辛金이 巳酉丑 금국(金局)을 이루면 종혁격(從革格)이 되어 지위가 높고 권세(權勢)가 중(重)하다.

<table>
<tr><td>時</td><td>日</td><td>月</td><td>年</td></tr>
<tr><td>甲</td><td>辛</td><td>丁</td><td>丙</td></tr>
<tr><td>午</td><td>酉</td><td>酉</td><td>子</td></tr>
</table>

❶ 비겁(比劫)이 강하고 관살혼잡(官殺混雜)이다.

❷ 자기주장은 있으나 강하게 드러내지는 못한다.

❸ 관살(官殺)에 의한 통제 때문일 것이다.

❹ 용신인 壬水를 더럽히는 土가 초반 대운(大運)에 자리잡고 있다.

戌월 辛金은 戊土가 사령하니 甲木으로 소토(疏土)하고 壬水로 씻는다. 그래서 壬水를 쓰고 다음으로 甲木을 쓴다.

土가 중(重)하면 金이 묻히니 甲木이 있어야 하고, 土가 마르면 金이 약해지니 壬水가 있어야 한다. 土가 태다(太多)할 때 甲木이 출(出)하지 않으면 공명(功名)은 없다.

하나의 壬水가 출(出)하여 土를 세척하고 甲木을 조력하면 귀격(貴格)은 아니어도 부(富)는 구한다. 壬水와 甲木을 용(用)하는 것은 辰월 辛金과 같다. 그러나 戌월은 마른 土이니 반드시 水도 있어야 한다.

戌월 辛金이 壬甲이 양투(兩透)하고 지지에 水가 있으면 최상의 명(命)으로 과갑(科甲)이고 부귀(富貴)하다.

천간에 중(重)한 癸水가 출간(出干)하면 壬水가 아니어서 도세(陶洗)의 공(功)은 없으나 金을 청(淸)하게 하니 고생으로 부(富)를 일군다.

戌월 辛金에 癸水가 투(透)했는데 또 戊土가 투(透)하면 쓰임을 잃어버린다. 戊土 대신 己土라면 습윤하여 金을 생(生)하니 작은 부귀(富貴)는 있다. 戌월 辛金은 水가 전혀 없으면 하격(下格)이다.

時	日	月	年
壬	辛	戊	丙
辰	未	戌	戌

❶ 인수(印綬)가 많다.

❷ 壬水와 丙火가 양투(兩透)한 것은 긍정적이다.

❸ 시간(時干)의 상관(傷官)은 土가 강하여 힘을 쓰지 못한다.

❹ 장관급인 상서(尚書)의 관직을 가진 사주이다.

삼동(三冬) 辛金

어느 일간이든 겨울에는 丙火가 우선이다. 조후 때문이다. 辛金이 좋아하는 천간에는 壬水와 丙火가 있다. 추울 때는 조후상 丙火를 먼저 쓰고 壬水를 쓰면 좋다. 그렇게 되면 **금수상관**(金水傷官)으로 귀격(貴格)이 될 수 있다.

亥월 辛金

亥월은 양기(陽氣)가 땅 속으로 가고 한기(寒氣)가 왕성해지기 시작하는 때이다. 亥월 辛金은 壬水를 용(用)하고 丙火로 온난하게 하면 **금백수청**(金白水淸)이다. **금수상관**(金水傷官)은 丙火를 기뻐하니 辛金에 壬水와 丙火가 있으면 부귀격(富貴格)이다.

亥월에는 壬水가 건록(建祿)이니 특히 길(吉)하다. 丙火가 투(透)하고 壬水는 암장(暗藏)되면 공감(貢監) 또는 향신(鄕紳)은 한다. 향신(鄕紳)은 과거에 합격하고도 관직에 나가지 않고 고향에 있는 사람이다. 丙火가 암장(暗藏)되고 壬水가 투(透)하면 부(富)는 크나 귀(貴)는 없다. 壬丙이 지지에 암장(暗藏)되면 총명한 수사(秀士)에 불과하다.

亥월 辛金에 壬水가 많고 戊土가 없으면 **금수왕양**(金水汪洋)으로 빈천하다. 이때 戊土가 출(出)하여 壬水를 제(制)하면 과갑(科甲)이다. 만일 己土가 많고 戊土도 있으면 壬水가 피곤해지고 金이 묻히니 예술가이다. 亥월 辛金은 壬水를 쓰고 丙火를 쓰면 귀격(貴格)이다.

時　日　月　年

己　辛　己　辛
亥　巳　亥　巳

❶ 亥월 辛金에 필요한 壬水와 丙火는 지장간에 있다.

❷ 사람은 총명하나 소귀(小貴)하였다는 사주이다.

❸ 巳午未 대운에 소귀(小貴)하였다.

子월 辛金

子월 辛金은 한겨울이니 壬丙이 양투(兩透)하고 戊癸를 보지 않으면 비단옷과 금띠를 두른다. 子월 辛金에 壬水가 암장(暗藏)되고 丙火가 투(透)하면 일방(一榜)은 한다. 일방(一榜)은 과거에 합격한 모든 사람을 말한다.

子월 辛金은 추워서 辛金이 얼고 丙火가 곤(困)해지므로 癸水의 출간을 꺼린다. 癸水가 출(出)하면 얼어붙는다. 壬水가 많고 戊丙이 없으면 辛金의 설(洩)이 태과(太過)하여 한유(寒儒)이다. 壬水가 많고 甲乙木이 중중(重重)할 때 丙火가 없으면 학문은 하지만 **재다신약**(財多身弱)으로 한유(寒儒) 또는 수사(秀士)이다.

381

지지 수국(水局)에 癸水가 출간(出干)하고 두 개의 戊土가 제(制)하면 부귀(富貴)하고 은영(恩榮)이 있다. 戊土가 없으면 보통인이다. 지지 亥子丑일 때 천간에 비겁(比劫)과 丙火가 없으면 윤하격(潤下格)으로 부귀쌍전(富貴雙全)이다. 음간(陰干)이든 양간(陽干)이든 팔자에 재관인(財官印)을 모두 갖추면 복(福)과 수(壽)가 가득하다. 동월(冬月) 辛金은 丙火로 온난하게 해야 묘(妙)하다.

<table>
<tr><td>時</td><td>日</td><td>月</td><td>年</td></tr>
<tr><td>辛</td><td>辛</td><td>庚</td><td>辛</td></tr>
<tr><td>卯</td><td>丑</td><td>子</td><td>巳</td></tr>
</table>

❶ 필요한 壬丙이 장간에 있다.

❷ 일간이 뿌리를 내린 申酉 대운 두각을 나타낸다.

❸ 강한 金기운으로 밀어붙이기를 잘 할 것이다.

❹ 유명 정치인 사주로 알려져 있다.

丑월 辛金

丑월 辛金은 해동(解凍)을 위해 丙火를 쓰고, 도세(陶洗)를 위해 壬水를 쓴다. 丙壬이 양투(兩透)하면 부귀(富貴)가 청아(淸雅)하여 높은 행정기관 관리이다. 丑월 辛金은 丙壬을 용(用)하여 **금수상관희견관**(金水傷官喜見官)의 귀격(貴格)이 된다. 丙壬이 암장(暗藏)되면 의식(衣食)이 충분한 가르치는 팔자이다.

丙火가 있고 壬水가 없으면 부(富)는 참되나 귀(貴)는 가장(假裝)된 것이다. 壬水가 있고 丙火가 결핍되면 하천(下賤)하고 가난하다. 丙火가 많고 壬水가 없는데 癸水가 있으면 시중(市中)에서 무역하는 사람이다. 水가 많을 때 戊己土가 출간(出干)하고 丙丁火가 있으면 반드시 의식이 충분하고 일생이 안락하다.

丑월 辛金은 丙火를 용(用)하고 壬水는 그다음이며, 水가 많을 때는 戊己土를 차용(次用)한다. 水가 많을 때 戊己土로 제(制)하면 **상관패인격**(傷官佩印格)으로 성격(成格)이 된다.

時	日	月	年
戊	辛	己	乙
子	丑	丑	丑

❶ 丑土는 辛金을 생(生)하지 못한다.

❷ 辛金이 약하여 乙酉 甲申 대운에 대귀(大貴)했다.

❸ 차관급인 시랑(侍郞) 벼슬을 했다고 한다.

壬水
임수

寅월에는 壬水가 힘이 약하니 庚金을 먼저 쓰고, 생명을 키우기 위해
丙火와 戊土를 쓴다. 卯월에는 역시 戊土와 庚金을 쓴다. 庚金이 없으면
辛金을 쓴다. 辰월에는 土가 강하니 甲木으로 土를 제(制)하고 庚金으로
壬水를 생한다. 巳午월에는 더우니 水를 써서 조후(調候)를 맞추고 金
으로 壬水를 생하면 좋다. 未월에는 우선 辛金으로 발원(發源)하고 甲木
으로 강한 土를 억제(抑制)한다. 申월에는 壬水가 생지(生地)를 만나 강
해지니 戊土를 써서 억제(抑制)한다. 그리고 戊土도 약해지는 때이니 丁
火로 戊土를 보좌한다. 酉월에 壬水는 土가 병(病)이다. 그래서 甲木을
쓰면 土를 예방할 수 있어 좋다. 戌월에는 土가 강하니 甲木을 써서 土
를 억제(抑制)시키고 추우니 丙火를 사용하면 귀격(貴格)이다. 亥子월에
는 水가 강하니 戊土를 써서 강한 水를 막고 추우니 丙火로 조후(調候)
를 맞춘다. 혹시 甲木이 있다면 병(病)이 되니 庚金을 사용하면 된다. 丑
월 역시 추우니 丙火로 조후(調候)를 맞추고 甲木으로 강한 土를 예방한

다. 이처럼 壬水는 각 계절마다 다른 용신을 사용하니 주의한다.

삼춘(三春) 壬水

봄철 壬水는 약해지는 때이니 庚金으로 보좌하면 좋다. 寅월에는 丙戊, 즉 재관(財官)을 쓰는데 壬水가 강해야 한다. 일간이 강해야 식재관(食財官)을 쓸 수 있다. 辰월에는 土가 강해지니 甲木으로 소토(疏土)한다. 水가 강하면 戊土, 土가 강하면 甲木을 사용한다.

寅월 壬水

寅월 壬水는 왕양(汪洋)하지만 12운성 병(病)으로 들어서서 넘치지는 않는다. 寅월 壬水는 힘이 약하므로 庚金으로 도우면 좋다. 삼춘(三春) 壬水는 壬水가 말라가므로 庚金은 버팀목이다. 寅월 壬水는 庚金만 있어도 공감(貢監)은 한다.

寅월 壬水는 丙火와 戊土가 있으면 좋다. 寅월 壬水에 丙戊를 쓰려면 신강(身强)해야 한다. 壬水 일간이 강하지 않으면 戊土도 丙火도 필요 없다. 그래서 庚金을 쓰고 丙火로 보좌한다. 봄의 壬水에 金水가 태왕(太旺)하지 않으면 丙戊의 효용이 떨어진다. 寅월 壬水에 庚丙戊 삼자가 투(透)하면 권위가 절정이다.

寅월 壬水는 비겁(比劫)과 金이 있으면 강해지니 戊土로 제복(制伏)하는 게 마땅하다. 일간 壬水가 강할 때 戊土가 투(透)하면 과갑(科甲)이고, 戊土가 암장(暗藏)되면 수재(秀才)다. 이때 丙火는 필수고 합(合)되면 안 된다. 그래서 丙火가 합(合)이 안 되도록 寅 속에 암장(暗藏)되면 좋다.

時　日　月　年
庚　壬　丙　己
子　辰　寅　巳

❶ 寅월 壬水는 丙火와 戊土가 있으면 좋다.

❷ 戊土가 천간에 없어 귀(貴)하지 못하고 부(富)했다.

❸ 己土는 壬水를 탁(濁)하게 한다.

卯월 壬水

卯월에는 壬水가 한기(寒氣)가 제거되어 물이 맑고 깊다. 그래서 戊土로 제방하고 辛金으로 수원(水源)을 삼는다. 庚金보다는 辛金이 좋다. 卯월 壬水는 戊辛이 있으면 과갑(科甲)에 준한다. 戊土가 투(透)하고 辛金이 酉金에 암장(暗藏)되어도 역시 좋다. 戊辛은 장간(藏干)에 있고 庚金이 투(透)하면 부자이다.

卯월 壬水에 木이 출(出)하고 火가 많으면 壬水가 약해지니 비견(比肩)이나 양인(陽刃)이 필수적으로 투(透)해야 **상관생재**(傷官生財)로 부귀(富貴)하다. 비견(比肩)이나 양인(陽刃)이 없어 신약(身弱)하면 유림(儒林)의 선비일 뿐이다.

壬水가 비견(比肩)이 많으면 戊土가 있어야 하는 것은 당연하다. 土가 흐르는 물을 막으면 수복(壽福)은 보장한다. 비견(比肩) 壬水가 많은데

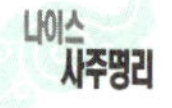

도 戊土가 없으면 **수범목부**(水泛木浮)로 고생이다. 또 수운(水運)이 오면 물에 빠져 죽을 수 있다고 한다.

時　日　月　年

庚　壬　癸　丁
子　辰　卯　酉

❶ 卯酉충이 있고, 子辰 반합으로 비겁(比劫)의 기운이 강하다.

❷ 초반 金水운으로 흘러 인비(印比)가 강하다.

❸ 편인 庚金의 뿌리 운(運)에 편인(偏印)을 쓸 것이다.

辰월 壬水

辰월 壬水는 12운성 묘(墓)로 들어가고 사방은 土이니 壬水가 살려면 甲木으로 강한 土를 소토(疏土)해야 한다. 그리고 庚金으로 수원(水源)을 발(發)해야 한다. 이때 甲庚은 떨어져 위치해야 서로 극(剋)을 하지 않는다. 甲庚 둘 다 있으면 과갑(科甲)이고, 甲木이 투(透)하고 庚金이 암장(暗藏)하면 수재(秀才)이다. 甲木이 寅亥에 암장(暗藏) 되고 庚金이 뿌리를 두고 투(透)하면 준수하여 의금(衣衾)은 있다. 癸水가 甲木을 자윤(滋潤)하면 이도(異途)로 지위가 높아진다. 하나의 甲木이 지지에 암장(暗藏)하면 필시 부(富)하다.

辰월 壬水에 지지에 土가 많을 때 甲木이 투(透)하지 않으면 **살중신경**(殺重身輕)이 되어 평생 화액(禍厄)이 많다. 하나의 庚金이 있으면 木이

387

土를 극제(剋制)하지 못하니 보통인이고, 甲木이 없으면 편관(偏官)이 강하여 폭력적이다. 甲木도, 庚金도 없으면 고집스럽고 바보이다.

辰월 壬水는 木이 왕(旺)하면 庚金을 용신으로 쓴다. 水가 왕(旺)하고 庚金이 많으면 이때는 丙火로 제(制)한다. 丁火는 丁壬합이되기 때문에 丙火를 쓴다. 지지 목국(木局)이 되어 木이 강하면 庚金으로 제(制)하고, 지지가 수국(水局)이면 戊土로 제지한다.

時	日	月	年
壬	壬	丙	戊
子	子	辰	辰

❶ 水의 기운이 무척 강하다.

❷ 차분한 성격으로 안정감이 뛰어나다.

❸ 甲寅 대운에 이름을 날린 골프 선수의 명조로 알려져 있다.

삼하(三夏) 壬水

巳午월 여름에는 壬水가 약해지니 水를 써서 기운을 보탠다. 그리고 약한 水를 金으로 생해 주면 좋다. 未월에는 壬水가 약해지니 壬水가 좋아하는 辛金으로 생을 하고, 未월에는 土가 강하니 甲木으로 소토(疏土)하면 좋다.

巳월 壬水

巳월은 丙火의 시절이니 壬水는 절(絶)이 되어 몹시 힘들다. 비겁(比劫)의 도움이 절실하다. 그러나 水도 약한 계절이어서 壬水가 힘이 없으니 辛金으로 발원(發源)한다. 그러나 丙火가 투하여 丙辛으로 합(合)이 되면 庚金으로 보좌한다. 丙火가 암장(暗藏)되고 투(透)하지 않으면 庚金은 필요없다.

巳월 壬水에 壬辛이 양투(兩透)하면 이름을 날리고, 壬水와 庚金이 투(透)하면 과갑(科甲)이다. 巳월 壬水에 火가 많고 木이 적으면 **기명종재**(棄命從財)하여 처(妻)로 인해 부자가 된다. 종재(從財)가 될 때 癸水가 투(透)하면 잔병이 있거나 요절한다.

巳월 壬水에 金이 많으면 壬水가 강해져서, 巳 중 丙戊를 재관(財官)으로 취해 매우 귀(貴)해진다. 명리(名利)가 쌍전(雙全)하니 과갑(科甲)과 이도(異途) 모두 나타난다. 巳월 壬水에 甲乙木이 많을 때 庚金이 출(出)하면 귀(貴)하지만, 庚金이 없으면 그렇지 않다. 巳월 壬水에 지지 수국(水局)이 있어도 대귀(大貴)하다.

時	日	月	年
壬	壬	己	甲
寅	申	巳	寅

❶ 寅申巳 삼형살(三刑殺)이 있다.

❷ 삼형살에 의한 수술이 있었다.

❸ 초등학교 교사이다.

午월 壬水

午월은 丁火가 왕(旺)하고 壬水는 약한 시절이다. 강한 丁火를 제(制)하기 위해 癸水를 용(用)하고 庚金으로 보좌한다. 庚金이 없으면 여름철의 水는 지속될 수 없고, 癸水가 없으면 강한 丁火를 상(傷)하게 하지 못한다.

巳월은 丙戊가 건록(建祿)에 임하여 메마르니 壬辛을 쓰고, 午월은 丁己가 당왕(當旺)하니 癸庚를 쓴다. 즉, 재성(財星)이 강하니 겁재(劫財)를 용신으로 하고 인수(印綬)로 보좌한다. 壬水는 午 중 丁火가 합쳐 오는 것을 우려해 먼저 癸水를 쓴다.

午월 壬水는 庚癸가 양투(兩透)하면 과갑(科甲)이고, 庚壬이 양투(兩透)하면 관(官)이 극품(極品)이다. 丁壬합이 되지 않는다면 壬水도 취한다. 庚金은 있는데 壬癸水가 없으면 보통인이다. 午월 壬水는 지지가 화국(火局)이면 **재다신약**(財多身弱)으로 부옥빈인(富屋貧人)이고 여기에 甲乙木까지 많으면 하격(下格)의 명(命)이다.

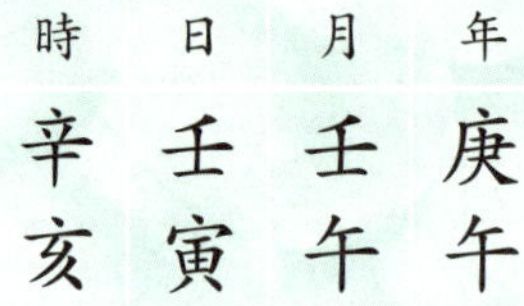

時	日	月	年
辛	壬	壬	庚
亥	寅	午	午

❶ 지지 寅午 반합을 보아 재성(財星)이 강하다.

❷ 午 중 己土는 제대로 된 土이다.

❸ 재관(財官)이 좋아 金水 운(運)을 지날 때 상서(尙書) 벼슬을 하였다.

未월 壬水

未월은 己土가 강한 시기이다. 허약해질 대로 허약해진 壬水는 겁이 많고 약하다. 己土는 壬水를 흐리게 하므로[기토탁임] 甲木을 써서 강한 己土를 억제(抑制)한다. 그래서 일단 癸水를 용(用)하고 辛金으로 발원(發源)한다. 먼저 辛金으로 발원(發源)하면 다음으로 甲木이 최고이고 차선은 癸水이다. 甲木은 癸水로 윤택해져야 쓰임이 있다.

未월 壬水는 甲壬이 양투(兩透)하고 깨끗하면 나라를 다스리는 귀(貴)가 있다. 깨끗하다는 말은 己土로 더럽혀지는 **기토탁임**(己土濁壬)이 되면 안 된다는 뜻이다. 己土가 未 중 하나만 있을 때는 甲木이 없어도 되고, 차라리 庚壬이 양투(兩透)하면 지위가 높다. 甲木은 암장(暗藏)되고 壬水가 투하여 손상이 없으면 생원(生員) 또는 진사(進士)는 한다.

甲木 대신 乙木도 가능한 것은 乙木은 丑未土를 제(制)하는 힘이 있기 때문이다. 두터운 土는 甲木으로 제(制)하는 것이 맞지만 乙木도 未土와 丑土는 찌를 수 있다. 未월 壬水에 한 무리의 己土가 있으면 **가종살격**(假從殺格)으로 간사하고 고빈(孤貧)하다. 이때는 甲乙木이 투(透)하여 구제(救濟)해야 가난을 면(免)한다. 壬水는 청(淸)하면 지혜가 있으나 잡(雜)하면 간교하고 남을 잘 속인다.

<table>
<tr><td>時</td><td>日</td><td>月</td><td>年</td></tr>
<tr><td>己</td><td>壬</td><td>辛</td><td>甲</td></tr>
<tr><td>酉</td><td>戌</td><td>未</td><td>子</td></tr>
</table>

❶ 未월의 壬水는 辛金 甲木을 쓴다.

❷ 未월은 己土가 당령하니 辛金으로 발원(發源)하고 癸水를 쓴다.

❸ 己土는 壬水를 흐리게 하니 甲木을 써서 억제한다.

삼추(三秋) 壬水

申월에는 壬水가 장생하니 水가 강하다. 戊土를 먼저 써서 강한 水를 억제한다. 丁火는 戊土를 보좌하기 위함이다. 酉월 壬水에 甲木을 쓰는 이유는 水를 흐리는 土를 방어하기 위함이다. 戌월은 土가 강하니 甲木을 쓰고, 조후를 위해 丙火를 쓰면 좋다.

申월 壬水

申월은 壬水가 장생(長生)하니 壬水가 강하고, 申월이니 庚金도 강하다. 壬水는 申월에 일사천리(一瀉千里)로 흐르니 戊土로 제방한다. 申 중 장간(藏干) 戊土로는 壬水를 막을 수 없다. 강한 壬水를 戊土로 억제(抑制)하고, 丁火로 戊土를 보좌하면서 庚金을 제(制)하면 좋다. 申월 壬水에 戊丁이 나란히 투(透)하면 과갑(科甲)이다.

戊土가 있어도 申월 庚金이 설(洩)하여 戊土를 약하게 하므로 丁火로 庚金을 제(制)해야 戊土가 유용(有用)하다. 이때 丁壬은 합되면 안 되니 떨어져 있어야 한다. 申월 壬水는 천간에 戊土가 투(透)하고 丁火가 午戌에 암장(暗藏)되면 은봉(恩封)이 있는데 이때 戊癸합이 되면 안 된다.

戊土가 많으면 **신왕살강**(身旺殺強)이 되어 甲木으로 제(制)해야 **식신제살**(食神制殺)로 귀(貴)하고 甲木이 없으면 보통인이다. 申월 壬水는 水가 강하니 戊土를 용(用)하면 귀격(貴格)이다. 申월 壬水는 신왕(身旺)하니 재관(財官)을 감당한다.

時	日	月	年
甲	壬	庚	癸
辰	辰	申	卯

❶ 편인격(偏印格)이다.

❷ 申辰 편인(偏印)과 관(官)을 써서 교육계에서 일한다.

❸ 식신(食神) 또한 강하니 성실하다.

酉월 壬水

酉월은 辛金의 시대이다. 사방이 **금백수청**(金白水清)하니 土가 있으면 흐려져서 안 된다. 酉월 壬水는 戊己土가 있으면 맑은 것을 흐리므로 병(病)이 된다. 그래서 甲木을 써서 戊土를 막는다. 甲木이 투(透)해 戊土를 제(制)하고 壬水를 구하면 과갑(科甲)으로 이름을 날린다.

壬水가 申亥에 통근하면 **금백수청**(金白水清)이 아니다. 천간에 壬水가 있고 지지에 申亥가 있으면 壬水가 너무 강하니 戊土를 용(用)한다.

이렇게 되면 수재(秀才)로 부(富)가 풍족하고 재능이 있다.

申월 壬水는 생지(生地)이니 왕(旺)하여 戊土를 취하지만 酉월 壬水는 왕(旺)도 약(弱)도 아니다. 酉월 壬水에 戊土가 없고 金水가 많으면 사람은 깨끗하나 재주가 없어서 가난한 선비이다. 甲木이 없고 庚金을 용(用)하면 부귀(富貴)하다.

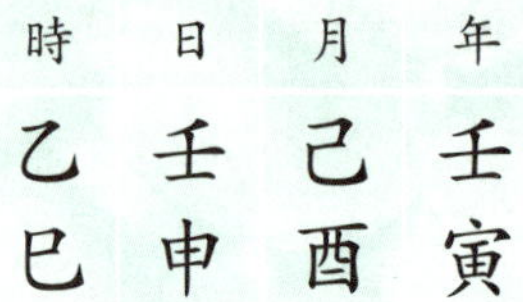

❶ 기토탁임(己土濁壬)이다.

❷ 여명(女命)이 관(官)이 탁하여 결혼생활이 순탄하지 않았다.

❸ 관(官)이 설기(洩氣)되어 설 자리가 별로 없었다.

戌월 壬水

戌월은 土가 강한 계절이니 甲木으로 용신을 삼는다. 그리고 戌월의 壬水는 추우니 丙火로 보좌한다. 甲木을 용신으로 하고 丙火로 보좌하는 것이다. 壬水는 戌월부터 寅월까지 추우니 丙火가 필요하다. 戌월 壬水에 壬水가 많고 지지에 子水가 있으면 戌월이라 戊土가 많으니 **신강살왕**(身强殺旺)이 된다. 여기에 甲木으로 강한 土를 제살(制殺)하면 권위가 높아진다.

戌월 壬水에 甲木이 월간(月干)에 투(透)해 戊土를 제(制)하면 과갑(科

甲)이고, 지지에 己土가 암장(暗藏)되면 일방(一榜)은 허락한다. 일방(一榜)은 과거에 합격한 모든 사람을 말한다. 이때 庚金이 투(透)하고 이 庚金을 丁火가 제(制)하지 않으면 빈천하다.

丁火가 투(透)하고 甲木을 보면 부귀(富貴)가 적당하고, 壬水가 많으면 戊土를 용(用)하여 **재왕생살**(財旺生殺)로 성격(成格)이 된다. 그러나 丙火가 결핍되면 조후(調候) 때문에 불가(不可)하다.

<table>
<tr><td>時</td><td>日</td><td>月</td><td>年</td></tr>
<tr><td>甲</td><td>壬</td><td>戊</td><td>辛</td></tr>
<tr><td>辰</td><td>戌</td><td>戌</td><td>丑</td></tr>
</table>

❶ 지지가 온통 土이다.

❷ 칠살격(七殺格)에 식신(食神)이 투(透)하였다.

❸ 식신제살(食神制殺)로 성격(成格)이 되어 태사(太師) 벼슬을 하였다.

삼동(三冬) 壬水

겨울의 壬水는 추우니 우선 丙火로 조후를 맞춘다. 亥子월의 壬水는 水가 너무 강하니 戊土를 쓴다. 水가 강할 때는 己土보다 戊土가 효과적이다. 戊土가 필요할 때는 甲木이 있으면 안 되니 庚金을 써서 예방할 수 있다.

亥월 壬水

亥월에 丙火가 없으면 해동(解凍)이 불가하고, 해동(解凍)이 안 되면 얼어붙은 水는 木을 생(生)하지 못한다. 亥월 壬水는 무척 추우니 丙火가 필요하다. 겨울철 모두 그렇다. 亥월 壬水는 丙戊가 양투(兩透)하면 火土 운(運)에 명리가 쌍전(雙全)하다.

亥월 壬水에 戊土가 용신이니 甲木이 있으면 안 된다. 甲木이 있으면 庚金이 있어야 한다. 戊庚이 양투(兩透)하면 과갑(科甲)으로 관직에 오른다. 庚金은 투출해야 하는데 이유는 亥 속 甲木이 戊土를 통제하는 것을 막는 것이다. 亥월 壬水에 戊庚이 양투(兩透)하면 甲木이 투(透)하지 않아도 영광이 드러난다. 戊土가 암장(暗藏)되었을 때는 甲木이 戊土를 제(制)하지 못하니 생원(生員)은 한다.

亥월 壬水는 지지 목국(木局)이고 甲乙木이 투간(透干)하면 용신 戊土가 어려움에 처하는데 이때 庚金이 투하여 木을 견제(制)하면 부귀(富貴)하다. 이때 庚金이 없으면 평상인이다. 亥월 壬水는 지지 수국(水局)이고 戊己土가 없으면 윤하격(潤下格)이니 서북(西北) 운(運)이 대길(大吉)하고, 동남(東南) 운(運)은 대흉(大凶)하다.

<table>
<tr><td>時</td><td>日</td><td>月</td><td>年</td></tr>
<tr><td>丙</td><td>壬</td><td>癸</td><td>戊</td></tr>
<tr><td>午</td><td>子</td><td>亥</td><td>戌</td></tr>
</table>

❶ 亥월의 壬水는 戊土 丙火 庚金을 쓴다.

❷ 亥월 壬水는 戊土가 용신인데 甲木이 제극함을 막기 위해 庚金을 쓴다.

❸ 이 명(命)은 癸水가 병(病)이다

子월 壬水

子월 壬水는 水가 강하니 戊土를 취하고 추우니 丙火를 차용(次用)한다. 丙戊 양투(兩透)하면 부귀(富貴)하고 영화롭다. 丙戊가 투(透)하지 않으면 부귀(富貴)를 기대하기 어렵다. 戊土는 있고 丙火가 없으면 대략 부(富)하고, 丙火는 있고 戊土가 없으면 계획은 좋으나 성과는 없다.

월지가 건록(建祿)이면 재관(財官)이 투(透)해야 길(吉)하다. 子월 壬水는 양인(陽刃)이 권리를 잡았으니 재관(財官)인 丙戊가 양투(兩透)하지 않으면 부귀영화(富貴榮華)를 기대하기 힘들다. 子월 壬水는 丙戊 중 하나라도 없으면 안 된다.

子월 壬水는 지지에 수국(水局)일 때 丙火가 없으면 戊土라도 있어야 조후(調候)를 갖추게 된다.

子월 壬水에 지지가 화국(火局)이면 **신왕재왕**(身旺財旺)으로 큰 부자이다. 그러나 월시(月時)에 비견(比肩), 년간에 丁火를 보면 쟁재(爭財)하여 평범한 명(命)이 되기 쉽다. 년간에 丁火가 투(透)하고 지지에 사고(四庫)가 있으면 水의 흐름을 막아 부귀(富貴)하다. 戊은 火의 창고로 재고(財庫)에 해당하니 특히 길(吉)하다.

<table>
<tr><td>時</td><td>日</td><td>月</td><td>年</td></tr>
<tr><td>壬</td><td>壬</td><td>壬</td><td>丁</td></tr>
<tr><td>寅</td><td>午</td><td>子</td><td>酉</td></tr>
</table>

❶ 양인격(陽刃格)으로 水가 강하다.

❷ 초반 丁壬합과 子酉파 등이 있다.

❸ 후반 寅午 반합으로 사주가 밝아진다.

丑월 壬水

丑월 壬水는 쇠(衰)하여 간다. 상반기에는 아직은 추우니 丙火를 전용한다. 하반기에는 己土의 시기이니 己土가 壬水를 탁(濁)하게 한다. 그래서 甲木으로 강한 己土를 제(制)한다. 甲木은 또 용신 丙火를 생(生)하기도 한다.

丑월 壬水는 추우니 丙火는 꼭 필요하므로 丙火가 있으면 명리(名利)가 모두 있다. 丙火가 없으면 귀(貴)가 작고 빈고(貧苦)하다. 丙火가 있으면 해동(解凍)하니 명리쌍전(名利雙全)한다.

丑월 壬水에 지지가 금국(金局)이고 丙丁火가 없으면 **금한수동**(金寒水凍)으로 고빈(孤貧)하다. 이때 火가 있으면 소귀(小貴)하다. 丙火가 투(透)해도 辛金을 만나면 합이 되니 안 좋고, 丁火를 보면 길(吉)하다.

丑월 壬水는 추우니 丙火를 용(用)하고 丁甲으로 보좌한다. 팔자가 **금한수냉**(金寒水冷)하면 丙丁火가 좋다.

丑월 壬水는 水가 왕(旺)하면 지혜가 있고, 水土가 혼잡하면 어리석고 완고(頑固)하다. 동월(冬月) 壬水는 丙戊가 중요한 용신이다. 壬癸水가 남쪽으로 가면 건강하고 부귀(富貴)를 감당한다.

<table>
<tr><td>時</td><td>日</td><td>月</td><td>年</td></tr>
<tr><td>壬</td><td>壬</td><td>己</td><td>乙</td></tr>
<tr><td>子</td><td>辰</td><td>丑</td><td>酉</td></tr>
</table>

❶ 己土가 壬水를 탁하게 하니 甲木이 있어야 하는데 없다.

❷ 팔자가 추우니 火가 필요한데 대운(大運)까지 金水로 간다.

❸ 未 대운(大運)에 壬水가 더욱 탁해진다.

❹ 壬午 대운 癸巳년에 뇌경색으로 사망했다.

癸水도 壬水처럼 각 계절마다 다른 용신을 사용한다. 水는 일정한 틀이 있는 것이 아니라 상황에 따라 변하는 것이다.

寅월의 癸水는 약하니 辛金으로 보좌하고 丙火를 쓰면 좋다. 卯월에는 癸水가 약해지고 木은 강해지니 庚金을 쓰고 辛金을 함께 차용(次用)하면 좋다. 辰월에는 봄철 태양 丙火를 쓰고 庚金으로 癸水를 보좌한다. 巳午未월 여름에는 癸水가 더욱 약해지는 때이니 金水를 써서 도와주어야 한다. 申월에는 庚金이 강하니 丁火를 용신으로 삼는다. 그리고 甲木으로 丁火를 보좌하면 좋다. 酉월 癸水는 辛金을 용신으로 하고 丙火로 도우면 癸水가 맑고 깨끗하다. 戌월에는 역시 辛金으로 癸水를 돕고, 土가 강하니 甲木으로 보좌하면 좋다. 亥월에는 癸水가 얼기 쉬우므로 庚辛金으로 발원(發源)한다. 子丑월에는 丙火로 온난하게 하고, 子월에는 辛金으로 돕고, 丑월에는 丙丁火를 함께 써야 성격(成格)이 된다.

삼춘(三春) 癸水

봄철 癸水도 壬水처럼 약하니 辛金으로 보좌한다. 그리고 丙火를 쓰면 좋다. 寅월에는 土와 木 그리고 水 모두 丙火가 필요하다. 卯월은 木이 강하니 강한 金으로 억제하면 좋다. 辰월에는 寅월처럼 丙火를 쓰고, 癸水를 金으로 보좌하면 된다.

寅월 癸水

寅월의 癸水는 우로(雨露)에 비유한다. 초봄의 癸水이기에 성질이 유(柔)하다. 그러므로 辛金으로 약한 癸水를 보완하면 좋은데 이때 辛金은 용신으로 근원이 된다. 여기에 따스한 丙火가 있으면 만물이 솟아난다. 그래서 寅월 癸水에는 辛金과 丙火가 필요하다. 寅월의 癸水에 辛丙이 양투(兩透)하면 과갑(科甲)이고 부귀(富貴)하다.

寅월 癸水가 지지 화국(火局)을 보면 辛金이 상(傷)하는데 이때는 壬水가 출간(出干)하여 강한 火를 견제(制)하면 부귀(富貴)하다. 壬水가 없으면 빈궁(貧窮)하다. 丙火는 천간에 출(出)하고 辛金은 酉丑 지지 장간에 있으면 공감(貢監)이나 생원(生員)은 한다. 寅월 癸水에 丙辛이 모두 없으면 빈한(貧寒)한 하격(下格)이다.

寅월 癸水는 辛金이 먼저이고 庚金은 차선이다. 丙火가 적으면 불가하다. 만일 庚辛金이 없으면 癸水가 허약하여 丙火가 있어도 무용지인(無用之人)이다. 寅월 癸水가 지지 수국(水局)을 만날 때 丙火가 투(透)하고 壬水가 없어야 의록(衣祿)이 있다. 壬水가 투(透)하면 비겁(比劫)이 쟁재

(爭財)하니 하격(下格)이 되는 것이다. 寅월 癸水에 지지 수국(水局)일 때 丙火가 중중(重重)하면 과갑(科甲)은 아니라도 귀(貴)하다.

時	日	月	年
辛	癸	丙	甲
酉	巳	寅	辰

❶ 寅월의 癸水는 辛金 丙火를 쓴다.

❷ 寅월 癸水는 丙火로 데우고 辛金으로 발원(發源)한다.

❸ 寅월 癸水에 辛金은 상관패인(傷官佩印)으로 성격(成格)된다.

卯월 癸水

卯월 癸水는 약하지도 강하지도 않으나 卯에 癸水가 설기(洩氣)당하니 庚金을 용신으로 하고 辛金은 차용(次用)한다. 卯월 癸水는 **수목상관**(水木傷官)으로 木이 왕(旺)하니까 인수(印綬), 즉 金이 없으면 흉(凶)하다. 卯월 癸水는 庚辛金이 투(透)하고 金을 억제(抑制)하는 丁火가 없으면 과갑(科甲)으로 귀(貴)하다. 庚辛金이 없으면 보통인이다.

庚金이 투(透)하고 辛金이 암장(暗藏)되면 이도(異途)로 가고, 庚金이 암장(暗藏)되고 辛金의 투(透)는 역시 의금(衣衾)이 있다. 庚辛金 모두 암장(暗藏)은 부중취귀(富中取貴)한다. 庚辛金을 함께 쓰는 것은 乙庚이 합(合)하니까 만일을 위해서 辛金도 쓴다.

卯월은 金이 약한 계절이지만 金이 중(重)하고 己土가 있으면 丁火가 제(制)해도 된다. 庚辛金이 중(重)하면 己丁 재관(財官)이 출(出)해도 역시 대귀(大貴)하다. 인수(印綬)가 재관(財官)을 사용할 힘을 주는 것이다. 戊土는 癸水와 합이 되니 안 된다. 그러나 壬水가 투(透)하면 戊土도 좋다.

時　日　月　年

辛　癸　丁　己
酉　巳　卯　酉

❶ 卯월의 癸水는 庚金 辛金을 쓴다.

❷ 卯월 癸水는 庚辛金이 투(透)하고 丁火가 없으면 귀(貴)하다.

❸ 庚辛金이 중(重)하면 丁己 재관(財官)이 투(透)해도 귀(貴)하다.

辰월 癸水

癸水는 辰월 초기에는 火가 강하지 않으므로 丙火를 용(用)한다. 辰월 후기(곡우 후)에는 丙火를 용(用)해도 辛金과 甲木으로 보좌해야 한다. 甲木은 강한 土를 제(制)하기 위해서이다. 辛金과 癸水는 상함이 없어야 묘(妙)하고, 이때는 곡식을 키우는 때이니 丙火가 적으면 안 된다.

辰월 癸水가 지지 목국(木局)을 만나면 **상관생재**(傷官生財)로 총명박학(聰明博學)하고 의록(衣祿)이 넉넉하다. 辰월 후반에는 火기운이 강해지니 재성(財星)이 저절로 만들어진다. 그러나 지지 목국(木局)이면 癸水가 설(洩)이 너무 심해 감당을 못하니 金이 있어야 귀격(貴格)을 이루

403

고, 金이 없으면 총명하지만 재물이 없다.

癸水는 戊癸합되니 쓸 수 없으므로 水가 왕(旺)해도 己土를 취해야 재관격(財官格)이 된다. 辰월 癸水는 丙火와 辛金이 있어야 길(吉)하다. 己土가 있으면 **가살위권**(假殺僞權), 甲木이 있으면 **상관대살**(傷官帶殺)이다. 辰월 癸水는 종화(從化)하는 경우가 많아 화격(化格)이 되면 높은 지위와 번영이 있다. 화격(化格)이 안 되면 평상인이다.

<table>
<tr><td>時</td><td>日</td><td>月</td><td>年</td></tr>
<tr><td>甲</td><td>癸</td><td>戊</td><td>甲</td></tr>
<tr><td>寅</td><td>丑</td><td>辰</td><td>辰</td></tr>
</table>

❶ 辰월의 癸水는 丙火 辛金 甲木을 쓴다.

❷ 丙火로 육성하고, 辛金으로 발원(發源)하며, 甲木으로 소토(疏土)한다.

❸ 土가 많을 때 甲木이 투(透)하면 살용식제(殺用食制)의 귀격(貴格)이다.

삼하(三夏) 癸水

여름철의 癸水는 조후상 水가 필요하다. 그리고 여름철에는 癸水가 약하니 金으로 생해 주어야 한다. 그래서 여름철 癸水는 庚金과 辛金, 壬水와 癸水 가리지 않고 사용하는 경향이 있다. 다른 모든 조건보다 음양(陰陽)의 조화는 팔자가 우선 갖추어야 할 조건이다.

巳월 癸水는 12운성 태(胎)에 임하니 약(弱)하다. 인수(印綬)나 비겁(比劫)이 없으면 생존하기 힘들다. 巳월 癸水는 辛金을 기뻐한다. 辛金이 없으면 庚金을 사용한다. 巳월 癸水에 辛金과 壬水가 투(透)하고 丁火가 없다면 영귀(榮貴)하고 명성(名聲)이 사해(四海)에 뻗친다. **재격투인**(財格透印)으로 과거급제 및 부귀(富貴)가 극품에 이른다. 이때 丁火가 辛金을 극하면 파격(破格)으로 몹시 가난하다.

巳월 癸水에 한 무리의 火土가 있고 辛金이 없으면 庚金으로는 水를 생(生)하지 못한다. 火가 강할 때 水가 없으면 庚金은 무용(無用)하기 때문이다. 火가 강하면서 비겁(比劫)이 없으면 癸水가 건조하므로 눈(eye)이나 정기(精氣)에 손상이 온다. 火가 강할 때 庚壬이 양투(兩透)하면 火土를 설(洩)하고 억제하니 대부대귀(大富大貴)하다. 이때 丁火가 천간에 있으면 庚金을 상(傷)하게 하고 壬水를 합(合)하니 폐인(廢人)이 된다.

巳월 癸水는 辛金을 전용하면 좋다. 辛金이 상(傷)하지 않으면 귀격(貴格)이다. 庚金은 있고 辛金이 없으면 이로공명(異路功名)으로 부(富)는 있어도 귀(貴)는 없다. 巳월 癸水는 몹시 약하니 겁재(劫財)나 인수(印綬) 중에 하나라도 없으면 흉(凶)하다.

時	日	月	年
乙	癸	乙	壬
卯	丑	巳	寅

❶ 여름철 癸水는 약하니 비겁(比劫)이나 인수(印綬)가 필요하다.

❷ 비겁(比劫)이나 인수(印綬)가 약하니 보통인이다.

❸ 여름과 겨울철 사주는 조후(調候)를 최우선적으로 고려해야 한다.

午월 癸水

午월 癸水는 지극히 약(弱)하고 근원(根源)이 없으니 필히 庚辛金이 필요하다. 그러나 午월은 金도 약하니 丁火를 감당하지 못한다. 그래서 金이 癸水를 도울 수가 없다. 그래서 비겁(比劫)이 있어야 丁火를 누르고 金을 용(用)할 수 있다. 午월 癸水는 庚辛金이 투(透)하고 壬癸水를 보면 군왕(君王)의 짝이 된다.

午월 癸水는 金이 투(透)하고 지지에 申子辰을 보면 높은 지위에 오른다. 水의 출간(出干)은 없고 지지에만 하나의 水가 있으면 庚辛金이 있어도 귀(貴)하지는 않고 갑부(甲富)의 팔자이다. 즉 **부중귀경**(富重貴輕)하다. 이때 水는 조후(調候)를 맞추며 강한 불을 억제(抑制)하게 된다.

午월 癸水는 지지에 화국(火局)이 있고 壬水의 출간이 없으면 승도(僧徒)의 명(命)이다. 종재격(從財格)이 되지 못하면 시급히 壬水로 구해야 한다. 午월 癸水는 두 개의 壬水와 하나의 庚金이 투(透)하면 비단 옷에 금띠 두른다. 午월 癸水에 한 무리의 己土가 있는데 金水와 甲木의 출(出)이 없으면 종살(從殺)이 되어 대부귀(大富貴) 하다. 종살격(從殺格)은 형충(刑沖)이 되면 파격(破格)이 된다.

時	日	月	年
辛	癸	壬	庚
酉	未	午	戌

❶ 午월 癸水는 庚金 辛金 壬水를 쓴다.

❷ 午월 癸水는 약하고 근원 없으니 庚辛金이 필수이다

❸ 午戌 반합으로 金이 약하니 비겁(比劫)이 있어야 한다.

未월 癸水

未월 癸水는 대서(大暑)를 기준으로 앞과 뒤를 구분한다. 未월은 지지에서 음양(陰陽)이 바뀌는 대전환점이다. 상반월은 庚辛金이 휴수(休囚)되고, 하반월은 庚辛金이 힘을 얻게 된다.

未월에는 乙己 장간(藏干)이 동궁(同宮)에 있어 己土가 癸水를 파(破)하려고 해도 乙木이 己土를 견제(制)하므로 癸水를 파하지 못해 **未월 癸水**는 종살(從殺)이 안 되니 庚辛金을 전용한다.

상반월(대서 前)에는 金이 약(弱)한 때이니 火가 강하면 午월과 비슷하게 비겁(比劫)으로 도와야 부귀(富貴)하다. 하반월(대서 後)에는 庚辛金이 유기(有氣)하니 비겁(比劫)이 없어도 좋으나 丁火가 투(透)하는 것은 꺼린다. 지지에도 丁火가 없어야 한다. 未월 癸水는 金水를 쓰니 午월과 비슷하다.

時　日　月　年

壬　癸　乙　辛
戌　巳　未　酉

❶ 未월 癸水는 金水를 쓴다.

❷ 乙己가 장간 동궁에 있어 乙木이 己土를 견제하므로 종살(從殺)이
안 된다.

❸ 그러므로 庚辛金을 전용하며 비겁(比劫)으로 돕는다.

삼추(三秋) 癸水

申월은 金이 강하니 丁火로 제련한다. 그리고 丁火를 보좌하기 위해
甲木을 쓰면 좋다. 酉월에는 辛金으로 보좌하고 丙火로 따뜻하게 하면
금온수난(金溫水暖)하게 된다. 戌월에는 土가 강하니 甲木을 쓴다.

申월 癸水

申월 癸水는 12운성 사(死)이지만 申 중에서 庚金이 장생(長生)하니,
사처봉생(死處逢生)으로 강해져서 운(運)이 서북(西北)이면 죽지 않는
다. 庚金이 투하여 강하면 丁火를 용신으로 삼는다. 이때 丁火가 투(透)
하고 丁火를 살리는 甲木이 있으면 과갑(科甲)이다. 丁火가 용신이면 甲
木으로 보좌해야 한다.

申월 癸水는 丁火가 투(透)하면 한두 개의 庚金으로 **인수용재격**(印綬
用財格)이 된다. 丁火가 두 개면 더 좋다. 이때 甲木이 없고 壬癸도 없어

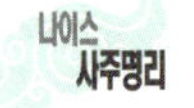

야 한다. 申월 癸水는 金이 많고 丁火가 약(弱)하면 빈곤한 사람이다.

申월 癸水는 丁火가 午 장간(藏干)에만 좌(座)하면 부중취귀(富中取貴)한다. 그러나 丁火가 午가 아니고 未戌의 장간(藏干)에 있으면 丁火가 무력(無力)하여 보통인이다. 午 중 丁火가 힘이 있다.

時	日	月	年
乙	癸	庚	戊
卯	亥	申	午

❶ 申월 癸水는 丁火와 甲木을 쓴다.

❷ 庚金이 사령하면 丁火를 용신으로 삼는다.

❸ 년지 午 속의 丁火를 써서 귀(貴)는 없었으나 수복(壽福)이 두터웠다.

酉월 癸水

酉월 癸水는 辛金이 水의 계절로 가는 때이니 **금백수청**(金白水淸)하여 辛金을 취하여 용신을 삼고, 丙火로 보좌하면 **수난금온**(水暖金溫)하다. 癸水는 청윤(淸潤)하고, 辛金은 잡된 기운이 없으니, 丙火로 조후(調候)하면 서로 이익이 되는 것이다.

酉월 癸水는 합(合)이 되지 않도록 辛金과 丙火가 떨어져 투(透)하면 과갑(科甲)으로 공명(功名)을 이룬다. 丙火가 투(透)하고 辛金이 암장(暗藏)되면 선비이다. 酉월 癸水는 丙辛을 모두 용(用)한다.

酉월 癸水는 土가 많아 水를 극하면 장사하는 중인(中人)이다. 酉월 癸

409

水에 壬水가 투하여 水가 강하면 관살(官殺)을 용(用)해야 한다. 壬水가 투(透)하지 않을 때는 관살(官殺)을 취하면 안 된다. 청(淸)한 기(氣)는 극제(剋制)하면 좋지 않기 때문이다.

時	日	月	年
丙	癸	辛	癸
辰	巳	酉	未

❶ 酉월 癸水는 금백수청(金白水淸)으로 辛金을 취하고 丙火로 따뜻하게 한다.

❷ 이때 丙火와 辛金은 떨어져 투(透)해야 한다.

❸ 丙火와 辛金이 떨어져 좋았다.

戌월 癸水

戌월 癸水는 土가 메말라 극제(剋制)가 태과하니 辛金으로 발원(發源)해야 한다. 辛金은 癸水의 어머니이고, 癸水는 木의 근원으로 메마른 木을 생(生)한다. 癸水는 청윤(淸潤)하기에 戊土의 극제(剋制)가 흉(凶)하다. 甲木으로 구제(救濟)해야 하나 戌월은 甲木도 메마른 때이다. 그래서 辛金으로 癸水를 생(生)하고 甲木을 자윤(滋潤)하면 戊土를 극제(剋制)하는 것이 가능하다.

戌월 癸水는 戊土가 왕(旺)하여 甲木이 없으면 흉(凶)하다. 戌월 癸水는 辛甲이 양투(兩透)하고, 지지 子 중 癸水를 보면 평보(平步)로 청운(靑

雲)에 오른다. 癸甲이 양투(兩透)하면 부귀(富貴)하고 명성(名聲)이 있다. 甲辛이 투(透)하면 癸水가 없어도 은봉(恩封)이 있다.

戌월 癸水는 甲癸가 있고 辛金이 없으면 부(富)는 크고 귀(貴)는 작다. 戌월 癸水에 甲木이 있고 癸辛이 없으면 평범하다. 辛甲癸 모두 없으면 빈천한 명(命)이다. 甲木은 있고 壬水가 있으면 의금(衣衾)이 있다. 戌월 癸水에 戊土가 왕(旺)한 경우에는 甲木이 없으면 병(病)을 제거하지 못하여 흉(凶)하다.

<table>
<tr><td>時</td><td>日</td><td>月</td><td>年</td></tr>
<tr><td>癸</td><td>癸</td><td>戊</td><td>丙</td></tr>
<tr><td>丑</td><td>巳</td><td>戌</td><td>寅</td></tr>
</table>

❶ 재성(財星)이 강한 사주이다.

❷ 戊土 관(官)을 사용하여 대기업에 입사하였다.

❸ 庚子 대운이었다.

삼동(三冬) 癸水

겨울의 癸水는 얼게 된다. 亥월에는 庚辛金으로 힘을 보태야 한다. 子월에는 조후로 丙火를 먼저 쓰고 다음으로 辛金으로 보좌한다. 丑월의 癸水는 따뜻해야 봄철의 생명을 키울 수 있으므로 丙丁火를 먼저 쓴다.

亥월 癸水

亥월 癸水는 왕(旺)한 가운데 약함이 있다. 그 이유는 亥 속의 木이 생지(生地)를 만나 癸水를 설(洩)하기 때문이고 겨울의 癸水는 얼기 쉬우므로 제 역할을 못한다. 그래서 庚辛金을 용(用)하여 발원(發源)해야 한다.

庚辛金이 양투(兩透)하고 丁火가 金을 상(傷)하게 하지 않으면 공명(功名)을 이룬다. 지지 목국(木局)에 丁火가 출간(出干)하면 강해진 火가 용신 金을 상(傷)하게 하니 金이 水를 생(生)하지 못해 필히 안 좋다. 亥월 癸水 사주에 火가 많으면 **재다신약**(財多身弱)으로 부옥빈인(富屋貧人)이다. 식재관(食財官)을 쓰려면 신강해야 한다.

亥월 癸水는 지지 목국(木局)이면 약한 癸水가 더욱 약해져서 흉(凶)하다. 한 무리의 庚辛金이 있을 때 丁火가 출(出)하여 억제(抑制)하면 명리쌍전(名利雙全)이다. 인수(印綬) 金이 많으면 병(病)이 되지만 재(財)로 인수(印綬)를 파(破)하면 귀하게 되는 것이다. 이때 丁火가 없으면 가난하고 복(福)이 없다.

時	日	月	年
壬	癸	辛	壬
子	亥	亥	申

❶ 金水로만 되어 금수쌍청(金水雙淸)이다.

❷ 甲寅 乙卯 대운에 발전하였다.

❸ 火 대운에 불길(不吉)하였다.

子월은 추운 때이니 癸水는 꽁꽁 언 물로 약하다. 丙火를 사용하여 해동(解凍)하고 辛金의 도움도 필요하다. 동월(冬月)의 癸水는 丙火가 있어야 **금온수난**(金溫水暖)하다. 그러나 丙火는 없고 辛金만 있으면 묘(妙)하지 않다. 그래서 丙辛이 모두 투(透)하면 좋다.

겨울철 壬癸水 일간은 조후(調候)가 시급한데 이때 水는 丙火를 끄니까 壬癸水가 없어야 한다. 丙火는 있고 壬癸水가 없으면 등과급제(登科及第)한다. 子월 癸水에 火는 없고 한 무리의 癸水가 있으면 모두 얼어 있는 외롭고 천한 무리이다. 子월 癸水에 한 무리의 戊己土가 있으면 **살중신경**(殺重身輕)으로 가난하거나 요절한다. 월령(月令)이 건록(建祿)이어서 종살(從殺)도 안 된다.

子월 癸水가 한 무리의 壬水를 볼 때 丙火가 투(透)하지 않으면 가난한 선비이다. 이때는 화운(火運)으로 가면 구제된다. 子월 癸水는 庚金이 사(死)하여 金水가 상생하지 못한다. 즉, 차디찬 金이 꽁꽁 언 물을 생(生)하지 못한다. 子월 癸水는 지지 금국(金局)에 丙火가 없으면 조후(調候)가 깨져 **금한수동**(金寒水凍)으로 가난하다.

時	日	月	年
丙	癸	庚	丙
辰	巳	子	辰

❶ 子월 癸水는 丙火와 辛金을 쓴다.

❷동월(冬月) 癸水는 丙火가 있어야 금온수난(金溫水暖)하다.

❸丙火가 없으면 辛金이 있어도 쓸모가 없다.

丑월 癸水

丑월 癸水는 한기(寒氣)가 극(極)에 달한다. 얼음이 얼고 만물이 펼쳐지지 않으니 丙火로 해빙(解氷)해야 한다. 丙火 대신 丁火가 있어 출(出)하면 丁火가 庚辛金을 제(制)하고 壬水가 합되지 않아야 길(吉)하다.

丑월 癸水는 丙丁火가 없으면 흉(凶)한데, 丑 중의 己土가 투(透)하면 丁火를 용(用)하여야 반드시 과갑(科甲)이다. 조후(調候)가 우선이니 丙火로 해동(解東)하지 않으면 만사(萬事)가 불가(不可)하다.

丑월 癸水에 지지 수국(水局)을 이루면 水가 차갑고 얼어서 흐르지 않을 염려가 있다. 지지에 수국(水局)이 있고 丙火가 없으면 戊土를 취해도 떠돌이로 일생이 노고(勞苦)하다. 丑월 癸水는 지지 금국(金局)에 丙火가 투(透)하고 득지(得地)하면 **금온수난**(金溫水暖)으로 영화가 크고 명성이 널리 뻗친다. 그러나 丙火가 결핍되면 인수(印綬)가 많아 문장으로만 놀랄 정도이다.

丑월 癸水에 지지 목국(木局)이 되면 설(洩)이 태과하여 잔병으로 신음한다. 이때 金이 출간(出干)해서 강한 木을 쳐서 구제하면 학업은 어려우나 자수성가(自手成家)한다. 이때도 丙火는 조후(調候)를 위해 꼭 필요하다. 丙火가 없으면 **한수빙목**(寒水氷木)이 되어 金으로 제(制)해도 무용지물(無用之物)이다.

<table>
<tr><td>時</td><td>日</td><td>月</td><td>年</td></tr>
<tr><td>戊</td><td>癸</td><td>己</td><td>庚</td></tr>
<tr><td>午</td><td>酉</td><td>丑</td><td>午</td></tr>
</table>

❶ 정편관(正偏官) 혼잡이다.

❷ 식상(食傷) 대운에 무력으로 정권을 잡았다.

❸ 끊임없이 언론에 오르내리는 전직 대통령 사주로 알려져 있다.

滴天髓

적천수

적천수(滴天髓)는 송대(宋代)의 경도(京圖)가 지었다고 알려져 온다. 명리의 보서(寶書) 중의 보서(寶書)로 알려져 오는 적천수(滴天髓)의 원문(原文)은 의외로 짧다. 후에 진소암(陳素菴)의 적천수집요(滴天髓輯要), 임철초(任鐵樵)의 적천수천미(滴天髓闡微), 서락오(徐樂吾)의 적천수징의(滴天髓徵義)와 보주(補註)가 원문을 풀이하여 전해져 온다.

이 책에서는 적천수(滴天髓) 주해서들의 관점이 약간씩 다른 점도 있고, 풀이를 하면 방대해져서 입문자들에게 불편을 줄 수도 있으니, 원문(原文) 중심의 뜻만 전달하려고 했다. 적천수(滴天髓)는 명리(命理)를 공부하는 학인(學人)들이 되새기며 읽어야 할 책이다.

통천론 通天論

欲識三元萬物宗 先親帝載與神功 坤元合德機緘通
욕식삼원만물종　　선친제재여신공　　곤원합덕기함통

五氣偏全定吉凶
오기편전정길흉

만법의 근원인 삼원(三元) 즉 천원(天元), 지원(地元), 인원(人元)을 알고자 한다면, 먼저 하늘의 이치인 제재(帝載=음양)와 거기서 나오는 신공(神功=오행)을 잘 관찰하여야 한다. 삼원(三元)이란 천지인(天地人) 삼재(三才)를 말한다. 곤원(坤元), 즉 지원(地元)은 하늘의 덕(德)을 합(合)하여 막힌 것을 통하게 하는데, 팔자에 하늘의 기운인 오기(五氣)가 완전한지 편중되었는지에 따라 길흉(吉凶)이 정해진다.

戴天履地人爲貴 順卽吉兮悖卽凶 要與人間開聾瞶
대천리지인위귀　　순즉길혜패즉흉　　요여인간개롱외

順悖之機須理會
순패지기수리회

대천리지(戴天履地), 즉 하늘 아래 땅을 밟고 있는 만물 중에 사람이 가장 귀하다. 하늘에 순응하면 길(吉)하고, 하늘에 어그러지면 흉(凶)하다. 하늘의 이치를 깨닫지 못한 인간들에게 귀를 열게 해주려면 순패(順悖), 즉 하늘을 따르거나 거역하는 것이 모든 이치의 집합체라는 것을 알려주면 된다. 하늘의 이치를 따르려면 음양(陰陽)과 오행(五行)에 대해 먼저 알아야 한다.

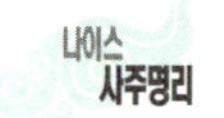

理承氣行豈有常 進兮退兮宜抑揚 配合干支仔細詳
이승기행기유상　　　진혜퇴혜의억양　　　배합간지자세상

斷人禍福與災祥
단인화복여재상

이(理)는 기(氣)를 타고 나아가니 어찌 일정함이 있겠는가? 이(理)만 홀로 독자적으로 가면 뜻대로 되겠지만, 기(氣)를 타고 함께 가야 하니 뜻대로 안 된다. 진퇴(進退)에는 마땅히 억양(抑揚), 즉 억누르거나 찬양함이 있어야 한다. 너무 나아가면 억제하고, 너무 물러나면 드러나게 해주어야 한다. 천간과 지지의 배합(配合)을 자세히 살피면 인간의 화복(禍福)과 재상(災祥)을 단정할 수 있다.

五陽皆陽丙爲最 五陰皆陰癸爲至 五陽從氣不從勢
오양개양병위최　　　오음개음계위지　　　오양종기부종세

五陰從勢無情義
오음종세무정의

오양(五陽), 즉 甲丙戊庚壬이 모두 양(陽)이지만 그중에 丙火가 최고의 양(陽)이고 오음(五陰), 즉 乙丁己辛癸가 모두 음(陰)이지만 이중에서 癸水가 음(陰)의 끝에 있다. 오양(五陽)은 기(氣)에 종(從)하고 세력에 종(從)하지 않는다. 그러나 오음(五陰)은 세력에 종(從)하고 정(情)이나 의리(義理)에는 종(從)하지 않는다. 음양(陰陽)의 차이이다.

지구에서 느끼는 우주 변화의 원리(原理)는 하늘의 뜻과 땅의 작용에 있다. 팔자에는 하늘의 뜻을 나타내는 천간과 땅의 작용을 나타내는 지지가 있으니, 천간과 지지의 작용을 잘 보면 각 개인에 작용하는 우주의 영향력을 알 수 있다. 천간과 지지의 치우침과 온전함을 살펴보면 팔자 주인공의 길흉(吉凶)을 알 수 있다.

팔자를 보는 이유는 인간의 운명을 알고 싶은 것이니, 팔자가 우주와 자연의 법칙에 순응하면 길(吉)하고 거역하면 흉(凶)하다.

우주운동은 이상적인 오행운동을 한다. 그러나 지축(地軸)의 기울기 때문에 생긴 사계절과 그 속에서 사는 인간의 팔자는 여러 가지 다양한 모습으로 나타난다. 더구나 각 개인이 태어난 날 지구에 강력한 인력(引力)을 행사하는 태양과 달 그리고 목성·화성·토성·금성·수성의 위치에 따라, 생겨난 팔자에 따라 많은 삶의 변화(變化)가 생긴다.

간단히 말해 음양오행(陰陽五行)의 법칙이나 천간과 지지의 글자끼리의 관계 속에서 팔자의 모습이 결정되고 각자의 팔자는 계절의 순환에 따라 여러 가지 반응을 하니 반응의 정도에 따라 한 개인의 길흉화복(吉凶禍福)을 판단할 수 있다.

이러한 판단을 하려면 대자연의 법칙에 대한 기본 이론을 먼저 알아야 한다.

자연의 법칙에서는 양(陽)이 시작하고 음(陰)이 마무리한다. 양(陽)은 시작하는 기(氣)이고, 음(陰)은 마무리하는 질(質)이다. 천간을 음양(陰陽)으로 나누면 甲乙丙丁戊는 양(陽)의 운동(運動)을 하고, 己庚辛壬癸는 음(陰)의 운동(運動)을 한다. 천간 중에서 丙火가 양(陽)의 특성이 가장

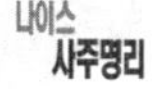

강하고, 癸水가 음(陰)의 특성이 가장 강하다. 음양(陰陽)의 단순한 이분법을 넘어 오행으로 세분화하고, 또다시 천간 지지로 나누어진다.

팔자는 천간 지지로 되어 있으니 음양오행(陰陽五行)을 공부한 후에는 천간 지지 중심의 학습이 이루어져야 한다. 천간 지지를 배운 후에도 후퇴하여 오행의 시각으로 팔자를 보면 학습에 발전이 없다.

팔자를 볼 때 오행의 상생상극(相生相剋)은 무의미하다. 오행의 상생상극(相生相剋)은 우주에서 일어나는 이상적인 운동 법칙이다. 개인의 팔자에서는 이미 오행이 뒤죽박죽 흩어져 있으므로 오행의 상생상극(相生相剋)이 더욱 무의미하다. 예를 들어 金이 火보다 강하다면 화극금(火剋金)이 되지 않는다. 팔자에서는 더 강한 오행이 주도권을 잡는 것이다.

오행(五行)의 상생상극(相生相剋)은 십신(十神)을 정할 때 사용하는 것으로 한정한다. 또 십신(十神)에서도 흔히 사흉신(四凶神), 사길신(四吉神)을 말하지만 이렇게 이분법으로 팔자를 논할 수는 없다. 천간의 글자 관계에 따라 정관(正官)도 나쁠 수 있고 편관(偏官)도 좋을 수 있다. 음양오행(陰陽五行), 십신(十神) 등 단순한 도구만을 사용하지 말고 천간끼리의 관계, 지지끼리의 관계, 천간과 지지끼리의 관계를 좋고 나쁨에 따라 구별해 두어야 한다.

또 십신(十神)은 천간 대 천간으로 정한다. 지지를 볼 때는 지장간을 살피면 된다. 지지의 글자는 지장간 글자 중 정기(=말기)를 말할 뿐이니 정밀한 추명을 위해서는 지지보다는 지장간을 적용하도록 한다. 지지는 계절을 말할 뿐이다.

五陽從氣不從勢　五陰從勢無情義
오양종기부종세　오음종세무정의

오양간(陽干)은 기(氣)를 따르고 세(勢)를 따르지 않는다. 오음간(陰干)은 세(勢)를 따르고 정의(情義)가 없다.

양(陽)이 시작하고 음(陰)이 마무리를 한다는 우주의 법칙에 따라 木운동은 甲木이 시작하고 乙木이 마무리를 한다. 火운동은 丙火가 시작하고 丁火가 마무리를 하고, 土운동은 戊土가 시작하고 己土가 마무리를 한다. 金운동은 庚金이 시작하고 辛金이 마무리를 하고, 水운동은 壬水가 시작하고 癸水가 마무리를 한다.

시작하는 기운인 양간(陽干)은 기분에 좌우되기 쉽고, 자존심이 있기 때문에 세력을 따라가지 않는다. 그러나 음간(陰干)은 강한 세력을 따라가고 정(情)이나 의리(義理)를 쉽게 버린다. 그래서 일간이 양간(陽干)이면 곧 죽어도 무릎을 꿇지 않으나, 일간이 음간(陰干)이면 정(情)이나 의(義)를 버리고 주변의 큰 세력에 휩쓸리기 쉽다.

물상(物象)에서는 양간(陽干)은 자연산에 비유되고, 음간(陰干)은 인공물에 비유한다. 양간(陽干)인 甲木은 소나무, 丙火는 태양, 戊土는 지리산, 庚金은 바위, 壬水는 바다로 말하고, 음간(陰干)인 乙木은 곡식·화초, 丁火는 촛불·화롯불, 己土는 논밭, 辛金은 보석·면도칼, 癸水는 우물·옹달샘으로 말한다. 그래서 양간(陽干)은 기(氣)가 세고 거친 느낌이 있으며, 음간(陰干)은 다듬어지고 세련된 맛이 있다.

五陽皆陽丙爲最　五陰皆陰癸爲至
오양개양병위최　오음개음계위지

보통 양간(陽干)의 대표를 丙火라 하고, 음간(陰干)의 대표를 癸水라 한다.

음양간(陰陽干)을 대표하는 丙火와 癸水는 나름대로 힘이 있다.

丙癸가 있을 때 丙火가 약하면 먹구름이 태양을 가릴 수 있고, 癸水가 약하면 丙火가 癸水를 증발시킬 수 있다. 막상막하(莫上莫下)이다.

丙火는 태양이고 丁火는 촛불이니 丙火를 사용해야 할 때 丁火가 있으면 충분하지 않다. 그래도 丁火를 쓸 때는 丙火가 지장간에라도 있어주면 좋다.

癸水는 빗물이나 개울물처럼 흐르는 물이고, 壬水는 바다나 저수지처럼 고인 물이다. 그래서 癸水를 사용해야 할 때 壬水를 보면 없는 것보다 낫지만 귀(貴)하지 못하다. 하늘의 비 癸水가 필요할 때는 저수지의 물 壬水로는 충분하지 않다.

천간론天干論

寅월의 어린 甲木에게는 **목화통명**(木火通明)으로 따뜻한 丙火와 촉촉한 봄비 癸水가 있으면 최고다. 卯월과 辰월에는 가지치기가 필요하니 庚金을 쓴다. 庚金은 가을, 겨울에는 甲木이 고목(枯木)이 되므로 베거나 장작을 만들기 위해서도 필요하다. 甲木은 가을에는 丁庚을 써서 **벽갑인정**(劈甲引丁)하면 좋고, 겨울에는 추우니 丙丁火를 함께 쓸 수 있다.

春不容金　秋不容土
춘불용금　　추불용토

봄철의 甲木은 아직은 어려서 金을 꺼리고, 가을철의 甲木은 土를 꺼린다.

추불용토(秋不容土)가 되는 이유는 土가 가을철 甲木에게 필요한 庚金과 丁火에 피해를 주기 때문이다. 봄철의 木에게는 적당한 햇볕 丙火와 뿌리를 받쳐줄 土가 필요하다.

地潤天和　植立千古
지윤천화　　식립천고

만일 땅이 윤택하고 하늘이 화평하면 나무는 오랜 세월 뿌리를 내린다.

甲木이 火를 용신으로 삼으면 운(運)이 북방(北方)으로 흘러야 한다. 만일 운(運)이 火운으로 흐르면 **목화성회**(木火成灰)라 하여 메말라 죽는다.

땅에는 癸水, 하늘에는 丙火가 필요하다는 뜻이다.

을목乙木

土가 강할 때는 甲木으로 목극토(木剋土)한다. 乙木은 유약(柔弱)하여 土를 찌르는 힘이 약하지만 未土와 丑土에서는 乙木이 버틸 수 있다. 金의 계절 가을에는 乙木이 힘을 잃으므로, 金을 또 만나면 가난하거나 또는 요절한다. 그러나 乙木은 丙丁火가 있으면 申酉金도 이겨낸다.

乙木은 일반적으로 봄, 여름, 가을에는 丙癸를 용(用)하여 귀격(貴格)을 이룬다. 亥子丑 겨울에는 水의 계절이니 癸水는 필요 없다. 乙木은 연약하여 항상 金에 상할 염려가 있으니 火가 지켜주면 좋다. 겨울의 乙木은 丙火를 보면 좋다. **한목향양**(寒木向陽)이다. 특히 丑월 乙木은 丙火가 없으면 추워서 요절 또는 가난하다. 丙火가 없다면 겨울에는 水가 강하니 戊土로 억제(抑制)하여 뿌리를 보호해야 한다.

藤蘿繫甲　　可春可秋
등라계갑　　가춘가추

乙木이 甲木을 타고 올라가면 등라계갑(藤蘿繫甲)이라 하여 든든한 기둥을 만나는 격이니 봄이든 가을이든 계절과 관계없이 뿌리가 뽑히지 않는다.

甲木이 乙木을 만나면 부정적인 면이 있지만, 乙木이 甲木을 보면 대체로 좋다. 두 글자의 관계가 좋다는 것은 강약이나 기세가 서로 비슷할 경우를 전제로 한다. 甲乙의 관계도 한 글자가 지나치게 강하면 좋을 리가 없다.

丙火猛烈　欺霜侮雪
병화맹렬　기상모설

丙火는 양간(陽干)의 대표로 눈과 서리를 보아도 두려워하지 않는다.

한겨울에도 丙火는 빛을 발한다. 조후 때문이다.

能煆庚金　逢辛反怯
능하경금　봉신반겁

丙火는 庚金을 극할 수 있지만, 辛金을 만나면 반대로 겁(怯)을 낸다.

丙火가 壬水를 보면 **강휘상영**(江暉相暎)이라 하여 거의 대부분 귀(貴)하다. 丙辛합이 되어 버려 水를 만들기 때문이다. 庚金을 녹일 수 있는 것은 丙火보다는 丁火가 제격이다.

虎馬犬鄕　甲來焚滅
호마견향　갑래분멸

丙火가 寅午戌이 있는 곳에서 甲木을 또 보면 분멸(焚滅)되고 만다.

호마견(虎馬犬)은 호랑이, 말, 개, 즉 寅午戌을 말한다.

丁火柔中　内性昭融　旺而不烈　衰而不窮
정화유중　내성소융　왕이부렬　쇠이부궁

丁火는 부드러운 가운데 극제(剋制)하는 힘이 있고, 丁火는 왕(旺)해도 강렬하지 않고 쇠(衰)하여도 궁(窮)하지 않는다.

겨울 丁火도 甲木만 있으면 金水가 많아도 상격(上格)으로 선비의 우아함과 풍류(風流)가 있다.

如有嫡母　可秋可冬
여유적모　가추가동

丁火는 甲木이 있으면 가을이든 겨울이든 좋다.

丁火는 계절과 관계없이 甲庚을 써서 **벽갑인정**(劈甲引丁)하여 귀격(貴格)을 이룬다. 丁火는 본성이 쇠약하니 甲木이 있으면 추동(秋冬)에도 부귀공명(富貴功名)을 이룬다.

무토戊土

戊土固重　旣中且正　靜翕動闢　萬物司命
무토고중　기중차정　정흡동벽　만물사명

戊土는 지리산처럼 큰 산으로 비유되니 단단하고 무거우며 치우침이 없고 곧고 바르다.

戊土는 중후(重厚)할수록 좋다. 그래서 火로 생하면 좋다. 火가 죽으면 土가 왕(旺)해도 뜻을 이루지 못한다. 土는 木火의 양운동(陽運動)을 金水의 음운동(陰運動)으로 전환한다. 특히 戊土는 양운동을 마무리하기 때문에 양(陽)의 기운이 무척 강하다. 메마르고 건조한 땅이다. 그래서 癸水를 보면 바로 합(合)한다. 癸水 입장에서는 일종의 희생이다. 戊土는 합력(合力)이 강하여 계수를 당겨 火기운을 만든다. 戊癸 합화(合火)가

그것이다. 무더운 날 메마른 땅에 한줄기 비가 내려 증발하는 현상이 戊
癸 합화(合火)이다.

水旺物生　火燥喜潤
수왕물생　화조희윤

戊土에 水가 왕(旺)하면 만물이 생(生)하여 길(吉)하고, 火가 많으면 건조하
니 水의 자윤(滋潤)이 필요하다.

戊土는 대개 水, 재(財)를 만나면 기쁘다. 土는 火가 필요하지만 **화염
토조**(火炎土燥)는 좋지 않다. 이 부분은 **수윤물생**(水潤物生), **화조물병**
(火燥物病)으로 나와 있는 책도 있다.

若在坤艮　怕沖宜靜
약재곤간　파충의정

戊土가 곤간(坤艮)에 뿌리를 두면 충(沖)을 두려워하니 형충(刑沖)이 없이
고요하면 좋다.

곤간(坤艮)은 주역 팔괘(八卦)에서 나온다. 명리에서 꼭 주역의 괘(卦)
를 알 필요는 없지만, 동양철학의 한 분야로서 용어들이 서로 섞이는 경
우가 있다. 간(艮)은 북동쪽 丑寅이고, 곤(坤)은 남서쪽 未申을 말한다.

기토己土

己土卑濕　中正蓄藏
기토비습　중정축장

己土는 낮고 습하며 치우침이 없어 곧고 바른 기운을 축장(蓄藏)한다.

己土에서 음운동(陰運動)은 시작된다. 戊土가 큰 산이라면 己土는 보통 논밭으로 비유된다.

甲乙木이 모두 양운동(陽運動)을 하고, 丙丁火 또한 양운동을 한다. 庚辛金은 음운동(陰運動)을 하고, 壬癸水도 음운동을 한다. 그러나 戊土는 양운동의 마무리이고, 己土는 음운동의 시작이므로, 戊土와 己土는 같은 土이지만 쓰임새가 다르다. 戊土는 양(陽)의 기운이 가득한 건토(乾土)이고 己土는 음(陰)의 기운이 시작되는 전원의 흙이다. 己土는 습토(濕土)로서 곡식을 키우고자 함이니 시기가 언제든지 丙火로 돕는 것을 기뻐한다.

不愁木盛　不畏水狂
불수목성　불외수광

己土는 논밭이므로 木을 키우는 것을 목적으로 한다. 그래서 木이 성(盛)하는 것을 걱정하지 않고, 水가 왕(旺)하는 것을 두려워하지 않는다.

己土는 동월(冬月)을 제외하고는 癸水와 甲木 재관(財官)을 써서 귀격(貴格)이다.

火少火晦　金多金明
화소화회　금다금명

己土에 火가 적으면 火는 己土에 흡수되기 쉽다. 그래서 火는 어두워진다. 그리고 만일 金이 많다면 金은 己土의 생(生)을 받아 빛나게 된다.

庚金帶殺　剛健爲最
경금대살　강건위최

庚金은 살기(殺氣)를 띠며 강하기로는 최고이다.

得水而淸　得火而銳
득수이청　득화이예

庚金은 水를 얻으면 맑아지고, 火를 얻으면 예리해진다.

庚金은 강하기가 최고이므로 관살(官殺)의 공격을 기뻐한다. 특히 추금(秋金), 동금(冬金)은 丙丁火를 함께 써서 **관살혼잡**(官殺混雜)이 되어야 더 좋다. 이때 丁火는 연금(鍊金)을 위해, 丙火는 조후(調候)로 쓰인다. 庚金은 甲木을 극(剋)하지만 乙木은 극(剋)하지 못하고 합(合)한다.

土潤卽生　土乾卽脆
토윤즉생　토건즉취

보통 습토(濕土)만이 金을 생(生)한다. 건토(乾土)는 金을 생(生)하지 못한다.

庚金은 습토(濕土)가 윤택하게 하면 생(生)을 얻고, 土가 건조(乾燥)하면 쇠약(衰弱)해져서 묻힌다.

庚金 하나에 戊土가 많으면 매몰(埋沒)되어 하천한 명(命)이다. 이때는 甲木으로 土를 제(制)해야 한다.

能勝甲兄　　輸於乙妹
능승갑형　　수어을매

庚金은 甲木을 극(剋)하여 이긴다. 그러나 연약한 乙木을 보면 힘을 잃는다.
乙庚합이 되는 것이다.

辛金軟弱　　溫潤而清
신금연약　　온윤이청

辛金은 연약하여 온화(溫和)하고 습윤(濕潤)하면 청(清)하다.

畏土之多　　樂水之盈
외토지다　　요수지영

辛金은 土가 많으면 빛을 잃으니 두려워하고, 水가 넘치는 것을 좋아한다.
辛金과 壬水는 사시사철 바람직한 관계이다. 辛金은 진주와 같아 壬水
를 만나면 순수해지니 좋다.

熱則喜己　　寒則喜丁
열즉희기　　한즉희정

辛金이 더울 때는 己土를 기뻐하고, 추울 때는 丁火를 기뻐한다.
일간이 辛金이면 여름에는 己土를 생각하고, 겨울에는 丁火를 생각해
야 한다.

壬水汪洋　能洩金氣
임수왕양　능설금기

壬水는 왕양(汪洋)하니 능히 금기(金氣)를 설한다.

剛中之德　周流不滯
강중지덕　주류불체

壬水는 강한 가운데 덕(德)이 있으며 흘러내리는 데 막힘이 없다.

通根透癸　沖天奔地
통근투계　충천분지

壬水에 癸水까지 투(透)하면 하늘을 찌르고 땅을 내딛어 충천분지(沖天奔地)로 범람하여 우환(憂患)이 발생한다.

지지 수국(水局)에 癸水가 투(透)하면 戊己土가 있어도 막지를 못한다. 이때는 木을 써서 설기(洩氣)를 해야 한다.

壬水가 火土를 많이 보아 고갈되면 만물이 메말라 죽음에 이르기도 한다. 壬水는 청(淸)해야 하는데 己土가 있으면 **기토탁임**(己土濁壬)으로 좋지 않다. 더욱이 목다(木多)하고 火는 있는데 水가 없으면 승도(僧徒)의 명(命)이다.

癸水至弱　達於天津
계수지약　달어천진

癸水는 약하지만 천진(天津)에 달한다.

壬癸水는 음양(陰陽)인데 흐르는 물은 癸水로 보고, 고인 물은 壬水로 보면 된다. 癸水는 약하지만 강한 水를 보면 강호(江湖)를 이룬다. 이를 하늘과 바다를 잇는 나루터와 같다고 해서 **천진지양**(天津地洋)이라고 한다.

不愁火土　不論庚辛
불수화토　불론경신

癸水는 火土를 두려워하지 않고 庚辛金을 논(論)하지 않는다.

癸水는 戊土와 합하는데 또 丙丁火를 보면 화격(化格)이 된다. 癸水는 火土가 많으면 종(從)하기 쉽다. 癸水는 화왕(火旺)하면 종화(從火)하고, 토왕(土旺)하면 종살(從殺)하니 癸水는 변화(變化)가 심하다.

지지론 地支論

陽支動且强　速達顯災祥
양지동차강　속달현재상

양(陽)이 시작하고 음(陰)이 마무리를 한다는 자연의 법칙에 따라 양(陽)의 지지는 동적(動的)이며 세찬 성질이 있다. 그래서 양(陽)의 지지는 좋고 나쁨이 신속하게 나타난다.

陰支靜且專　否泰每經年
음지정차전　부태매경년

반면 음(陰)의 지지는 정적(靜的)이고 더디게 일어난다. 그래서 음(陰)의 지지는 해를 경과할 수도 있어서 길흉(吉凶) 작용이 당해에 발생할 수도 있고 해를 넘길 수도 있다.

천간이 하고자 하는 마음을 나타낸다면 지지는 살아가는 현실을 나타낸다. 현실은 우리의 의도와는 다르게 여러 가지 일들이 발생한다. 지지 상호간에 일어나는 형충회합파해(刑冲會合破害) 등으로 판단할 수 있다. 천간의 뜻이 지지가 나타내는 현실에서 일어나는가는 물상결합(物象結合)으로 판단한다. 천간을 상(象), 지지를 물(物)로 표현한다. 천간과 지지가 어느 정도의 힘으로 통근이나 투출(透出)되어 있는가로 실현 여부를 판단한다. 또 통근이 되었다면 어느 지지에 어느 정도의 힘으로 뿌리를 내렸는가 살핀다.

生動　合起　沖起
생동　합기　충기

생동(生動)이란 운(運)의 지지가 원국(原局)의 지지를 생(生)하여 동(動)하게 하는 것을 말한다.

합기(合起)는 육합(六合)으로 팔자의 글자가 묶이는 현상이나 또는 삼합(三合)이나 방합(方合)으로 동(動)하는 것이다. 보통 육합(六合)에서는 일지(日支)의 합(合)은 득(得)으로 보고, 타지(他支)의 합(合)은 실(失)로 본다. 삼합(三合)이나 방합(方合)으로 동(動)하면 팔자에 큰 변화를 준다.

충기(沖起)는 충(沖)으로 해당 글자가 동(動)하는 것을 말한다. 충(沖)이 일어나면 큰 싸움이 일어난 것과 같으니 지장간이 열려 팔자에 큰 변화(變化)가 일어난다.

生方怕動庫宜開
생방파동고의개

생지(生地)의 寅申巳亥는 동(動)을 두려워하고, 고지(庫地)의 辰戌丑未는 개고(開庫)되어야 한다.

敗地逢沖仔細裁
패지봉충자세재

패지(敗地)의 子午卯酉는 충(沖)을 헤아려야 한다.

적천수
고전편

寅申巳亥 생지(生地)의 글자는 삼합(三合)이나 방합(方合)을 여는 글자이므로 충(沖)으로 동(動)할 때 타격이 있다. 역마 글자가 충(沖)을 당하면 반드시 신상에 변화를 예상하는데, 좋을 수도 있고 나쁠 수도 있다. 충(沖)이 반드시 나쁜 것만은 아니다. 강한 경쟁력을 기를 수도 있다. 그러나 충(沖)의 희생적인 요소는 피할 수 없다.

辰戌충에서 辰土는 훼손되지 않는데, 그 이유는 辰 중에는 戊癸 암합(暗合)이 되어 있기 때문이다. 辰戌丑未는 충(沖)이 되면 입묘(入墓)나 백호(白虎), 괴강(魁罡)과 연결되어 해당 육친궁(六親宮)이나 해당 장간(藏干)의 육친성(六親星)에 피해가 있을 수 있다. 한편 子午卯酉 왕지 충(沖)은 암합(暗合)과 명합(明合)으로 인해 피해가 크다.

형충파해(刑沖破害)에 의하여 조용히 있던 사주는 동(動)하게 된다. 형충(刑沖)은 팔자를 심하게 동(動)하게 하고 파해(破害)는 상대적으로 약하게 동(動)한다.

寅申巳, 丑戌未, 子卯 형(刑) 등은 팔자를 강하게 동(動)하게 하여 삶의 소용돌이가 크다. 형(刑) 중에서 자형(自刑)인 辰辰, 午午, 酉酉, 亥亥는 팔자를 동(動)하게 하지만 강하지는 않다. 그러나 이러한 설명은 이론적인 것이고 실제로는 옆에 있는 글자와의 관계를 보아야 한다. 형충회합파해(刑沖會合破害) 등이 서로 얽혀 있을 경우가 많기 때문이다.

대운(大運)은 10년 동안이라는 긴 기간이므로 대운에 의해서 팔자가 동(動)하지는 않는다. 대운에서 합(合)이 되면 합이 된 지지는 세월에서 충(沖)이 되면 합이 풀린다. 대운의 지지는 팔자 원국(原局)의 글자와 같다고 보면 된다. 팔자 원국과 대운은 체(體)의 영역이고, 세월의 운(運)은 용(用)의 영역이다.

旺者沖衰衰者拔　　衰者沖旺旺神發
왕자충쇠쇠자발　　쇠자충왕왕신발

왕쇠(旺衰)는 지지의 글자 세력으로 경중(輕重)을 비교한 것이다. 왕성한 글자가 쇠약한 글자를 충(沖)하면 쇠약한 글자는 뽑히고, 쇠약한 글자가 왕신(旺神)을 충(沖)하면 왕신(旺神)이 발현한다.

간지론 干支論

陽順陰逆　其理固殊
양순음역　기리고수

양운동(陽運動)과 음운동(陰運動)이 서로 반대로 간다는 것은 확고한 이치이다.

밤낮의 변화를 보고, 사계절의 음양(陰陽)의 변화를 보면 확실하다.

陽生陰死　其論勿執
양생음사　기론물집

양생음사(陽生陰死)의 논리에만 집착하면 곤란하다.

이는 12운성(運星)에 너무 집착하지 말라는 것이다. 12운성에 집착하여 이기(理氣)의 양면을 보지 못하면 체격과 체력을 함께 보지 못하는 것과 같다. 즉, 통근의 이(理)와 12운성의 기(氣)를 모두 고려해야 한다.

天全一氣　不可使地道莫之載
천전일기　불가사지도막지재

천전일기는 반드시 지지에 근이 있지 않으면 안 된다.

地全三物　不可使天道莫之覆
지전삼기　불가사천도막지복

지전삼물은 천간에 드러나지 않으면 안 된다.

팔자의 천간이 모두 동일한 글자로 되어 있는 것을 천원일기(天元一氣)라고 한다. 천원일기라도 지지에 통근이 안 되면 현실에서 이루지 못한다. 천간의 마음은 지지의 현실에서 물상결합(物象結合)이 될 때 마음먹은 것을 실현시킬 수 있다.

팔자가 지지에서 방국(方局)을 이룬 것을 지전삼물(地全三物)이라고 한다. 방국(方局)에서 방(方)은 방합(方合)이고, 국(局)은 삼합(三合)을 말한다. 지지의 방국(方局)도 천간에 투(透)하면 해당 오행이 강한 힘을 갖게 된다. 그러나 천간에 투(透)하지 않고 삼합(三合)이나 방합(方合)처럼 지지에 강한 합국(合局)이 형성되면 지지 현실 때문에 내 삶이 움직이게 된다. 지지가 천간에 영향을 미치는 것이다. 뿌리를 내리지 못한 천간이나 천간에 투(透)하지 못한 지지는 글자 수가 많더라도 큰 역할을 하지 못한다.

동금(冬金)은 **금수상관희견관**(金水傷官喜見官), 하목(夏木)은 **목화상관희견수**(木火傷官喜見水)이다. 모두 조후(調候)를 맞추기 위한 것이다.

地生天者　天衰怕沖
지생천자　천쇠파충

일간이 월령(月令)을 얻지 못하고 신약(身弱)하여 지지가 생(生)하고 있을 때, 지지 인수(印綬)의 글자가 충(沖)으로 깨지면 문제가 된다.

天合地者　地衰喜靜
천합지자　지쇠희정

441

상하(上下) 간지가 유정(有情)하여 천간이 지지를 합(合)하고 있을 때 지지
는 형충(刑沖) 등의 동요없이 조용히 있는 것이 좋다.

上下貴乎情合　　左右貴乎志同
상하귀호정합　　　좌우귀호지동

팔자를 본다는 것은 천간과 지지의 상호 조화의 여부를 보는 것이다.
상하로 서로 유정하고, 좌우로 뜻이 같다면 귀하다.

始其所始　終其所終　富貴福壽　永乎無窮
시기소시　　종기소종　　부귀복수　　영호무궁

시작(始作)해야 할 곳에서 시작(始作)하고, 종료(終了)해야 할 곳에서 종료
(終了)하여 자연의 법칙대로 순리(順理)에 따르면 부귀(富貴)와 수복(壽福)이
영원(永遠)하고 무궁(無窮)할 것이다.

팔자의 흐름이 자연의 법칙인 사계절의 흐름처럼 년월(年月)에서 시
작하고 일시(日時)에서 끝난다면 부귀수복(富貴壽福)이 보장된다.

형상론 形象論

兩氣合而成象 象不可破 五氣聚而成形 形不可害
양기합이성상　　상불가파　　오기취이성형　　형불가해

두 기운이 합(合)하여 상(象)을 이루면 그 상(象)을 깨뜨리면 안 된다. 오기(五氣)가 모여 형(形)을 이루면 형(形)을 해(害)해서는 안 된다.

獨象喜行化地 而化神要昌 全象喜行財地 而財神要旺
독상희행화지　　이화신요창　　전상희행재지　　이재신요왕

팔자가 독상(獨象)이 되면 화(化)하는 것이 좋고, 화신(化神)이 창성(昌盛)함이 좋다. 전상(全象)은 재(財)로 가면 기쁘고, 재신(財神)이 왕(旺)하면 좋다.

形全者宜損其有餘 形缺者宜補其不足
형전자의손기유여　　형결자의보기부족

형전(形全)하여 여유(餘裕)가 있으면 덜어내야 마땅하고, 형결(形缺)하여 결함(缺陷)이 있을 때는 보충(補充)해야 마땅하다.

형상(形象)이란 팔자의 형태와 모양을 말한다.

팔자에는 양신성상격(兩神成象格), 일행득기격(一行得氣格), 독상(獨象), 전상(全象), 형전(形全), 형결(形缺) 등이 있다.

독상(獨象)은 일행득기격(一行得氣格)을 말한다.

전상(全象)은 일간이 신왕(身旺)하고 재성(財星)도 강한 팔자를 말한다.

형전(形全)은 형(形)이 온전할 때 설기(洩氣)시켜 자연스럽게 하는 것이다.

형결(形缺)은 형(形)에 결함(缺陷)이 있을 때 보조(補助)해 주는 팔자를 말한다.

양신성상격(兩神成象格)에는 두 가지가 있는데, 상생(相生)의 양신성상격과 상극(相剋)의 양신성상격이 있다. 예를 들어 팔자가 木火로만 구성되면 상생의 양신성상격이고, 팔자가 木金으로 구성되면 상극의 양신성상격이다. 상생의 양신성상격은 비식재(比食財) 운(運)이 기쁘고, 관인(官印) 운(運)을 기피한다. 상극의 양신성상격에서는 통관(通關)시키는 운(運)을 기뻐한다.

일행득기격(一行得氣格)에는 곡직(曲直), 염상(炎上), 가색(稼穡), 종혁(從革), 윤하(潤下)가 있다. 팔자가 일행득기(一行得氣)가 되면 일행(一行)을 극하는 오행을 꺼린다.

전상(全象)은 재(財)가 왕(旺)하면 좋다. 전상(全象)에서 재(財)가 강하면 좋지만 항상 그런 것은 아니다. 팔자 전체의 구조를 살펴야 한다.

팔자의 신강(身强)과 신약(身弱)으로 형전(形全)과 형결(形缺)을 구분한다. 甲乙木이 寅卯월에 나면 형전(形全)이 되어 木이 강하니 목기(木氣)를 덜어내야 한다. 이때는 丙丁火로 설(洩)하는 것이 좋고 庚辛金의 극(剋)은 안 좋을 때가 있다. 그러니 **설상방조**(洩傷幇助)는 팔자 전체를 보고 결정한다.

형결(形缺)에 해당하는 신약격(身弱格)에 재(財)가 중첩이면 인수(印綬)의 조(助)가 해롭고, 비겁(比劫)의 방(幇)이 좋다. 신약(身弱)에 관살(官殺)이 나를 공격하면 인수(印綬)가 좋고, 비겁(比劫)은 흉(凶)하다.

방국론 方局論

방(方)은 방합(方合)을 말하고, 국(局)은 삼합(三合)을 의미한다. 방합(方合)은 체(體)의 영역이고, 삼합(三合)은 용(用)의 영역이니 방합(方合)과 삼합(三合)은 섞이지 않아야 청(淸)하다.

삼합(三合)과 방합(方合)이 섞이면 국혼방(局混方)이라 하는데 팔자가 순수(純粹)하지 못하다. 예를 들어 집안일인 체(體)와 사회적인 일인 용(用)을 동시에 한다면 청(淸)하지 않다는 뜻이다. 팔자 원국(原局)에서 이미 방국(方局)이나 합국(合局)이 성립되면 팔자가 순(純)하고 청(淸)하니 귀격(貴格)이고, 운(運)에서 육합(六合) 또는 반합(半合)이 와도 국(局)을 해소하지 못한다.

申酉戌 방합(方合)을 이루는 것과 巳酉丑 삼합(三合)을 이루는 것은 대운(大運)에서 火운이 올 때 길흉(吉凶)이 달라진다. 방합(方合)은 가족적인 체(體)의 영역이니 대운(大運)과 관계없이 부귀(富貴)가 결정되지만, 삼합(三合)은 직업과 같은 용(用)의 영역이니 삼합(三合)의 기운과 거스르는 火운이 오면 좋지 않다. 대운(大運)에서 그렇다는 것이고, 세월에서는 방합(方合)과 삼합(三合)에 관계없이 강한 기운에 순응하는 오행의 운(運)이 오면 좋다. 방(方)과 국(局)이 함께 있으면 기세(氣勢)가 강하니, 천간은 기세(氣勢)에 순응해야 한다.

成方干透一元神　生地庫地皆非福

방합(方合)이 이루어졌을 때 원신(元神)이 하나 투하면 생지(生地)와 고지(庫地)가 모두 복(福)이 되는 것은 아니다.

원신(元神)이 하나 투(透)한다는 말은 방합(方合)이 된 오행과 같은 일간을 가진 팔자를 말한다. 즉, 寅卯辰 방합(方合)이라면 일간이 甲乙木이 되고, 巳午未 방합(方合)이라면 일간이 丙丁火가 될 때를 말한다. 어떤 책에는 비복(非福)이 위복(爲福)으로 되어 있다.

成局干透一官星　左邊右邊空碌碌

국(局)을 이룬 팔자에 해당 오행을 극(剋)하는 관성(官星)이 천간에 드러나면 그것이 좌변(左邊)이든 우변(右邊)이든 일체가 공허하고 흉해진다.
공록록(空碌碌)은 헛되고 부질없다는 뜻이다.

격국론 格局論

財官印綬分偏正　兼論食傷格局定
재관인수분편정　　겸론식상격국정

보통 격국(格局)을 말할 때는 재성(財星), 관성(官星), 인수(印綬)는 정편(正偏)으로 나누고, 식신(食神) 그리고 상관(傷官)을 합쳐 8가지이다.

격국(格局)은 자평진전에서 주로 다루는 내용이다.

진소암 왈, "격(格)이 참된 것은 월지 장간(藏干)이 천간에 투출한 것이다. 천간에 있는 것이 월지에 뿌리를 내리지 않았다면 격(格)을 이루었다고 할 수 없다."고 했다.

影響遙繫旣爲虛　雜氣財官不可拘
영향요계기위허　　잡기재관불가구

영향(影響) 요계(遙繫)는 이미 격(格)을 정하는 것과 무관하며 또 잡기재관(雜氣財官) 같은 것에는 구애를 받지 말아야 한다.

영향(影響)의 뜻은 그림자의 울림이다. 떨어진 지지 글자의 충(沖)은 영향력이 작아진다는 뜻이니, 격(格)을 정할 때에 구애를 받지 말아야 한다는 말이다.

요계(遙繫)는 떨어져 있는 천간끼리의 합(合)을 말한다. 년간 乙木과 시간(時干) 庚金은 격(格)을 정할 때 합(合)으로서 영향을 미치지 못한다는 것이다.

영향요계(影響遙繫)를 암충암합(暗沖暗合)으로 해석하는 책도 있다. 위의 본문처럼 적천수(滴天髓)의 원문(原文)은 짧은 한문(漢文)으로 시적(詩的)인 표현을 하고 있어서 후대 사람들이 자기 생각에 따라 다른 해석을 하고 있다.

잡기재관불가구(雜氣財官不可拘)란 辰戌丑未 사토(四土)의 계절에 태어나면 환절기이기 때문에 기운이 애매하니, 월지에서 투(透)한 천간이 있으면 그것으로 격(格)을 정하면 된다. 지지의 土는 같은 기운을 가진 것이 아니니 辰戌丑未가 나타내는 계절을 염두에 두고 격(格)을 정하면 된다.

官殺相混來問我　有可有不可
관살상혼내문아　유가유불가

관살혼잡(官殺混雜)은 좋지 않다고 말하지만 상황에 따라 다르다.

추동(秋冬)월에 태어난 庚金 일간은 관살(官殺), 丙丁火를 모두 사용하면 귀격(貴格)이다. 조후(調候) 때문이다. 이때 丁火는 연금(鍊金)을 위해 사용되고, 丙火는 조후(調候)를 담당한다.

관살혼잡이라고 무조건 나쁘다고 말하면 안 된다. 다른 이론도 마찬가지이다.

傷官見官果難弁　可見不可見
상관견관과난변　　가견불가견

상관견관(傷官見官)은 위화백단(爲禍百端)이라는 말이 있다. 상관격(傷官格)이 정관(正官)을 보면 대개 좋지 않다.

그러나 **금수상관**(金水傷官)은 火, 관(官)을 보아도 파격(破格)이 아니고 오히려 귀격(貴格)이다. **금수상관희견관**(金水傷官喜見官)이다. 조후(調候) 때문이다.

종화론從化論

從得眞者只論從　從神又有吉和凶
종득진자지론종　종신우유길화흉

종(從)은 진종(眞從)으로 된 경우만 종(從)으로 논(論)하니 종신(從神)은 길(吉)한 것도 있고 흉(凶)한 것도 있다.

化得眞者只論化　化神還有幾般話
화득진자지론화　화신환유기반화

화(化)는 진화(眞化)일 경우만 화(化)로 논(論)하니 화신(化神)에 관해 또한 몇 가지 말할 것이 있다.

眞從之象有幾人　假從亦可發其身
진종지상유기인　가종역가발기신

진종(眞從)의 상(象)은 거의 없으니 가종(假從)이라도 그 자신을 발(發)할 수 있다.

假化之人亦可貴　孤兒異性能出類
가화지인역가귀　고아이성능출류

가화(假化)인 사람 역시 귀함이 가(可)하니 고아(孤兒)나 이성(異性) 출신이라도 능히 출세(出世)할 수 있다.

　　종화론(從化論)에서는 종격(從格)과 화격(化格)을 다룬다. 종격(從格)과 화격(化格)은 진종(眞從)과 가종(假從), 진화(眞化)와 가화(假化)로 나뉜다. 진종(眞從)이나 진화(眞化)가 되면 대개 세운(歲運)이나 대운(大運)의 흐름과 관계없이 그 자체로 귀격(貴格)이다.

　　진(眞)과 가(假)의 구분은 삼합(三合)이나 방합(方合)으로 기세(氣勢)가 강하여 팔자 자체가 하나의 기운으로 몰리면 진(眞)이 되고, 가(假)는 진(眞)처럼 생겼는데 팔자의 종(從)이나 화(化)의 기운을 거스르는 오행이 있을 때를 말한다. 세월의 운(運)을 볼 때는 진(眞)이나 가(假)나 희기(喜忌)를 같이 보지만, 그러나 대운(大運)에서의 진(眞)은 세운(歲運)과 같이 운(運)을 해석하고, 가(假)는 보통 사주 보듯이 일반 내격(內格)으로 처리한다. 그러나 체용(體用)에서 체(體)가 더 중요하니 원국(原局)보다 대운(大運)이 더 중요할 수는 없고, 체(體)의 영역인 원국(原局)과 대운(大運)보다 세월의 운(運)이 더 중요할 수는 없다. 팔자 원국(原局)에는 팔자의 주인공이 살아가야 할 재료가 모두 스며들어 있는 것이다. 팔자의 재료 자체를 바꿀 수는 없다.

　　종격(從格)에도 길흉(吉凶)이 있는데 계절에 따라 다시 등급을 정한다. 대부분 팔자는 어느 정도 조후(調候)가 맞추어져 있어 크게 신경 쓰지 않아도 되는데, 조후(調候)가 극단으로 틀어져 있으면 종격(從格), 화격(化格)이 되어도 격(格)의 등급이 떨어지게 된다.

화격(化格)도 마찬가지이다. **화염토조**(火炎土燥), **금한수냉**(金寒水冷)
등이 되면 다른 모든 사항을 갖추어 이론적으로 성격(成格)이 되었다고
하더라도 좋은 팔자가 아니다. 진화(眞化)가 아닌 가화(假化)라면 더욱
문제가 된다. 같은 십신(十神)이라도 오행에 따라 모두 다르게 통변하는
것처럼, 같은 모습으로 성격(成格)되었다고 해도 조후(調候)에 따라 달라
지는 것이다.

체용론體用論

道有體用 不可以一端論也 要在扶之抑之得其宜
도유체용　　불가이일단론야　　요재부지억지득기의

도(道)에는 체용(體用)이 있으니 일단(一端)만을 논하는 것은 불가(不可)하고, 부(扶)하거나 억(抑)해야 마땅하다.

우주에는 체용(體用)이 존재한다. 체(體) 속에 체용(體用)이 있고, 용(用) 속에 체용(體用)이 있다. 건물이 체(體)라면 건물의 용도는 용(用)이다. 건강이 체(體)라면 활동은 용(用)이다. 체(體)가 용(用)보다 우선임은 말할 필요도 없다. 체용(體用)의 구분없이 세상을 보는 것은 혼란을 가중시킨다. 팔자를 보는 것도 그렇다.

격국용신(格局用神)을 체(體)라고 한다면 부억용신(扶抑用神)은 용(用)이다. 격국용신은 신강(身强), 신약(身弱)에 관계없이 정해진다. 신강, 신약으로 정하는 것은 부억용신이다. 보통 구별없이 혼동하여 쓰는 경우가 많아 나중에 문제가 발생하게 된다. 첫 단추가 잘못 끼워지는 것이다.

격국용신이나 조후용신이 팔자의 그릇을 판별하는데 사용된다면, 부억용신은 세월(歲月)의 운(運)을 주로 보게 된다. 세월의 운을 볼 때는 조후용신이나 격국용신은 참고하지 않는다.

　체용(體用)은 삼합(三合)과 방합(方合)으로 확장할 수 있다. 방합(方合)이 체(體)이고, 삼합(三合)이 용(用)이다. 각 지지의 글자도 체용(體用)으로 구분하여 이해하여야 한다. 보통 우리가 지지에 붙여 사용하는 오행은 체(體)를 말한다. 지지의 용(用)은 삼합으로 접근하면 이해하기 쉽다.

- 寅　　체(體)는 **木**　　용(用)은 **火**
- 卯　　체(體)는 **木**　　용(用)은 **木**
- 辰　　체(體)는 **土**　　용(用)은 **水**
- 巳　　체(體)는 **火**　　용(用)은 **金**
- 午　　체(體)는 **火**　　용(用)은 **火**
- 未　　체(體)는 **土**　　용(用)은 **木**
- 申　　체(體)는 **金**　　용(用)은 **水**
- 酉　　체(體)는 **金**　　용(用)은 **金**
- 戌　　체(體)는 **土**　　용(用)은 **火**
- 亥　　체(體)는 **水**　　용(用)은 **木**
- 子　　체(體)는 **水**　　용(用)은 **水**
- 丑　　체(體)는 **土**　　용(用)은 **金**

　여기서 辰戌丑未는 체가 모두 土라고 되어 있지만, 지지의 표에서 보듯이 같은 土가 아니다. 그래서 辰戌丑未의 체(體)를 다시 구체적으로 알아보면 다음과 같다.

455

- ● 辰   체(體)는 木에서 火로 전환되는 시기
- ● 未   체(體)는 火에서 金으로 전환되는 시기
- ● 戌   체(體)는 金에서 水로 전환되는 시기
- ● 丑   체(體)는 水에서 木으로 전환되는 시기

각 개인이 집에서나 사회에서 하는 역할이 달라지듯이, 같은 지지(地支)의 글자라도 주변 글자에 따라 체용(體用)으로 달리 쓰이므로 주변 상황을 보는 것이 중요하다.

정신론 精神論

人有精神 不可以一偏求也 要在損之益之得其中
인유정신　　불가이일편구야　　요재손지익지득기중

사람에게는 정(精)과 신(神)이 있으니 한편으로 치우쳐 구하려 하는 것은 불가(不可)하다. 중요한 것은 손(損)할 때 손(損)하고, 익(益)할 때 익(益)하여 중용(中庸)을 얻는 것이다.

적천수(滴天髓) 정신론(精神論) 전문(全文)이다. 정(精)은 金水, 신(神)은 木火를 나타낸다. 결국 음양(陰陽)의 균형과 조화를 말한다. 우주와 대자연은 음양운동을 하고, 음양운동은 가장 이상적인 운동의 표준이 된다.

팔자에서도 음양(陰陽)의 균형이 깨지면 밤낮이 한쪽으로 치우친 것처럼 좋을 리가 없다. 그래서 음양(陰陽)이 한쪽으로 치우쳤을 경우에는 유여(有餘)하면 손(損)해 주어야 하고, 부족(不足)하면 익(益)해 주어야 한다.

명리(命理)를 공부하다 보면 보통 정신기(精神氣)라는 말을 자주 듣게 된다. 오행(五行)으로 정(精)을 金水, 신(神)을 木火로 말하지만, 정신기(精神氣)는 십신(十神)으로 나타낼 수도 있다. 정(精)은 나에게 힘을 주는 인성(印星)을 말하고, 신(神)은 내 힘을 빼는 식재관(食財官)을 말한다. 기(氣)는 나와 같은 오행인 비겁(比劫)을 의미한다. 그래서 팔자에 정신기(精神氣)가 고루 갖추어지면, 어떤 운(運)이 오더라도 내가 힘이 없을 때 도와주거나, 나에게 해(害)가 되는 글자를 방어하는 오행(五行)을 갖추게 되니 좋다고 한다.

쇠왕론衰旺論

能知衰旺之眞機 基於立命之奧 思過半矣
능지쇠왕지진기　　　　기어입명지오　　　　사과반의

쇠왕(衰旺)의 참된 기틀을 능히 알게 되면 그 삼명의 깊은 이치를 알게 되어 반(半) 이상에 도달한 것이다.

쇠왕(衰旺)과 강약(强弱)은 다르다. 지지에 통근하면 강(强)하고, 지지에 뿌리가 없으면 약(弱)하다. 즉, 강약(强弱)은 통근으로 구별하니 쇠왕(衰旺)과는 다르다. 보통 비유적으로 강약(强弱)은 체격(體格)으로 보고, 쇠왕(衰旺)은 체력(體力)으로 본다. 팔자를 볼 때는 체격(體格)과 체력(體力), 즉 강약(强弱)과 쇠왕(衰旺)을 함께 보고 판단해야 한다.

쇠왕(衰旺)은 왕상휴수사(旺相休囚死)이고 십이운성(十二運星)을 말한다. 왕(旺)이란 월지 계절의 기운을 득(得)한 것이고, 쇠(衰)는 월지 계절의 기운에 반(反)한 것이다. 왕쇠(旺衰)로만 나누면 왕상(旺相)하면 왕(旺)하고, 휴수사(休囚死)하면 쇠(衰)하다.

사주를 추명할 때 쇠왕(衰旺)을 확실히 분별할 수 있다면 반 이상을 공부했다고 할 수 있다. 십이운성(十二運星)의 중요성이다.

팔자의 여덟 글자를 통제하는 본부는 월령(月令), 즉 월지(月支)이다. 그래서 팔자의 나머지 일곱 글자는 월지(月支) 계절의 영향력을 받는다.

여름에 태어난 팔자일 때 水는 아무리 통근(通根)을 하였더라도 12운성 절태(絕胎)에 이르니 기세(氣勢)는 약하다. 겉보기에 체격(體格)은 좋아도 체력(體力)은 약한 것이다. 한마디로 빛 좋은 개살구처럼 실속이 없다.

그래서 12운성은 일단 월령(月令)을 기준으로 정한다. 그리고 난 후 동주(同柱)로 살핀다. 예를 들어 壬子와 壬午는 같은 여름에 태어났더라도 다를 것이다. 壬水는 태어난 계절 巳월에 절지(絕地)에 이르지만, 壬子는 동주(同柱)에서 제왕(帝王)에 이르니 힘든 속에서도 잘 버티고 있게 된다. 그러나 壬午는 巳월에 절지(絕地)에 처하고 동주(同柱)에서도 태지(胎地)에 이르니 최악의 상황으로 몰려 있게 된다.

보통 12운성 장생(長生), 건록(建祿), 제왕(帝王)에 해당하면 통근(通根)까지 겸하여 힘이 있다.

중화론 中和論

能識中和之正理　而於五行之妙　有全能焉
능식중화지정리　이어오행지묘　유전능언

중화(中和)의 바른 이치를 잘 판별하면 오행의 묘리(妙理)에 전능해진다.

중화(中和)는 자연의 질서이다. 정신(精神)과 쇠왕(衰旺) 그리고 강약(强弱)을 통해 팔자의 중화를 판별해야 한다. 조후(調候), 부억(扶抑), 통관(通關), 병약(病藥)을 따져보는 것도 모두 팔자의 중화(中和)를 보기 위함이다.

산의 흐름이나 바다의 파도는 일정한 균형을 이룬다. 그러나 사람의 팔자는 그렇지 못하기 때문에 많은 인생의 부침(浮沈)을 겪는다. 예를 들어 재성(財星)이 경(輕)할 때 비겁(比劫)이 중중(重重)하면 처재(妻財)가 불리하고, 관살(官殺)이 약(弱)할 때 식상(食傷)이 왕(旺)하다면 자식이나 명리(名利)에 문제가 있을 것이다. 관살(官殺)이 강할 때 식상(食傷)의 제(制)가 없으면 건강에 문제가 있을 수 있다.

팔자에 병(病)이 있고 이를 극하는 약(藥)이 있거나, 운(運)에서 약(藥)을 만나면 대발(大發)한다. 그러나 병(病)도 없고 약(藥)도 없으면, 특별히 문제가 될 것은 없으나 평범한 사람으로 일생을 살아간다. 은행에서 신용도를 평가할 때 대출이 많고 잘 갚아나가는 사람이 대출이 없는 사람보다 더 신용도가 높다고 한다.

역사에 이름을 남기는 사람들은 병(病) 있고 약(藥) 있는 사람들이다. 그들도 만일 약(藥)이 떨어지면 급속한 추락을 겪게 된다. 멀리 볼 것 없이 우리나라 전직 대통령들의 삶을 봐도 그렇다. 주변의 잘 나가는 사람들을 부러워할 것이 아니다. 우주와 대자연에 적용되는 음양의 이치에 의해서 그들도 보이지 않은 어려움을 겪고 있을 것이다. 내 삶은 나의 것이다. 내 팔자는 내가 보듬고 살아갈 운명같은 것이다. 태어날 때 정해져서 바꿀 수 없는 내 팔자를 사랑하자.

강유론 剛柔論

剛柔不一也

강약(强弱)과 강유(剛柔)는 다르다.

강약(强弱)은 통근으로 따진다면, 강유(剛柔)는 음양(陰陽)의 차이에서 온다. 양(陽)은 대개 강(剛)하고, 음(陰)은 대개 유(柔)하다. 또 천간이 계절을 얻으면 강(剛)하니 조후(調候)와도 중복될 수 있다.

不可制者　引其性精而已矣

너무 강(剛)하거나 너무 유(柔)하여 제(制)할 수 없을 때에는 그 성정(性情)에 따른다.

태극에서 음양(陰陽)이 섞여 있듯이, 팔자에 강유(剛柔)도 섞여 있는 경우가 많다.

강유론(剛柔論)의 원문(原文)은 이처럼 간단하다.

적천수(滴天髓)에 나오는 이론들이 원론적으로는 맞지만 세부적으로 들어가면 예외적인 상황이 발생할 수 있다. 남자가 여자보다 힘이 세다는 말은 맞지만 그렇지 않은 경우도 있는 것과 같다. 보통 양간(陽干)이 강(剛)하면 극(剋)이 우선이고, 극(剋)이 없다면 설(洩)할 수 있다. 그러나 음간(陰干)은 기본적으로 유(柔)하기 때문에 강(剛)하다고 해도 설(洩)하는 것이 좋다.

순역론順逆論

順逆不齊也　不可逆者　順其氣勢而已矣
순역부제야　　불가역자　　순기기세이이의

순역(順逆)은 그르지 않다. 거역하는 것이 불가(不可)할 때는 기세(氣勢)에 순(順)하는 것이 좋다.

순역(順逆)은 종격(從格)이나 일행득기격(一行得氣格)처럼 거역할 수 없는 강한 힘을 가지면 그 강한 기운에 따르라는 것이다. 종격(從格)이나 일행득기격(一行得氣格)은 기세(氣勢)가 순수해야 하므로 이를 거역하는 기운이 있으면 안 된다.

일행득기격(一行得氣格)이라면 희신(喜神)이 인비(印比)가 되고, 기신(忌神)은 재관(財官)이 된다. 종격은 종(從)하는 강한 오행이 희신(喜神)이 되고, 이를 거역하는 오행은 기신(忌神)이 된다. 예를 들면 종재격(從財格)은 재성(財星)이 희신(喜神)이 되고, 재성(財星)과 음양(陰陽) 관계에 있는 인비(印比)가 기신(忌神)이 된다.

한난론 寒暖論

天道有寒暖　發育萬物　人道得之　不可過也
천도유한난　발육만물　인도득지　불가과야

하늘에는 한난(寒暖)이 있어 만물이 발육하니, 사람이 그것을 득(得)할 때 과(過)하면 안 된다.

地道有燥濕　生成品彙　人道得之　不可偏也
지도유조습　생성품휘　인도득지　불가편야

땅에는 조습(燥濕)이 있어 많은 물건을 생(生)하니 사람이 득(得)할 때 편중(偏重)되면 안 된다. 품휘(品彙)는 물건의 종류를 의미한다.

하늘에는 한난(寒暖), 땅에는 조습(燥濕)이다. 한난(寒暖)은 결국 음양(陰陽)이고, 만물은 음양(陰陽)의 조화에 의해 발육된다. 우주와 대자연을 지배하는 근본 운동이 음양(陰陽)이다. 甲·乙·丙·丁·戊가 양(陽)이고, 己·庚·辛·壬·癸가 음(陰)이다. 팔자에서 음양(陰陽)이 한쪽으로 치우쳐서는 안 된다.

땅에서 일어나는 조습(燥濕)은 팔자가 火의 기운이 강하면 조(燥)가 되고, 水의 기운이 강하면 습(濕)이 된다. 팔자에 조습(燥濕)이 치우치지 않으면 의식(衣食)에 큰 어려움은 없다. 조습(燥濕)의 글자는 지장간에서도 취한다.

월령론 月令論

月令提綱　譬之宅也　人元用事之神　宅之向也
월령제강　비지택야　인원용사지신　택지향야

不可以不卜
불가이불복

월령(月令)인 제강(提綱)은 비유하면 집과 같고, 지장간 즉 인원용사지신(人元用事之神)은 집의 방향(宅之向)과 같으니 이를 가려 사용하지 않을 수 없다.

택지향(宅之向)이란 월령(月令)의 지장간에서 투(透)한 천간을 말한다.

월령(月令)은 팔자를 지배하는 명령을 내리는 곳이니 격국(格局)은 월령(月令)을 중심으로 판단하지만, 월령(月令)의 지장간에서 투(透)한 천간의 세력을 무시할 수 없다. 그래서 월령(月令)에서 투(透)한 천간이 있으면 그 글자로 격국(格局)을 정한다.

격국(格局)은 팔자를 대표할 만한 가장 강한 세력이다.

월령(月令)은 태어난 계절을 나타낸다. 월령(月令)은 팔자에 명령을 내리는 사령부이다. 월지(月支)의 글자에 따라 나머지 일곱 개 글자의 기세(氣勢)가 결정된다. 왕상휴수사(旺相休囚死)가 그것이며, 더 구체적으로 12운성이 그것이다.

봄에 태어난 木은 자기 계절을 얻었으니 왕(旺)하다. 봄에 태어난 火는 다음에 올 자기 계절인 여름을 기다리고 있으니 상(相)하다. 봄에 태어난 水는 할 일을 하고 쉬고 있으므로 휴(休)하다. 봄에 태어난 金은 최악의 상태로 감옥에 갇혔으니 수(囚)하다.

이런 식으로 태어난 계절에 따라 각 오행(五行)을 왕상휴수사(旺相休囚死)로 정해 본다. 이때 주의해야 할 것은 지지, 즉 지구에서는 사계절을 적용하는 것이니 土는 없다. 매번 강조하지만 辰戌丑未는 같은 土가 아니다.

생시론 生時論

生時歸宿　譬之墓也　人元用事之神　墓之定方也
생시귀숙　　비지묘야　　인원용사지신　　묘지정방야

不可以不辨
불가이불복

생시(生時)는 내가 돌아가 쉴 곳이다. 비유하면 묘지(墓地)와 같다. 연간(年干)에서 시작된 팔자의 흐름은 월주(月柱)와 일주(日柱)를 거쳐 시지(時支)에서 막을 내린다. 시지(時支)의 지장간 인원용사지신(人元用事之神)은 묘지의 혈(穴)이다.

월령(月令)은 가택(家宅)으로 비유했고, 생시(生時)는 죽어서 안식하는 묘지(墓地)로 비유된다. 월령(月令)은 팔자의 사령부이고 핵심 글자이니 가택이 되고, 시지(時支)는 하나의 삶을 마치고 돌아가야 할 종착지이다.

살아 있을 때의 힘은 월령(月令)인 가택(家宅)에서 투간(透干)한 천간으로 정하지만, 삶의 종착지는 시지(時支)의 지장간에 초점을 맞춘다. 시지(時支)의 지장간으로 최후의 삶의 동태도 엿볼 수 있다. 끝이 좋으면 모두 좋다고 했다. 시지(時支)의 중요성을 알 수 있는 말이다.

흔히 동일사주를 가진 사람들이 다른 삶을 사는 것을 가지고 팔자(八

字)를 부정(否定)하려고 한다. 년(年)에서 시작하여 시(時)로 끝나는 원형이정(元亨利貞)의 흐름에서 시지(時支)는 삶의 종착지이다. 똑같이 서울을 출발했다고 하더라도 종착지가 다를 수 있다. 팔자가 같은 시지(時支)로 되었다면 종착지가 같은 방향일 수는 있지만 그렇다고 최종 목적지가 같은 것은 아니다. 하나의 지지에 두 시간을 배정하는 것은 너무 폭이 크기 때문이다.

그래서 우리는 시지(時支)의 지장간(支藏干)을 주목할 필요가 있다. 같은 寅시라도 지장간(支藏干)에 戊丙甲이 있으니 어느 지장간의 시기에 태어났는지에 따라 차이가 있을 수 있다. 그리고 시계가 발달하지 않는 시대에 정해진 12지지의 구별을, 과학이 발달한 현대에는 컴퓨터로 더 구체적으로 나누어 보는 것도 더 정확한 추명을 위해 필요할 것 같다.

원류론 源流論

何處起根源　流向何方往　機括此中求　知來亦知去
하처기근원　유향하방왕　기괄차중구　지래역지거

어느 곳에서 근원(根源)이 일어나서 어느 방향(方向)으로 흘러가는가를 알면 과거도 알고 미래도 알 수 있다.

원류론(源流論)은 팔자의 근원(根源)을 파악하고 어디로 흘러가는지 알아보는 것이다. 한마디로 원형이정(元亨利貞)을 알아보는 것인데, 팔자의 시초와 흘러가는 곳을 알면 과거도 미래도 알 수 있다는 것이다.

팔자를 볼 때 큰 흐름은 연월일시, 즉 근묘화실(根苗花實)로 흘러가는 흐름을 보면 된다.

근(根)은 조상궁이니 나의 어린 시절이다.

묘(苗)는 부모 형제궁이니 내가 성장하는 때이다.

화(花)는 나와 배우자궁이니 내가 중심이 되는 시절이다.

실(實)은 자식궁이니 나의 노후를 나타낸다.

근묘화실의 천간과 지지에 어떤 글자가 배치되어 있는가를 보면 과거를 알 수 있고 미래를 알 수 있다.

통격론 通隔論

兩神本相通　中間有關隔　此關若能通　到處歡相得
양신본상통　　중간유관격　　차관약능통　　도처환상득

양신(兩神)은 본래 서로 통한다. 그러나 중간에 간격(間隔)이 있으면 막히는데 이때 다시 통하게 된다면 기쁘니 서로간에 큰 득(得)이 될 것이다.

두 가지 상극(相剋)하는 천간 사이에 통관(通關)시켜 주는 글자가 있다면 다시 서로 통하게 되어 좋아질 것이다. 즉 木土 사이에 火, 火金 사이에 土, 土水 사이에 金, 金木 사이에 水, 水火 사이에 木이 서로 다리를 놓아주어 통하게 해준다.

戊丁甲은 戊土와 甲木이 상극(相剋)인데 丁火가 있어 목생화(木生火) 화생토(火生土)로 서로 통하게 된다. 子와 午가 상극(相剋)인데 가운데 寅이 있으면 子寅午가 된다. 이렇게 두 글자가 상극(相剋)으로 단절되었을 때 이를 통하게 해주는 글자가 가운데 있으면 크게 기쁠 것이다. 서로 통할 때 상통(相通)이라고 하고, 상통(相通)을 방해하는 것을 관격(關隔)이라고 한다.

청탁론 清濁論

一淸到底有精神　管取平生富貴眞
일청도저유정신　관취평생부귀진

팔자가 청(淸)하고 여기에 정신(精神)을 고루 갖추면 틀림없이 평생 참다운
부귀(富貴)가 있다.

정신(精神)에서 정(精)은 金水, 신(神)은 木火를 말한다. 격국(格局)이
성격(成格)될 때 훼손하는 글자가 없으면 청(淸)하다고 하고 그것을 일청
도저(一淸到底)라고 한다. 일청도저가 되고 명(命) 중에 金水 또는 木火
배합이 적당하면 부귀(富貴)는 보증된 것이다.

澄濁求淸淸得去　時來寒谷亦回春
징탁구청청득거　시래한곡역회춘

청탁(淸濁)이 있는 팔자에서 탁기(濁氣)가 제거되면 추운 계곡에 새봄이 오
는 것과 같다.

滿盤濁氣令人苦
만반탁기령인고

팔자 전체가 탁기(濁氣)로 넘치면 평생 고빈(孤貧)하다.

목분화열(木焚火熱)이나 **화염토조**(火炎土燥) 또는 **금수침한**(金水沈寒)처럼 조후(調候)가 틀어지면 일생 고빈(孤貧)하다. 청(清)도 아니고 탁(濁)도 아닌 팔자는 운에서 탁기(濁氣)가 제거되어 청(清)해질 때 좋아진다. 정관격(正官格)이 상관(傷官)을 보아도 인수(印綬)가 있으면 사주가 맑아질 수 있고, 정관격(正官格)에 칠살(七殺)이 섞인 **관살혼잡**(官殺混雜)도 사주가 맑아질 수 있다.

진가론 眞假論

眞神得用平生貴　用假終爲碌碌人
진신득용평생귀　용가종위록록인

월령(月令)에 진신(眞神)이 모인 것을 찾아 진신(眞神)을 득할 때, 가신(假神)이 진신(眞神)을 어지럽게 하면 안 된다. 가짜가 나타나 진짜를 헷갈리게 하면 안 된다는 것이다.

진신(眞神)을 용(用)하면 평안과 귀한 생(生)을 가질 것이고, 가신(假神)을 용(用)하면 평생 녹록(碌碌)한 사람이 될 것이다.

진신(眞神)을 용신으로 삼으면 평생 귀(貴)하고, 가신(假神)을 용(用)하면 결국 평범하고 보잘 것 없게 된다. 팔자에는 진가(眞假)의 구별이 어려운 것도 많으니 주저하고 망설이기 쉽다. 월령(月令)인 제강(提綱)에 진신(眞神)이 없다면 지장간에서라도 찾으면 그것도 진신(眞神)이다.

진신(眞神)이란 팔자의 귀(貴)를 결정짓는 용신을 말한다. 그것은 팔자에서 가장 힘이 있는 월령(月令)에 의해 결정된다. 제강(提綱)은 월지(月支)로 월령(月令)과는 다르다. 진신(眞神)이 월지에 뿌리를 내리지 않은 경우에는 월지에 진신(眞神)이 없어도 다른 곳에 진신(眞神)이 있다

475

면 그것을 사용하면 된다. 또 진신(眞神)은 투(透)하면 좋지만 투(透)하지 않아도 나름 역할을 한다. 그릇의 크기만 달라질 뿐 귀(貴)는 누린다.

진신(眞神)이란 결국 좋은 십간관계까지 확장할 수 있으니 십간론(十干論)을 정리하면 좋다. 甲木과 庚金은 좋은 관계이지만 甲木과 辛金은 썩 좋은 관계는 아니다. 진신(眞神)과 가신(假神)의 차이인 것이다.

<h1 style="text-align:center">은현론 隱顯論</h1>

吉神太露　起爭奪之風　凶物深藏　成養虎之患
길신태로　　　기쟁탈지풍　　　흉물심장　　　성양호지환

길신(吉神)이 지나치게 노출되면 쟁탈의 바람이 일어나고, 흉신(凶神)이 지장간에 숨어 있으면 호랑이를 길러 화(禍)를 당함과 같다.

길신태로(吉神太露)라는 말은 길신(吉神)이 지나치게 노출되었다는 말이다. 길신(吉神)이 노출되어 운(運)에 의해서 합거(合去)당하거나 극(剋)을 당하면 좋을 리가 없다. 그렇다고 길신(吉神)이 암장(暗藏)되어야 좋다는 것은 아니다. 길신(吉神)도 뿌리를 두고 힘차게 노출되어야 격(格)이 높아진다. 단지 노출이 지나치면 안 된다는 것이다.

흉물(凶物)이란 기신(忌神)인데, 흉물(凶物)이 심장(深藏)되었다는 것은 지장간에 기신(忌神)이 많다는 것이다.

이렇게 지장간에 기신(忌神)이 많으면 언젠가는 개고(開庫)될 것이니 그때 문제가 된다. 언젠가는 터질 흉물이 잠재되어 있는 것을 흉물심장(凶物深藏)으로 표현했다.

중과론 衆寡論

抑强扶弱者常理　　用强捨弱者元機
억강부약자상리　　용강사약자원기

강(强)이 많고 적(敵)이 적을 때는 세력이 적은 것을 버리는 데 있고, 강(强)이 적고 적(敵)이 많을 때는 세력이 많은 것을 이루는 데 있다.

강(强)한 것을 억제(抑制)하고 약(弱)한 것을 도와주는 것은 자연의 이치인데 그러한 경우가 많아서 중(衆)이라 한다. 강한 것을 따르고 약한 것을 버리는 일은 드문 경우이니 그러한 경우를 과(寡)라고 한다. 부억용신(扶抑用神)과 전왕용신(專旺用神)을 말하는 것이다.

분울론 奮鬱論

局中顯奮發之機者　神舒意暢　象內多沈埋之氣者
국중현분발지기자　신서의창　상내다침매지기자

心鬱志灰
심울지회

국(局) 중에 분발(奮發)의 기틀이 나타난 것은 신(神)은 펴나가고 의(意)는 창달할 것이고, 상(象) 내에 침매(沈埋)의 기(氣)가 많은 것은 마음은 답답하고 그 뜻은 흩어질 것이다.

희신(喜神)이 힘을 갖춘 것을 분(奮)이라고 한다. 그래서 팔자에 분발지기(奮發之機)가 드러나면 마음이 여유롭고 뜻이 통달한다. 반대로 팔자의 희신(喜神)이 힘을 잃었을 때를 침매(沈埋)라고 하는데 침매지기(沈埋之氣)가 많으면 마음이 막히고 뜻을 펴지 못한다.

은원론 恩怨論

兩意情通中有媒 雖然遙立意尋追 有情郤被人離間
양의정통중유매　　　수연요립의심추　　　유정극피인리간

怨起恩中間死若灰
원기은중간사약회

두 마음(兩意)이 정(情)을 통하려면 가운데 중매자가 있으면 좋다. 만일 두 마음이 멀리 떨어져 있으면 찾아 나서야 할 것이다. 정(情)은 있으나 사이에 틈이 있어 이별이 있다면, 죽어도 재가 되지 못하고 원망이 일어날 것이다.

은원론(恩怨論)은 연간(年干)과 일간(日干) 사이에 놓인 월간(月干)이 은인(恩人)이 되는지 원수(怨讐)가 되는지를 다룬다. 연간(年干)과 월간(月干)에 희신(喜神)이 공히 투(透)하면 양쪽 모두 정(情)이 통하여 좋다.

그러나 일간(日干)과 연간(年干)이 좋은 관계가 아닐 때 월간(月干)이 중매 역할을 하면 은인(恩人)이 된다.

반대로 연간(年干)이 희신(喜神)으로 작용할 때 월간(月干)에 의해 소통이 막혀 버리면 이때는 월간(月干)이 원수(怨讐)가 된다. 떨어져 있는 글자의 관계를 볼 때는 가운데 있는 글자의 역할이 중요하다.

순반론 順反論

一出門來只見兒　見兒成氣構門閭

일출문래지견아　견아성기구문려

從兒不論身强弱　只要吾兒又遇兒

종아불론신강약　지요오아우우아

문을 나와 아이를 보니 내 아이가 기(氣)를 이루고 독자적인 문(門)을 만들 었네. 아이가 홀로 독립했으니 내 몸이 강하건 약하건 아이를 따라가는 것이 좋다. 단지 내 아이가 또 아이를 만났는지 살펴야 한다.

종아(從兒)는 내 자식이 다시 자식을 보았는지가 중요하다. 아우우아 (兒又遇兒), 즉 식상(食傷)이 재(財)를 보았는지를 살핀다. 팔자에 식상 (食傷)이 뚜렷하면 내격(內格)의 신약격(身弱格)인지, 종아격(從兒格)인 지 판별해야 한다. 종아격(從兒格)은 식상(食傷)에 종(種)하는 팔자를 말 하니 재성(財星)으로 흘러가면 명리(名利)가 뛰어나다. 종아격(從兒格) 이 성립하면 운(運)이 재(財)로 흐르면 부귀(富貴)하고, 운(運)이 인성(印 星)이나 관성(官星)으로 흐르면 흉(凶)하다.

君賴臣生理最微　兒能生母洩天機

군뢰신생이최미　아능생모설천기

母慈滅子關頭異　夫健何爲又怕妻

모자멸자관두이　부건하위우파처

임금이 신하의 생(生)을 신뢰(信賴)하는 것은 가장 기묘(奇妙)하다.

아(兒)는 능히 모(母)를 생(生)하고 천기(天機)를 누설(漏洩)한다.

어머니의 사랑은 자식을 멸(滅)하게 할 수 있으니 사랑에도 차이가 있다.

부(夫)가 건장할 때는 어찌 처(妻)가 두렵겠는가?

군뢰신생(君賴臣生)이란 일간(日干)이 신하의 생(生)에 의지한다는 말이다. 일간(日干)이 군주이면 재성(財星)은 신하가 된다. 그래서 인수(印綬)가 매우 강할 때 재성(財星)인 신하가 강한 인수(印綬)를 극하여 일간을 구하는 것을 군뢰신생이라 한다.

아능생모(兒能生母)는 자식이 어미를 살린다는 말로 식상(食傷)이 일간(日干)을 살리는 것이다. 즉, 일간(日干)이 관살(官殺)에게 당할 때 아(兒)인 식상(食傷)이 관살(官殺)을 막아준다는 의미이다.

모자멸자(母慈滅子)는 모(母)의 사랑이 지나치면 자식을 망친다는 것으로, 팔자에 인수(印綬)가 태왕(太旺)하면 자식인 식상(食傷)이 불리하다는 것이다. 군뢰신생(君賴臣生)은 재(財)가 있어 왕(旺)한 인성(印星)을 제(制)할 수 있지만 모자멸자는 재(財)가 없어 강한 인성(印星)을 제(制)할 수 없다.

부건파처(夫健怕妻)란 남편이 아내를 두려워한다는 것이다. 일간(日干)이 남편이고 재(財)가 처(妻)이니 일간(日干)이 힘이 있으면 재(財)를 두려워하지 않는다. 그러나 칠살(七殺)이 있을 때는 재(財)가 칠살(七殺)을 생(生)하니 두렵게 된다. 재성(財星) 즉 처(妻)가 관살(官殺)을 도와 나를 극해 오니, 남편인 일간(日干)이 처(妻)를 두려워하는 상황이 발생한다.

전합론 戰合論

天戰猶自可　地戰急如火　合有宜不宜　合多不爲奇
천전유자가　지전급여화　합유의불의　합다불위기

천간의 싸움은 나쁘지 않으나, 지지의 싸움은 급하기가 불과 같다. 합(合)에는 마땅한 것과 마땅하지 않은 것이 있는데, 합(合)이 많으면 기묘(奇妙)하지 않다.

천간의 극(剋)은 항상 동(動)하니 스스로 있는 것이지만 지지의 충(沖)은 급하기가 불과 같다. 천간에는 충(沖)이라는 용어보다 극(剋)이라는 단어가 어울린다. 지지에는 충(沖)이라는 단어를 쓴다. 흔히 말하는 형충회합(刑沖會合)은 지지에서 사용하는 용어이다. 천간에서 일어나는 합(合)은 천간합(天干合) 또는 간합(干合)으로 사용한다. 지지의 합(合)에는 삼합(三合), 방합(方合), 반합(半合), 육합(六合)이 있다.

천간에서 일어나는 싸움은 하늘에서 일어나는 변화로, 팔자에서는 마음간의 갈등, 충돌, 망설임 등을 의미한다. 그러나 지지의 충(沖)은 소란, 소동, 투쟁 등 현실에서 일어나는 충돌이니 팔자 주인공에게는 크게 다가온다.

지지는 합(合)이 충(沖)을 해소하니 좋을 수도 있지만, 합(合)이 되어 좋은 글자가 묶일 수도 있다. 천간이 합(合)되면 합거(合去) 또는 합화(合化)되는 경우가 있고, 지지가 합(合)이 되면 충(沖)을 해소하기도 하고, 합(合)을 풀기도 하고, 합(合)으로 묶기도 한다.

진태론 震兌論

震兌勢不兩立　而有相成者存
진태세불양립　이유상성자존

진태(震兌)의 세력은 서로 양립할 수 없다. 그러나 서로 인의(仁義)를 담당하며 존재한다.

진(震)은 木이고, 태(兌)는 金이다.

손(巽) 辰巳	이(離) 午	곤(坤) 未申
진(震) 卯		태(兌) 酉
간(艮) 丑寅	감(坎) 子	건(乾) 戌亥

팔괘(八卦)에서 震(진)은 동쪽 木이고, 兌(태)는 서쪽 金을 말한다. 木과 金, 이 둘은 양립(兩立)하기 어렵지만 극(極)과 극(極)은 또 하나의 음양(陰陽) 관계가 되어 균형과 조화를 이룬다. 극(極)과 극(極)은 통한다.

팔괘(八卦)는 지구에서 일어나는 지지(地支)에 관한 내용을 말하고 있다. 그래서 천간(天干)의 오행(五行)이 아닌 지지(地支)의 4계절 운동을 적용한다. 지지(地支)는 12개이고 팔괘(八卦)는 8개이니, 辰巳는 손괘(巽卦)에, 未申은 곤괘(坤卦)에, 丑寅은 간괘(艮卦)에, 戌亥는 건괘(乾卦)에 배당한다. 子는 감괘(坎卦)이고, 午는 이괘(離卦)이다. 卯는 진괘(震卦)이고, 酉는 태괘(兌卦)에 배당된다(도표 참조).

동서(東西)의 방향처럼 진태(震兌)는 서로 독자적인 역할을 하고 있다. 진(震)은 木의 위치에서 인(仁)을 담당하고, 태(兌)는 金의 방향에서 의(義)를 담당한다. 서로 균등(均等)하게 양립(兩立)하면 좋다. 음양(陰陽)은 눈에 띄지 않아도 균형(均衡)을 이루면 좋다. 팔자도 그렇다.

감리론坎離論

坎離氣不竝行　而有相濟者在
감리기불병행　이유상제 자재

감(坎)과 리(離)는 서로 병행(竝行)하지 못한다. 그러나 서로 구제(救濟)함이 있으면 존재할 수 있다.

팔괘(八卦)에서 坎(감)은 북쪽 水를 나타내고, 離(리)는 남쪽 火를 나타낸다. 앞의 진태론(震兌論)에서 진태(震兌)처럼 감리(坎離)도 역시 함께 갈 수는 없으나 서로 균형(均衡)을 이루면 공존(共存)하여 조화(調和)를 이룬다. 火는 상승(上昇)하고, 水는 하강(下降)한다.

火가 천간에 있고 水가 지지에 있으면 화수미제(火水未濟)의 상(象)이 된다. 반대로 水가 천간에 있고 火가 지지에 있으면 수화기제(水火旣濟)의 상(象)이 된다. 음양(陰陽)은 서로 섞여야 생명을 탄생시킨다. 당연히 화수미제(火水未濟)의 상(象)보다 수화기제(水火旣濟)의 상(象)이 더 좋다. 음양(陰陽)의 균형과 조화가 생명활동을 활기차게 한다. 음양(陰陽) 운동이 활발할 때 삶도 풍성해진다.

팔자를 보는 것도 음양(陰陽)의 조화가 어느 시기에 어떻게 일어나는지 보는 것이다. 木火는 양(陽)이고, 金水는 음(陰)이다. 인비(印比)는 음(陰)이고 식재관(食財官)은 양(陽)이다. 물론 반대로 생각해도 된다. 선악(善惡)도 보는 기준에 따라 다르다.

군신론君臣論

君不可抗也　貴乎損上以益下　臣不可過也
군불가항야　귀호손상이익하　신불가과야

貴乎損下以益上
귀호손하이익상

군(君)에게 반항은 불가하니 위를 덜어주고 아래를 더하면 귀(貴)하다. 신(臣)은 지나침이 불가하니 아래를 덜어주고 위를 더하면 귀(貴)하다.

군신(君臣)이란 임금과 신하이다. 역시 음양(陰陽) 관계이다. 임금은 강한 자이니 저항은 불가하다. 강한 자는 위를 덜고 아래를 도와주면 좋다. 약한 자는 약한 곳을 줄이고 위를 보강하면 좋다. 모두 음양(陰陽)의 균형을 이루어야 한다는 말이다.

여기서 일주(日柱)를 임금으로 보면 재성(財星)이 신하가 된다. 또 일주(日柱)를 공격하는 관성(官星)을 임금으로 보면 일주(日柱)가 신하가 되기도 한다. 음양(陰陽)의 이치는 우주와 대자연의 이치이니 이를 벗어날 수는 없다. 인비(印比)와 식재관(食財官)의 관계 또한 음양(陰陽) 관계이다. 더 구체적으로 보면 비겁(比劫)과 재관(財官), 식상(食傷)과 관인(官印), 재성(財星)과 인비(印比), 관성(官星)과 비식(比食), 인성(印星)과 식재(食財)가 음양(陰陽) 관계이다. 음(陰)이든 양(陽)이든 혼자 독립적으로 성장할 수는 없다. 인간도 성장하여 식재관(食財官)을 잘 사용하기 위해 어려서부터 체력과 공부, 즉 인비(印比)에 많은 투자를 하는 것이다.

모자론 母子論

知慈母恤孤之道　　始有瓜瓞無彊之慶
지자모휼고지도　　시유과질무강지경

知孝子奉親之方　　始能克諧大順之風
지효자봉친지방　　시능극해대순지풍

자애로운 어머니는 외로운 고아(孤兒)를 동정하는 길을 아니, 비로소 시간이 지나 과실이 열리는 경사가 있을 것이다. 효자가 부모를 받드는 방도를 알면 화합에 크고 좋은 바람이 있을 것이다.

모자론(母子論)의 모(母)는 인성(印星)이 아닌 일간(日干)이고, 자(子)는 식신(食神)을 말한다. 일간(日干)과 식신(食神)의 관계를 말하는 것이다. 어머니의 힘이 강하고 자식의 힘이 약할 때, 즉 모왕자쇠(母旺子衰) 또는 모중자고(母重子孤)할 때는 어머니의 강한 힘이 자식에게 설기(洩氣)되면 좋다. 그렇게 되면 시간이 지나 자식의 번창이 예상된다. 일간(日干)은 강하고 식상(食傷)은 약할 때 일간(日干)의 강한 힘이 식상(食傷)으로 흐르는 것이 좋다는 것을 말한다. 물론 다른 오행이나 십신에도 그대로 적용할 수 있다. 강한 힘은 설기(洩氣)되는 것이 좋다.

일주(日柱)가 강하고 인수(印綬)가 약한 자왕모쇠(子旺母衰)가 되면 인수(印綬) 모친은 자식에게 붙어살려고 한다. 일주(日柱)가 자식이고,

일주(日柱)를 생한 인수(印綬)를 모친으로 본 것이다. 힘없는 모친이 힘 있는 자식에게 의지하는 상(象)이다. 이때는 재성(財星)이 가장 문제가 된다. 재성(財星) 처가 들어오면 모친을 극하는 것이다. 좋은 것은 관살(官殺)이 오는 것이다. 관살(官殺)이 일간(日干)을 극해(極害)할 때 인수(印綬)가 통관(通關) 역할을 하면, 즉 金이 木을 치는 것을 인수(印綬)인 水가 조절을 하게 되면 모(母)는 자(子)에 의지하고, 자(子)는 모(母)에 순종하니, 이것을 대순지풍(大順之風)이라고 표현한 것이다.

재덕론 才德論

德勝才者　局全君子之風　才勝德者　用顯多能之象
덕승재자　　　국전군자지풍　　　재승덕자　　　용현다능지상

덕(德)이 재(才)를 이기는 것은 격국(格局)에 군자지풍(君子之風)이 완전하고, 재(才)가 덕(德)을 이기는 것은 용신(用神)에 다능지상(多能之象)이 보인다.

덕(德)과 재(才)는 음양(陰陽) 관계이다.

덕(德)은 관인(官印)을 말하고, 재(才)는 식재(食財)를 말한다. 그래서 덕승재자(德勝才者)는 관인(官印)이 식재(食財)보다 더 나은 것을 말하고, 재승덕자(才勝德者)는 식재(食財)가 관인(官印)보다 더 나은 것을 말한다. 즉, 덕(德)이 재(才)보다 나은 사람이 되면 군자(君子)의 풍(風)과 일치한다.

반면에 재(才)가 덕(德)을 앞선 사람은 다양한 재능을 뽐내게 된다. 관인(官印)과 식재(食財)는 음양(陰陽) 관계일 뿐 어느 것이 더 좋다 나쁘다 말할 수 없다.

관인(官印)과 식재(食財)로 분명하게 구분되는 사주만 있다면 팔자를 학습하는데 어려움이 없을 것이다. 그러나 대부분의 팔자는 비식재관인(比食財官印)이 뒤엉켜서 존재하니 뚜렷한 성향이 드러나지 않는 일반인의 사주가 된다.

우주를 쳐다보면 눈에 띄는 이름을 가진 별이 있는가 하면, 잘 보이지도 않는 수많은 별들도 있다. 대자연에는 천연기념물이나 당산나무처럼 우뚝 솟은 나무가 있는가 하면, 눈에 띄지도 않는 수많은 잡풀들도 많다. 민초(民草)들의 팔자가 그렇고, 민초(民草)들의 삶이 그렇다.

우뚝 솟은 나무는 수많은 비바람을 견뎌내야 하고, 심하면 부러지거나 쓰러진다. 반면 이름 없는 풀들은 비바람에 이리저리 흔들리면서도 생존한다. 모두 음양(陰陽)의 차이일 뿐 좋고 나쁜 사주는 없다. 산이 높으면 골이 깊다.

성정론 性情論

五行不戾　性正情和　濁亂偏枯　性乖情逆
오행불려　성정정화　탁란편고　성괴정역

팔자의 오행이 어그러짐이 없으면 성정(性情)이 바르고 조화롭지만, 오행이 탁란(濁亂)하고 편고(偏枯)하면 성정(性情)이 어그러지고 뒤틀림이 있다.

火烈而性燥者　遇金水之激　水奔而性柔者
화열이성조자　우금수지격　수분이성유자

全金木之神
전금목지신

팔자에 화기(火氣)가 맹렬하면 성정(性情)이 메마르니 金水를 만나면 격해지게 된다. 水가 광분(狂奔)할 때 성질이 유(柔)한 사람은 金과 木이 온전하기 때문이다.

火가 강할 때 金水를 직접 만나면 火가 오히려 격노(激怒)하기 쉽다. 水가 넘치면 광분(狂奔)할 때가 있다. 水가 강할 때는 金과 木을 갖추면 상생관계가 되어 좋다.

木奔南而軟怯
목분남이연겁

木이 남(南)으로 달아나면 연약해져서 겁(怯)이 난다.

즉, 木이 지지에 火를 보면 설기(洩氣)되어 유연(柔軟)해진다.

金見水以流通

金이 水를 보면 식상(食傷)을 사용하니 융통성(融通性)이 있다.

木火는 양(陽)의 기운이 강하니 水를 보거나 土로 강한 火가 흡수되면 중용(中庸)을 이룬다. 金이 강할 때 水로 흘러가면 세상일이 잘 풀린다. 그러나 金은 약하고 水가 강하면 좋을 리가 없다. 하는 일들이 뜻대로 되지 않는다.

最拗者　西水還南　至剛者　東火轉北

가장 집요(執拗)한 것은 가을의 水가 火를 만나는 것이다. 지극히 강한 것은 봄의 火가 水를 보는 것이다.

서수(西水)는 금생수(金生水)로 힘을 얻으니 절대 지려고 하지 않는다. 고집이 세다. 동화(東火)는 목생화(木生火)가 되어 강해지니, 강한 火가 水를 만나면 역시 잠자는 호랑이를 건드리는 것이니 강자(强者)가 더욱 포악해진다.

적천수
고전편

順生之機　遇擊神而抗　逆生之序　見閒神而狂

순생(順生)의 기틀에 격신(擊神)을 만나면 반항하게 된다. 역생(逆生)의 순서에 한신(閒神)을 보면 미치게 된다.

순생(順生)이란 목생화(木生火), 화생토(火生土), 토생금(土生金), 금생수(金生水), 수생목(水生木)을 말한다. 이때 이 순서를 거역하는 기운을 만나면 격렬한 저항이 있다. 甲木은 亥에서 장생(長生)한다. 이때 戌酉申으로 가는 역생(逆生)으로 갈 때 한신(閒神)을 보면 미친듯이 날뛴다.

陽明遇金　鬱而多煩　陰濁藏火　包而多滯

양(陽)이 강할 때 金을 보면 우울(憂鬱)하고 번뇌(煩惱)가 많다. 음이 탁하고 화가 내장된 것은 감싸 안아도 매사가 막히고 정체됨이 있다.

지지가 화국(火局)을 이루고 천간에 金을 보면 천간의 金이 火를 이기지 못해 마음이 우울(憂鬱)하고 번민(煩悶)이 많다.

지지가 수국(水局)을 이루고 장간(藏干)에 火를 보면 현실적으로 정체됨이 많다. 강한 水가 동(動)하여 더욱 水기운이 강화되기 때문이다.

陽刃局　强則逞威　弱則怕事
양인국　강즉령위　약즉파사

양인격(陽刃格)은 강하면 굳세고 위엄이 있으나, 양인격(陽刃格)이 약하면 일을 두려워하는 소심한 인간이 된다.

傷官格　清則謙和　濁則剛猛
상관격　청즉겸화　탁즉강맹

상관격(傷官格)이 청(淸)하면 겸양(謙讓)하고 화목(和睦)하지만, 상관격(傷官格)이 탁(濁)하면 굳세고 사납게 된다.

用神多者　性情不常　時支濁者　作爲多滯
용신다자　성정불상　시지탁자　작위다체

용신(用神)이 여러 개 나타나는 팔자는 성정(性情)이 고르지 못하고, 시지(時支)가 탁한 팔자는 현실적인 장애(障碍)나 정체(停滯)를 겪게 된다.

질병론疾病論

五行和者　一世無災　血氣亂者　平生多疾
오행화자　　일세무재　　혈기난자　　평생다질

오행이 균형 잡히고 조화되면 일생 재난이나 질병도 드물다. 오행이 불순(不純)하고 배반(背反)한 혈기난자(血氣亂者)는 평생 질병이 많다.

忌神入五臟而病凶　客神遊六經而災小
기신입오장이병흉　　객신유육경이재소

기신(忌神)이 어느 오행을 극(剋)하여 해치면 그 오행이 대표하는 오장(五臟)의 병(病)을 얻고 흉(凶)하다. 객신(客神)이 육경(六經)에 들면 발병(發病)으로 인한 피해가 적다는 것이다.

객신(客神)이란 팔자 체신(體神)의 글자가 아닌 세월 행년(行年)의 지지이다. 육경(六經)은 지지 충(沖)으로 발생하는 육기(六氣)를 말한다.

木不受水者血病　土不受火者氣傷
목불수수자혈병　　토불수화자기상

木 일주(日柱)가 수기(水氣)를 받아들이지 못하면 혈액 질환이 나타난다. 土가 火를 얻지 못하면 기(氣)가 상(傷)한다.

金水傷官　寒則冷嗽　熱則痰火
금수상관　　　한즉냉수　　　열즉담화

금수상관(金水傷官)이 냉(冷)하면 기침 등 해수병(咳嗽病)이고, 열(熱)하면 가래, 천식 등 담화(痰火)를 앓는다.

火土印綬　熱則風痰　燥則皮瘍
화토인수　　　열즉풍담　　　조즉피양

土 일주에 丙丁火가 강하면 열 때문에 풍증으로 인한 풍담(風痰)에 걸린다. 이때 건조한 土가 되어 피부병이 나타난다.

論痰多木火　生毒鬱火金
논담다목화　　　생독울화금

팔자에 木火가 많으면 담(痰)이 있을 수 있고, 火金이 울창(鬱蒼)하면 독(毒)이 생긴다.

金水枯傷而腎經虛　水木相勝而脾胃洩
금수고상이신경허　　　수목상승이비위설

金水가 고(枯)하거나 상(傷)하면 신장(腎臟)이 허(虛)하고, 水土가 서로 이기려 하면 비위(脾胃)가 약해진다.

木 눈, 간, 담, 신경, 분비

火 혀, 심장, 소장, 순환, 조혈

土 입술, 위장, 췌장, 소화

金 코, 폐, 대장, 호흡, 대사

水 귀, 부신, 방광, 생식, 비뇨기

십간별 기관器官

甲乙 간, 담

丙丁 소장, 심장

戊己 위장, 비장

庚辛 대장, 폐

壬癸 방광, 신장

풍風 신경계통의 탈로 생기는 병, 풍기, 풍질, 풍증

열熱 말라리아, 티푸스 등 열이 따르는 병

습濕 습기로 생기는 병, 부종

조燥 피(皮), 모(毛)가 상하고 진액(津液)이 나오지 않는 병

한寒 하체가 차서 생기는 냉한 증상, 냉증

오미(五味)는 산(酸), 고(苦), 감(甘), 신(辛), 함(鹹)으로 오장(五臟)에 각기 상이(相異)하게 적응한다. 대개 팔자에 부족한 부분을 보기(補氣)하기 위해 습관이나 취향이 형성되어 균형을 맞추려고 한다.

산酸	신맛	木	간	신 것은 근(筋)에 손상
고苦	쓴맛	火	심장	쓴 것은 뼈를 손상
감甘	단맛	土	위장	단 것은 육(肉)을 손상
신辛	매운맛	金	폐	매운 것은 피모(皮毛)를 손상
함鹹	짠맛	水	신장	짠 것은 피를 손상

한신론 閑神論

閑神一二未爲疵　　不去何妨莫動伊
한신일이미위자　　불거하방막동이

半局閒神任閒着　　要緊之地立根基
반국한신임한착　　요긴지지입근기

한신(閑神)은 한두 개 있어도 흠이 아니니 제거되지 않아도 무방하지만 그 것이 동(動)해서는 안 된다. 반국(半局)에 한신(閑神)은 한가로이 있다가도 요긴(要緊)한 곳에서는 근기(根基)가 나타난다.

희용기구한(喜用忌仇閑)에서 용신(用神)이 팔자에서 가장 유용하게 쓰이는 글자라면, 희신(喜神)은 용신(用神)을 보조해 주는 글자를 말한다. 기신(忌神)은 대개 용신(用神)을 극하는 글자를 말하고, 구신(仇神)은 대개 희신(喜神)을 극하는 글자를 말한다. 그리고 희용기구(喜用忌仇)에 속하지 않는 글자를 한신(閑神)이라고 한다.

한신(閑神)은 희기(喜忌) 어느 쪽으로도 치우치지 않는 글자를 말한다. 그래서 한신(閑神)을 좋거나 나쁘다고 말할 수 없다. 도움이 될 때도 있고 피해를 줄 때도 있다. 따라서 제거하지 않아도 문제가 될 것이 없다. 한신(閑神)은 한가로이 있다가도 팔자의 희신(喜神)이 공격받을 때 이를 무력하게 하거나 대항하기도 한다.

반신론 絆神論

出門要向天涯遊　何以裙釵恣意留
출문요향천애유　하이군차자의유

不管白雲與明月　任君策馬上皇州
불관백운여명월　임군책마상황주

문을 나서 천애(天涯)를 향해 즐기기를 바라는데, 어찌 여인이 방자하게 만류하는가? 백운(白雲)과 명월(明月)에 관계없이 말을 채찍질하여 황주(皇州)에 오를 것이다.

반신론(絆神論)에서는 일간과 합(合)을 하는 합화(合化)를 다룬다.

합화(合化)에서 나온 화기(化氣)의 오행과 오행의 火의 기운과는 당연히 다르다. 丙丁火와 戊癸합에서 나오는 火의 속성은 다른 것이다. 일간을 제외한 천간은 모두 쉽게 합(合)을 이룬다. 통근과 관계없이 합(合)을 이루는 것이다. 천간합(天干合)이 되면 기반(羈絆)이 되어 각 글자의 작용은 상실된다. 반신론(絆神論)에서는 이렇게 합(合)으로 묶여 제 역할을 못하는 현상을 다룬다.

합화(合化)의 기운을 얻으려면 지지 현실에서 합화오행(合化五行)의 기운이 강할수록 좋다. 지지에서 월령(月令)을 얻으면 가장 좋고, 합국(合局)이 되어도 좋다. 어쨌든 지지에 합화오행(合化五行)의 기운이 강할수록 합화오행(合化五行)의 새로운 기운을 얻을 가능성은 커진다. 월령(月令)이나 합국(合局)의 기(氣)는 물상결합(物象結合)처럼 득(得)한다.

육친론六親論

육친(六親)을 체용(體用)으로 구분하여 보면 육친궁(六親宮)이 체(體)가 되고 육친성(六親星)이 용(用)이 된다. 따라서 육친궁(六親宮)으로 육친(六親)의 겉모습을 판단할 수 있고, 육친성(六親星)으로 실질적인 도움 여부를 알 수 있다.

부자(富者)로 살면서 나에게 도움이 안 되는 육친(六親)이 있을 수 있고, 가난해도 내가 의지하고 싶은 육친이 있을 수 있다. 대개 육친궁(六親宮)이나 육친성(六親星)이 희신(喜神)이면 해당 육친(六親)이 귀(貴)하고, 기신(忌神)이면 해당 육친(六親)이 귀(貴)하지 못하다.

夫妻因緣宿世來　　喜神有意傍妻財
부처인연숙세래　　희신유의방처재

부부(夫婦)의 인연(因緣)은 전생(前生)에서 온 것이니, 희신(喜神)으로 옆에 있으면 처재(妻財)라고 한다.

팔자의 희신(喜神)이 대개 재(財)와 조화를 이루면 부부 인연이 좋다. 격국(格局)을 성격(成格)시키는 글자인 상신(相神)이 팔자의 재성(財星)을 돕는 경우이다.

반면 재(財)로 격국(格局)이 파괴되면 처(妻)가 도움이 될 수가 없다. 처궁(妻宮)에 재(財)가 있다면 처(妻)의 내조(內助)가 있을 것이고, 처궁

(妻宮)에 재(財)를 파괴(破壞)하는 글자가 있다면 처(妻)의 내조(內助)는 기대하지 못한다.

子女根枝一世傳　　喜神看與殺相聯

자녀(子女)는 뿌리와 가지로서 한 세대를 전하는 것이니, 희신(喜神)과 더불어 살(殺)과도 서로 관련되어야 한다.

자녀(子女)는 희신(喜神)과 관살(官殺), 그리고 자식궁(子息宮)인 시지(時支)의 조화를 본다.

살(殺)이 상신(相神)으로 격국(格局)을 성격(成格)시키면 귀한 자식이다. 관살(官殺)이 태왕(太旺)할 때 식신(食神)의 제복이 없으면 아들을 두기 어렵다. 시간(時干)이 희신(喜神)이면 반드시 귀한 자식이 있다.

자식을 판단할 때도 격국(格局)과 조화 여부를 살핀다.

자식성(子息星)이 격국(格局)을 성격(成格)시키면 좋을 것이고, 격국(格局)을 파괴하면 좋을 리가 없다.

父母或興或有替　　歲月所關果非細

부모가 흥(興)하거나 혹은 쇠퇴하는 것은 세월과 관계되는 바가 적지 않다.

부(父)는 재성(財星)이고 모(母)는 인수(印綬)이다.

부모의 인연(因緣)을 볼 때는 년주(年柱)와 월주(月柱)를 본다.

부모의 흥망성쇠(興亡盛衰)는 년주(年柱)와 월주(月柱)의 희기(喜忌)로 부모의 인연(因緣)을 살핀다. 격국(格局)이 기뻐하는 글자가 년월(年月)에 분포하면 부모와 인연(因緣)이 두텁다.

부모는 부모궁(父母宮)인 월지(月支)로는 판단하지 않는다.

연월(年月)에 재관인(財官印)이 분포하면 부모가 부귀(富貴)하지만, 연월(年月)의 재관인(財官印)이 기신(忌神)이어서 격국(格局)을 해치면 부모는 좋았지만 자기는 몰락한다.

연월(年月)의 길신(吉神)이 팔자의 희신이라면 부모와 좋은 인연이 오래도록 두텁다.

兄弟誰廢與誰興　提綱喜神問重輕

형제는 무엇으로 폐(廢)하고, 무엇으로 흥(興)하는가는 제강(提綱)된 희신(喜神)의 경중(輕重)을 본다.

형제의 황폐(荒廢), 흥성(興盛)을 알려면 월령(月令)을 얻은 희신(喜神)의 경중(輕重)을 가려야 한다.

형제를 육친성(六親星)으로 보면 비겁(比劫), 육친궁(六親宮)으로 보면 월지(月支)이다. 그러나 월지(月支)는 격국(格局)이므로 부모처럼 잘 맞지 않는다.

희신(喜神)이 월령(月令)을 얻으면 형제가 출세하고 부자이다.

월지(月支)가 형충(刑沖)되면 형제의 신상(身上)에 문제가 발생할 수 있다.

女命須要論安祥　　氣靜平和婦道彰
여명수요론안상　　기정평화부도창

여명(女命)은 모름지기 편안하고 상서로움을 논하는데, 기(氣)가 정(靜)하고 평화(平和)로우면 부도(婦道)의 법도가 밝다.

이덕(二德)과 삼기(三奇)는 좋다고 논하지 않는다. 여명(女命)에 함지(咸池), 역마(驛馬)가 분포되어도 나쁘게만 보지 않는다.

현대에는 여명(女命)을 구태여 남명(男命)과 따로 볼 필요는 없다. 팔자가 편고(偏枯)됨이 없이 배합(配合)이 잘 되어 있으면 좋은 것이다. 남명(男命)보다 여명(女命)에서 더 합충(合沖)을 꺼리는 것은 당연하다.

小兒財殺論精神　　四柱平和易養成
소아재살논정신　　사주평화이양성

소아(小兒)는 재살(財殺)과 정신(精神)을 논(論)하고, 사주가 화평(和平)하면 양육하기 쉽다.

氣勢悠長無夭折　　關星雖有不傷身
기세유장무요절　　관성수유불상신

기세(氣勢)가 길게 이어져 있다면 요절(夭折)은 없고, 글자가 막혀 있어도 몸이 상하는 일이 없다.

소아(小兒)는 어리기 때문에 오행이 고르면 좋다. 그리고 형충(刑沖)이 없으면 좋다.

재살(財殺)처럼 일간(日干)의 힘을 빼는 글자는 소아(小兒)에게는 불리하다. 재(財)는 부모와의 인연을 짧게 할 수 있고, 살(殺)은 몸을 허약하게 할 수 있다. 그러나 소아(小兒)라도 팔자의 기세(氣勢)가 좋게 흐른다면 걱정할 것 없다.

귀천貴賤 빈부貧富 길흉吉凶 수요壽夭論

명리(命理)는 세속적이니 도덕이나 윤리와는 상관(相關)없다. 귀(貴)는 사회적 지위가 높은 것이고, 천(賤)은 사회적 지위가 낮은 것이다. 빈(貧)은 돈이 없는 것이고, 부(富)는 돈이 많은 것이다. 길(吉)은 별다른 탈이 없는 것이고, 흉(凶)은 뜻밖의 불행을 당하는 것이다. 수(壽)는 오래 사는 것이고, 요(夭)는 일찍 죽는 것이다.

何知其人貴　官星有理會
하지기인귀　관성유리회

何知其人賤　官星總不見
하지기인천　관성총불견

무엇으로 사람의 귀(貴)함을 알 수 있는가? 관성(官星)이 이치(理致)에 맞게 모여 있는 것을 보고 알 수 있다.

무엇으로 사람의 천(賤)함을 알 수 있는가? 관성(官星)이 보이지 않는 경우이다.

何知其人富　財氣通門戶
하지기인부　재기통문호

何知其人貧　財星終不眞
하지기인빈　재성종부진

무엇으로 사람의 부(富)를 알 수 있는가? 재성(財星)의 기운이 문(門)의 출입구로 통할 때이다.

무엇으로 사람의 빈(貧)함을 알 수 있는가? 재성(財星)이 결국 진짜가 아니기 때문이다.

何知其人吉　喜神爲輔弼
하지기인길　희신위보필

何知其人凶　忌神輾輾攻
하지기인흉　기신전전공

무엇으로 사람의 길(吉)함을 알 수 있는가? 희신(喜神)이 보필(輔弼)하기 때문이다.

무엇으로 사람이 흉(凶)함을 알 수 있는가? 기신(忌神)이 벌떼처럼 공격하기 때문이다.

何知其人壽　性定元氣厚
하지기인수　성정원기후

何知其人夭　氣濁神枯了
하지기인요　기탁신고료

무엇으로 사람의 수(壽)를 아는가? 성정(性情)이 안정되고 원기(元氣)가 두텁기 때문이다.

무엇으로 사람의 요(夭)를 알 수 있는가? 기(氣)가 탁하고 신(神)이 메마르기 때문이다.

정원론 貞元論

造化生生不息機　貞元往復運誰知
조화생생불식기　　　정원왕복운수지

有人識得其中數　貞下元開是處宜
유인식득기중수　　　정하원개시처의

우주 만물의 조화(造化)가 끊어지지 않고 계속되는 기틀과 끊임없이 순환하는 대자연의 운동을 누가 알겠는가? 변화하는 그 안의 수(數)를 인식(認識)하는 사람이 있다면, 원형이정(元亨利貞)의 순환에 의해 정(貞)이 끝이 아니고 그 아래에 또다시 원(元)의 열림이 있는 것을 알 것이니 그에 따른 올바른 처신이 마땅하다.

정원(貞元)은 원형이정(元亨利貞)을 말한다. 생기고, 자라고, 이루고, 거두는 것을 말한다. 팔자에서 원형이정(元亨利貞)은 각 기둥을 15년으로 살핀다. 즉 년주(年柱)는 태어나서 15세 정도까지, 월주(月柱)는 16세에서 30세 정도까지, 일주(日柱)는 31세에서 45세 정도까지, 시주(時柱)는 46세 이상으로 본다. 물론 자연의 법칙처럼 엄격한 경계는 없고, 또 평균 수명이 늘어난다고 각 주(柱)를 연장하는 법은 없다.

팔자의 희기신(喜忌神)이 어느 주(柱)에 위치하느냐에 따라 원형이정(元亨利貞)으로 해당 시기의 길흉(吉凶)을 측정한다.

　원형이정(元亨利貞)과 비슷한 근묘화실(根苗花實)은 우리가 흔히 사용하는 육친궁(六親宮)을 팔자의 위치에 대입하여 쓰는 것이다. 즉 년주(年柱)는 조부모, 월주(月柱)는 부모, 일지(日支)는 배우자, 시주(時柱)는 자식으로 보는 것이다.

　사주팔자를 볼 때 원형이정(元亨利貞)은 이렇게 축소해서 해석하지만, 정원론(貞元論)에서 말하는 내용은 우주와 대자연의 순환을 이야기하고 있다. 원(元)에서 시작하여 정(貞)에서 끝나는 운동이 아니라 모든 행성이나 혜성들의 공전, 자전처럼 끝없이 반복되는 우주와 대자연의 순환을 이야기 하고 있는 것이다. 원인없는 결과는 없다. 우주의 운동에 우연은 없다. 우리의 어린 시절은 앞 세대의 결과물이며, 우리의 삶은 후대에게 영향을 미칠 것이다. 정원론(貞元論)은 그러한 내용을 말하고 있다.

명리용어

命理用語

다음에 나오는 명리용어의 설명은
고전을 처음 접하는 명리 입문자들의 눈높이에 맞추려고 애썼음을 알려드립니다.
_필자

가부

가살위권_假殺偏權

신강(身强)한 사주에서는 흉신(凶神)인 칠살(七殺)이 좋은 역할을 하게 된다. 가살위권이 되면 벼슬이 높아 만인을 덕(德)으로 다스린다고 한다.

가상관격_假傷官格

월지(月支)가 상관(傷官)일 때가 아니고, 신왕(身旺)하여 기운을 설기(洩氣)할 때 상관(傷官)이 추가 되어 용신(用神)이 됐을 때를 말한다.

가색_稼穡

가색은 '심고 거둔다'의 뜻이다. 벼, 보리, 밀 등 곡물을 재배하는 것을 말한다. 땅과 관련이 있다. 명리에서 가색격(稼穡格)은 팔자가 土의 기운으로 가득하고 土를 극하는 木의 글자가 없는 사주를 말한다.

가색격_稼穡格

일행득기격(一行得氣格) 중의 하나로, 일간(日干)이 戊土나 己土일 때 팔자가 거의 土로 구성되고 팔자에 木이 없을 때이다. 木운이 나쁘고 火운이 좋다.

가종격_假從格

가종격이란 일간(日干)이 극히 약해서 강한 세력으로 종(從)하려고 하는데 일간(日干)을 돕는 미약한 오행이 있을 때를 말한다. 대운(大運)에서 일간(日干)을 돕는 오행을 제거할 때 진종(眞從)이 된다.

가화격_假化格

화격(化格)을 이루는데 방해(妨害)하는 오행이 미약하게 있을 때를 말한다.

간여지동_干與支同

간지(干支)가 같은 오행으로 서로 화합이 되지 않아 부부 이별 등이 있다는 신살(神殺)이다. 백호(白虎) 등과 겹치면 사별(死別)할 수도 있다고 한다.

강휘상영_江暉相暎

壬水와 丙火와의 관계로 동해바다에 태양이 떠오르는 모습니다. 일확천금(一攫千金)의 복덕(福德)이 있다고 한다.

강휘상영부유영_江暉相暎浮柳影

壬水＋甲木＋丙火, 또는 壬水＋乙木＋丙火의 관계로 뛰어난 교제 능력으로 업계에서 출세한다고 한다.

거탁유청_去濁有淸

관살혼잡(官殺混雜)이나 기토탁임(己土濁壬)처럼 혼탁이 섞인 사주에서 탁을 제거하여 사주가 맑아지는 것을 말한다.

건록_建祿

다른 말로 임관(臨官)이라고도 한다. 12운성(運星) 중에 가장 기운이 왕성하고 활동적이다. 원칙을 중요하게 여기고 자존심이 강하다.

격각살_隔角殺

寅辰, 卯丑처럼 지지가 한 칸 건너뛰었을 때를 말하며 서로 밀어내는 관계가 된다. 일시(日時)의 지지가 격각(隔角)이라면 부모, 형제와 인연이 적다고 본다.

격국_格局

팔자에 가장 강한 십신(十神)으로 정하는데 주인공의 삶의 방향을 파악할 수 있다. 여러 십신(十神)이 섞여 두드러진 십신이 없어서 격(格)을 정할 수 없는 팔자도 많다.

경발수원_庚發水源

壬水가 庚金을 보았을 때로 창조력, 기획력이 탁월하다고 한다.

고란과숙_孤鸞寡宿

甲寅, 乙巳, 戊申, 辛亥, 丁巳 일주(日柱)의 여자에게 해당한다. 독수공방(獨守空房) 또는 남편과 생리사별할 수 있다. 조혼(早婚)은 실패할 수 있다고 한다.

고신살_孤辰殺

남자의 명(命)에 해당하는 신살(神殺)로 다음과 같다. 예를 들어 남자가 亥子丑년이나 亥子丑日에 출생하고 사주 가운데 寅이 있으면 고신살이다. 고신살은 고독(孤獨)을 의미하고 가족이나 부부 이별 등이 있을 수 있다.
亥子丑－寅, 寅卯辰－巳, 巳午未－申, 申酉戌－亥

고초인등_枯草引燈

축축한 乙木은 丙火로 말려야 사용할 수 있으므로 丙火가 습한 乙木에 도움이 될 수 있는 경우를 말한다. 마른 풀을 丙火로 말린다는 의미이다.

곡각살_曲脚殺

팔자에 乙, 己, 巳, 丑의 글자가 있을 때를 말한다. 수족에 신경통이나 사고 등으로 이상이 있을 수 있다.

곡직격_曲直格

팔자가 온통 木의 기운으로만 되어 있는 격(格)으로 木을 극하는 金이 팔자에 있으면 안 된다.

과갑_科甲

고시(高試)에 합격한 것과 같이 높은 관직과 인연이 있을 때를 말한다.

과살_戈殺

戊戌이 일주(日柱)와 시주(時柱)에 있을 때를 말한다. 몸에 흉터가 있거나 중병으로 수술을 한다는 암시가 있다.

과숙살_寡宿殺

남명(男命)에 고신살(孤辰殺)이 있다면, 여명(女命)에는 과숙살(寡宿殺)이 있다. 고독(孤獨)하다는 신살(神殺)이다. 예를 들면 여자가 亥子丑년이나 亥子丑일에 출생하고 사주 가운데 戌이 있으면 과숙살(寡宿殺)이다. 일지(日支) 배우자 자리에 있으면 영향력이 크다고 한다.
亥子丑-戌, 寅卯辰-丑,
巳午未-辰, 申酉戌-未

관살혼잡_官殺混雜

관살(官殺)이 동시에 있는 경우를 말하는데, 이 때는 일간(日干)이 몹시 강해야 한다. 관살(官殺) 중 하나를 합치거나 극하여 하나만 남으면 좋다.

관인상생_官印相生

정관(正官)과 인수(印綬)가 서로 상생관계일 때를 말한다. 살인상생(殺印相生)은 인수(印綬)가 흉신(凶神)인 칠살(七殺)의 힘을 뺄 때를 말한다.

괴강_魁罡

천강(天罡) 辰과 하괴(下魁) 戌의 준말이다. 그래서 괴강(魁罡)은 辰戌일이다. 壬辰 壬戌 戊辰 戊戌 庚辰 庚戌을 말한다. 팔자에 괴강(魁罡)이 있으면 길흉(吉凶)이 극단으로 나타난다. 사주가 신왕(身旺)하면 크게 출세하지만 신약하면 재앙이 있을 수 있다.

괴강격_魁罡格

일주가 괴강(魁罡)일 때를 말한다. 辰과 戌은 음양이 묘지(墓地)로 들어가는 때이다. 괴강격(魁罡格)이 되면 총명하고 리더쉽이 뛰어나다고 한다. 대운에서 일간(日干)을 강하게 하는 운(運)이 좋다.

교신성_交神星

생각이 깊고 자아심이 강하여 주변 상황에 만족하지 못한다는 신살(神殺)이다. 타인과 융합이 힘들다. 丙子, 丙午, 辛卯, 辛酉 일주가 해당한다.

군겁탈부_群劫奪夫

이론상 관성(官星)은 비겁(比劫)을 극하지만 비겁(比劫)이 관성(官星)보다 강하여 관성(官星)이 비겁(比劫)을 극하지 못하는 현상을 말한다.

군비쟁재_群比爭財

몰려 있는 비견(比肩)이 재(財)를 서로 탐한다는 것이다. 재성(財星)이 있을 때 재(財)가 파괴된다. 군겁쟁재(群劫爭財)도 비슷한 의미이다.

극설교가_剋洩交加

극(剋)은 관살(官殺)의 공격을 말하고, 설(洩)은 식상(食傷)의 설기(洩氣)를 말한다. 그래서 일간(日干)이 극설(剋洩)되면 힘드니 인수(印綬)의 도움이 있으면 좋다.

금백수청_金白水淸

金은 하얗고 水는 맑으니 가을에 태어난 金이 壬水를 만날 때를 말한다. 대개 귀격(貴格)이다. 겨울에 태어난 金이 壬水를 보면 丙火가 있어야 좋아진다. 조후(調候) 때문이다. 금백수청(金白水淸)은 가을에 태어난 금수상관(金水傷官)이라고 알아두면 좋다.

금수상관_金水傷官

일간(日干)이 庚金이나 辛金인 사주가 겨울에 태어나면 금수상관(金水傷官)이라 한다. 사주가 차니 火가 필요하다. 금수상관(金水傷官)은 격(格)이 잘 짜여 훼손이 없으면 목화상관(木火傷官)처럼 머리가 좋다고 한다.

금수상관희견관_金水傷官喜見官

겨울에 태어난 金은 관(官)을 보아 상관견관(傷官見官)되어도 좋다는 뜻이다. 조후(調候) 때문이다.

금수상함_金水相涵

가을의 金이 맑은 水를 볼 때를 말한다. 금수상관(金水傷官)과 같으나 격(格)이 잘 갖추어졌을 때를 말한다. 목화통명(木火通明)처럼 우수한 머리를 자랑한다.

금수쌍청_金水雙淸

金水가 만나 탁하지 않고 서로 맑게 잘 어울린다는 뜻이다. 금수상함(金水相涵)과 같다고 보면 된다.

금수왕양_金水汪洋

金이 수국(水局)을 보아 지나치게 강할 때를 말한다. 부정적인 의미이다. 水가 지나칠 때는 戊土로 억제해 주어야 한다.

금온수난_金溫水暖

金水는 차가운데 특히 겨울철일 경우는 더욱 그렇다. 이때 丙火가 있으면 金水가 온난해져서 좋아진다는 의미이다.

금왕목쇠_金旺木衰

金은 왕(旺)하고 木은 쇠(衰)하다는 뜻이다. 운(運)에서 木이 와야 균형을 이룬다. 金운에 木에 해당하는 육친 또는 장기에 이상이 있을 수 있다.

금침수탕_金沈水蕩

겨울철의 金은 물에 잠길 우려가 있다는 뜻으로 부정적이다. 水가 강할 때는 戊土나 丙火가 있어야 한다.

금한수냉_金寒水冷

金은 차고 물은 얼었다는 뜻이니 조후(調候)가 어긋나 흉함을 암시한다. 시급히 丙火가 필요하다. 금한수동(金寒水凍)과 비슷한 뜻이다.

기명종살_棄命從殺

팔자는 균형을 이루면 좋지만 특정 세력이 강하면 강한 세력에 종(從)하면 좋다. 팔자에 살(殺)의 세력이 무척 강할 때 일간(日干)은 버티지 말고 살(殺)에 종(從)해야 하는 것을 기명종살(棄命從殺)이라고 한다.

기명종재_棄命從財

팔자에 재성(財星)이 강하다면 일간(日干)은 재성(財星)에 종(從)해야 한다. 지나치게 강한 세력에는 고개를 숙이는 것이 좋다.

기반_羈絆

합(合)하여 제 역할을 못한다는 의미이다. 혼인(婚姻) 등으로 합(合)이 되어 자기 마음대로 행동하지 못함과 같다.

기토탁임_己土濁壬

己土와 壬水의 좋지 않은 관계를 말한다. 壬水에 己土가 있으면 壬水가 탁해져서 좋지 않다는 의미이다. 대등했을 때 그렇다는 말이다. 만일 水가 지나치다면 戊土가 필요하고, 戊土가 없으면 己土라도 도움이 될 것이다.

나部

낙정관살_落井關殺

물로 인한 재난(災難)을 겪을 수 있다는 신살(神殺)이다. 수재(水災)에 조심해야 하고, 물을 다루는 직업은 좋지 않다고 한다.
일간과 지지가 甲己-巳, 乙庚-子, 丙辛-申, 丁壬-戌, 戊癸-卯일 때이다.

다部

단장관살_斷腸關殺

신살(神殺)의 하나로 대장이나 소장에 질환이 있을 수 있다. 甲午, 乙未, 丙辰, 丁巳, 己卯, 庚寅, 癸丑 일주가 해당된다.

대부대귀_大富大貴

크게 부(富)하고 크게 귀(貴)하다는 뜻이다. 대개 부(富)는 식재(食財)로, 귀(貴)는 관인(官印)으로 기준을 삼는다.

대지보조_大地普照

丙火와 己土는 논밭을 비추는 태양의 물상으로 표현 능력이 우수하여 학술, 종교, 서비스업에 탁월한 능력이 있다.

도세주옥_陶洗珠玉

辛金과 壬水와의 관계로 총명한 재능을 충분히 발휘하여 학업이 우수하고 모든 일이 순조롭게 풀린다고 한다.

도세태과_淘洗太過

辛金과 壬水의 관계는 일반적으로 좋지만 辛金보다 壬水가 지나치게 많으면 도세태과(淘洗太過)가 된다.

도화살_桃花殺

도화살은 함지살(咸池殺) 또는 목욕살(沐浴殺) 혹은 패신(敗神)이라고도 한다. 삼합의 첫 자 다음 자가 도화실이다. 도화(桃花)가 있으면 풍류와 낭만의 기질이 있어 남의 시선을 끄는 힘을 가진다. 특히 이성(異性)에게 그렇다.
申子辰(年日) - 酉　巳酉丑(年日) - 午

寅午戌(年日) – 卯　亥卯未(年日) – 子

독산고목_禿山孤木

甲木과 戊土와의 관계로 민둥산의 고목(枯木)의 물상이다. 부(富)의 산실(散失)을 겪으며 삶에 안정감이 없다고 한다.

득령_得令

태어난 계절인 월지(月支)를 월령(月令)이라고 한다. 득령(得令)이란 월령(月令)에 같은 오행의 계절을 얻었을 때를 말한다.

득비리재_得比理財

재성(財星)이 많고 신약하면 재(財)를 편하게 취하지 못한다. 이때 비겁(比劫)이 오면 도움이 된다.

득수이청_得水而淸

庚金이 壬水를 만나는 물상으로 양간(陽干)의 식신(食神)은 선천적 재능을 잘 발휘하여 인정받는다고 한다.

등라계갑_藤蘿繫甲

甲木과 乙木과의 관계로 담쟁이가 소나무를 타고 올라가는 물상으로 귀인(貴人)의 조력(助力)이 있다고 한다.

등라반갑하고_藤蘿絆甲下固

甲木＋乙木＋戊土의 관계로 귀인이나 관청의 천거로 출세하며 癸水가 더해지면 학문적, 물질적으로도 성공한다.

록겁용재_祿劫用財

록겁(祿劫)은 비겁(比劫)의 강함을 말하니 재성(財星)이 깨질 위험이 있다. 식상(食傷)이 있으면 자연스럽게 비겁(比劫)–식상(食傷)–재성(財星)으로 흘러가니 좋다.

망신_亡身

망신살(亡身殺)은 관부살(官符煞) 또는 파군살(破軍殺)이라고도 한다. 삼합(三合)의 가운데 바로 앞글자이다. 주로 주색(酒色)으로 망신(亡身)을 당할 수 있다. 독선적인 기질이 있다.

명리쌍전_名利雙全

명예와 이익 두 가지 모두 얻는 경우이다. 명예는 관인(官印)으로, 이익은 식재(食財)를 기준으로 한다.

모자멸자_母慈滅子

모친(母親)의 자애(慈愛)가 지나쳐서 자식이 망한다는 의미이다. 강한 인수(印綬)를 비겁(比劫)으로 힘을 빼거나 재성(財星)으로 극해 주면 좋다. 여기서 모(母)는 인성(印星)이다.

목강토산_木强土山

己土와 甲木의 관계로 바람직하지만 甲木이 기신(忌神)이면 건강에 조심해야 한다.

목곤쇄편_木棍碎片

甲木과 辛金의 관계로 辛金으로 甲木을 자를 수는 없다. 잘게 부수어져 쓸모없는 조각이니 고위직은 힘들다.

목분화열_木焚火熱

木이 화국(火局)을 만나 불타버리는 모습으로 흉하다. 시급히 水가 필요하다.

목왕지절_木旺之節

木이 왕(旺)하다는 의미이니 봄철을 말한다. 왕상휴수사(旺相休囚死)의 왕(旺)이다.

목욕_沐浴

목욕은 함지(咸池), 패지(敗地) 또는 도화(桃花)라고도 한다. 색욕(色慾)과 구설(口舌), 사치(奢侈)와 허영(虛榮)과 관련이 있다. 희신(喜神)으로 작용하면 기술(技術), 예술(藝術), 문장(文章)이 우수하다.

목화상관_木火傷官

甲木이나 乙木 일간(日干)이 여름에 태어나거나, 천간에 丙丁火가 힘이 있을 때를 말한다. 목화상관(木火傷官), 금수상관(金水傷官)은 총명하다고 긍정적으로 보지만 조후(調候)를 맞춰야 한다.

목화상관희견수_木火傷官喜見水

목화상관(木火傷官)은 양(陽)의 기운으로만 되어 있으니 水를 보면 좋다는 뜻이다.

목화통명_木火通明

목화상관(木火傷官)에서 격이 갖추어진 좋은 사주를 말한다. 금수상관(金水傷官)에서 좋은 사주를 금수상함(金水相涵)이라고 한다.

문창귀인_文昌貴人

학문을 잘한다는 신살(神殺)로, 총명하고 문학적 표현에도 뛰어나다. 학당귀인(學堂貴人)과 비슷한 결과를 낳는다.

반안살_攀鞍殺

삼합(三合)의 가운데 다음 글자가 반안살이다. 합격, 승진, 출세를 상징한다. 정상에서 막 은퇴하여 편안한 위치에 이르는 때이다. 긍정적인 신살(神殺)이다.

백호대살_白虎大殺

사고나 피를 본다는 의미로 흉하게 보는 살(殺)이다. 백호살(白虎殺)에 해당하는 육친에게 액(厄)이 있다고 본다. 사주의 어느 곳에 있어도 백호살이 된다. 의사나 격투기 선수도 백호살을 쓰는 경우가 많다. 甲辰 乙未 丙戌 戊辰 丁丑 壬戌 癸丑이 백호살이다.

백호창광_白虎猖狂

乙木이 庚金을 만났을 때로 乙木이 庚金에게 손상당하는 물상이다. 정신이나 신경에 이상이 올 수 있다.

백호출력_白虎出力

辛金이 庚金을 만나면 무서운 성격이 드러나
큰 사고를 일으킬 소지가 있다고 한다.

벽갑인정_劈甲引丁

庚金+甲木+丁火의 관계로 지식의 흡수가 뛰
어나고, 두뇌가 명석하여 경쟁력에 강하다고
한다. 庚金 도끼로 甲木 장작을 쪼개어 丁火로
불을 붙인다는 의미로 각 글자가 적당히 뿌리
를 내리고 글자의 손상이 없으면 보통 귀격(貴
格)으로 본다.

병탈정광_丙奪丁光

丁火와 丙火가 있으면 태양 丙火가 丁火의 기
운을 빼앗아가므로 丁火가 제 역할을 못하게
된다.

복음상극_伏吟相剋

辛金이 辛金을 만나면 두 개의 면도칼을 들고
있는 물상이다. 복수심이 강한 잔인함을 드러
낸다고 한다.

복음연약_伏吟軟弱

己土가 己土를 만나면 일의 진행에 장애가 발
생하여 진척이 느리다고 한다.

복음잡초_伏吟雜草

乙木과 乙木이 만나면 잡초끼리 얽힌 모습으
로 형제나 동료의 도움이 없으니 동업하면 안
된다.

복음준산_伏吟峻山

戊土가 戊土를 만나면 거대한 두 개의 산의 물
상이다. 꿈만 크고 실속이 없거나 지나친 고집
으로 인기가 없다.

복음홍광_伏吟洪光

丙火가 丙火를 만나면 밝은 태양이 두 개 떠 있
는 눈부신 형상이다. 가진 실력을 제대로 발휘
하지 못한다는 회재불우(懷才不遇)를 겪는다고
한다.

부귀겸전_富貴兼全

식재(食財)와 관인(官印)이 조화를 이루어 재
산이 많고 지위가 높아져서 완전하다는 의미
이다.

부귀쌍전_富貴雙全

부귀(富貴)가 완벽하다는 뜻이다. 부(富)는 식
재(食財)로 판단하고, 귀(貴)는 관인(官印)으로
판단한다. 명리쌍전(名利雙全)과 비슷한 의미
이다.

부옥빈인_富屋貧人

부자 집에 가난한 하인이라는 뜻이다. 보통 팔
자가 재다신약(財多身弱)할 경우 그렇게 말한
다.

부중귀경_富重貴輕

부(富)는 중(重)하고 귀(貴)는 경(輕)하다는 의
미이니 관인(官印)보다 식재(食財)를 주로 쓰는
사주를 말한다.

부중취귀_富中取貴

부(富)한 중에 귀(貴)를 취한다는 의미이니 식재(食財)를 쓰다가 운(運)에서 관인(官印)으로 넘어가는 경우를 말한다.

불청불우_不晴不雨

丙火와 癸水와의 관계를 말한다. 구름이 태양을 가린다고 부정적으로 말하지만 火가 강할 때는 좋을 수도 있다.

비겁쟁재_比劫爭財

비겁(比劫)이 많아 재성(財星)을 가지고 다툰다는 의미이다. 형제가 많아 유산을 나누어야 하는 상황으로 보면 좋다.

비인_飛刃

비인(飛刃)은 양인(陽刃)의 지지를 충(沖)하는 지지를 말한다. 예를 들면 甲木 일간(日干)의 양인(陽刃)은 卯이므로 비인(飛刃)은 卯와 충이 되는 酉가 된다. 비인(飛刃)은 예술이나 기술과 인연이 있다고 한다.

비인살_飛刃殺

집중은 잘 하지만 지속성이 없어 변덕이 심하다. 丙子, 丁丑, 戊子, 己丑, 壬午, 癸未 일주가 해당된다.

비조부혈_飛鳥跌穴

丙火가 甲木을 만나면 소나무를 내리쬐는 태양으로 뜻하지 않는 행운이 평생 있다고 한다.

사부

사처봉생_死處逢生

癸水는 申金에서 사지(死地)이지만 申 중 庚金이 癸水를 생하고 壬水가 도와주니 사처봉생이라 한다. 절처봉생(絶處逢生)과 유사하다.

산명수수_山明水秀

戊土가 壬水를 만나면 지능으로 성공할 수 있는 우수한 두뇌의 소유자가 된다. 물론 壬水가 희신(喜神)일 경우이다.

산명수수강휘상영_山明水秀江暉相暎

壬水＋戊土＋丙火의 관계로 조직생활에 잘 적응하며 직장 근무에 성공하는 명(命)이다.

살용식제_殺用食制

칠살격(七殺格)은 식신(食神)으로 제(制)하면 성격(成格)이 된다.

살인격_殺刃格

칠살격(七殺格)에 양인(陽刃)을 상신(相神)으로 써서 성격(成格)되는 경우이다.

살인상생_殺印相生

칠살(七殺)은 흉신이니 인수(印綬)가 칠살(七殺)의 힘을 빼서 일간(日干)을 생해 주는 것을 말한다. 살인상생이 되면 칠살(七殺)은 일간(日干)을 바로 극하지 못하게 된다.

살인상정_殺刃相停

칠살(七殺)과 양인(陽刃)이 서로 균형을 이루는
모습을 말한다. 무관(武官)에서 귀(貴)하게 된
다고 한다.

살중신경_殺重身輕

일간(日干)을 공격하는 칠살(七殺)은 강하고 일
간(日干)은 약하니 풍파가 예상된다.

삼목위삼_三木爲森

甲木＋甲木＋甲木으로 甲木이 세 개이니 활동
력이 더욱 강해져서 경쟁이 뛰어난 귀명(貴命)
이라고 한다.

삼복생한_三伏生寒

더위가 극(剋)에 이르면 한기(寒氣)가 생한다는
의미이다. 대개 未월에 그런 현상이 일어난다.

상관견관_傷官見官

상관(傷官)이 정관(正官)을 볼 때를 말한다. 상
관(傷官)이 정관(正官)을 상하게 하니 부정적인
의미가 들어 있다.

상관대살_傷官帶殺

상관(傷官)이 칠살(七殺)을 보았다는 뜻이다.
식신제살(食神制殺)과 비슷하다. 식신(食神)이
칠살(七殺)을 더 강하게 제압한다.

상관사궁_傷官死宮

동주사(同柱死) 일주(日柱) 중에서 甲午 庚子
일주(日柱)의 여자는 일지(日支)가 상관(傷官)

이니 독수공방(獨守空房)하거나 심하면 상부
(喪夫)한다. 외견(外見)은 고고하고 도도하다고
한다.

상관상진_傷官傷盡

상관(傷官)은 정관(正官)을 극하는 흉신(凶神)
에 속하므로 힘을 빼서 기진맥진하게 만든다는
의미이다.

상관생재_傷官生財

상관(傷官)이 재성(財星)으로 흘러간다는 의미
이니 자기의 재능을 재(財)로 연결시킬 수 있
다. 식재관(食財官)을 잘 쓰려면 일간(日干)이
강해야 한다.

상관패인_傷官佩印

상관(傷官)은 흉신(凶神)에 속하므로 인성(印
星)으로 극해 주면 좋다.

선화명병_鮮花名瓶

乙木이 戊土를 보았을 때로 부격(富格)이다. 예
능계나 서비스, 오락 계통에서 성공하지만 기
신(忌神)으로 작용하면 유흥가에서 성공한다.

성국간투일관성_成局干透一官星

지지가 국(局)을 이룰 때 천간에 이를 극(剋)하
는 오행이 투(透)할 때를 말한다. 부정적이다.

소훼주옥_燒毀珠玉

丁火가 辛金을 보면 보석을 불에 태우는 물상
이니 세상을 모르는 무기력한 팔자가 된다.

521

수근로수_樹根露水

甲木이 癸水를 만나면 비를 촉촉이 맞는 수양 버들의 물상으로 두루 호평받는 처세가의 명(命)이라고 한다.

수난금온_水暖金溫

金水는 차가운 것이지만 丙火가 뜨면 水는 따뜻해지고 金도 온화해진다.

수다금침_水多金沈

보통 금생수(金生水)라고 하지만 水가 많으면 金은 물에 가라앉게 된다. 좋은 것도 지나치면 안 된다. 과유불급(過猶不及)이다.

수다목부_水多木浮

수생목(水生木)이라고 말하지만 水가 강하면 木은 떠다니게 된다. 항상 오행의 균형 상태를 파악해야 한다.

수다토류_水多土流

토극수(土剋水)라고 하지만 水가 土보다 많으면 土는 흘러내려 간다. 오행의 상생상극은 십신(十神)을 정할 때만 사용한다.

수목상관_水木傷官

壬水나 癸水 일간(日干)이 봄철 寅卯辰 생이거나 천간에 甲乙이 힘이 있을 때를 말한다. 목화상관(木火傷官)이나 금수상관(金水傷官)처럼 상관(傷官)의 힘이 강하지는 않다. 戊己土 관살(官殺)을 보면 좋지 않다.

수범목부_水泛木浮

물이 범람하면 木이 뜬다. 수생목(水生木)이 아니다. 오행의 상생상극은 십신(十神)을 정할 때로 한정한다.

수중유영_水中柳影

壬水가 甲木을 만나면 식신(食神)으로 성실하고 자신의 재능을 충분히 발휘하여 행운을 거머쥔다고 한다.

수화기제_水火旣濟

水와 火의 조화, 즉 음양(陰陽)의 조화를 의미한다. 水는 위쪽에 火는 아래쪽에 있어서, 水는 내려오고 火는 올라가니 서로 섞여 새로운 생명을 만들어 낼 수 있다. 좋다는 의미이다.

순환상생_循環相生

사주 가운데 목화토금수(木火土金水) 오행이 상생(相生)으로 흘러가고 있을 때를 말한다. 즉, 金生水, 水生木, 木生火, 火生土, 土生金 식으로 흘러 살아가는 데 막힘이 없다. 천간을 기준으로 한다.

습윤옥토_濕潤玉土

癸水가 己土를 만나면 좋은 관계로 직장 생활이나 관청, 대기업 등에 적합하다고 한다.

습을상정_濕乙傷丁

축축한 乙木은 丁火를 상(傷)하게 한다. 목생화(木生火)를 못하는 것이다. 태어난 계절이나 글자 주변 상황이 중요하다.

식신격_食神格

팔자에서 가장 두드러진 세력이 식신(食神)일 때를 말한다. 월지(月支)에서 투한 천간이 식신(食神)이면 식신격이 된다. 식신(食神)을 쓰려면 일간(日干)이 강해야 하고 일간(日干)과 식신(食神)이 강하면 재운(財運)으로 갈 때 발전한다. 식신격이 손상되지 않으면 수복(壽福)을 겸비한다.

식신봉효_食神奉梟

식신(食神)은 길신(吉神)으로 좋은 것인데, 효신(편인)이 식신(食神)을 극하여 파격(破格)이 되는 경우를 말한다.

식신제살_食神制殺

식신격(食神格)에 칠살(七殺)이 있으면 칠살(七殺)은 일간(日干)을 공격하지 못한다. 식신(食神)이 칠살(七殺)을 극하기 때문이다.

신강재강_身强財强

재(財)를 취하려면 일간(日干)이 강해야 한다. 신왕(身旺)하고 재(財)도 강하다면 좋은 것이다.

신병살_身病殺

몸에 병(病)이 따라다닌다는 신살(神殺)이다. 乙巳, 乙未, 己巳가 일주(日柱)나 시주(時柱)에 있으면 해당한다.

신살양정_身殺兩停

칠살(七殺)은 일간(日干)을 공격하는 것이지만, 일간(日干)이 칠살(七殺)의 공격을 견뎌낼 수 있으면 격국(格局)이 높아진다.

신왕살강_身旺殺强

칠살(七殺)이 일간(日干)을 공격한다고 해도 일간(日干)이 강하면 능히 공격에 견딜 수 있다. 오히려 경쟁력이 커진다.

신왕재왕_身旺財旺

재성(財星)은 일간(日干)이 강해야 잘 쓸 수 있다. 일간(日干)이 왕(旺)하고 재성(財星)도 왕(旺)하여 거부를 논하는 명(命)이다.

쌍목위림_雙木爲林

甲木과 甲木은 두 개의 甲木이 경쟁하듯이 나아가는 모습이다. 경쟁력이 강한 명(命)이 된다.

아 부

암록_暗祿

암록은 건록(建祿)의 글자와 합(合)하는 글자를 말한다. 재물이 궁하지 않고 귀인(貴人)의 조력(助力)이 있다는 길한 신살(神殺)이다. 丙申, 丁未, 戊申, 己未, 壬寅, 癸丑이 해당한다.

야초난생_野草亂生

己土가 乙木을 만나면 잡초가 논밭을 덮어버려서 일처리를 제대로 하지 못하니 행운이 따르지 않는다.

양_養

12운성의 하나로 어머니 뱃속에 있는 것처럼

앞으로의 운명이 하늘에 달렸다고 본다. 모든 것이 결정이 되지 않았다. 기다려야 한다.

양금상살_兩金相殺
庚金과 庚金이 만나면 쇠끼리 부딪치는 요란함과 살벌함이 있다. 일생에 한번은 크게 다친다고 한다.

양인_羊刃
양인(羊刃)은 양간(陽干)의 겁재로 양인(陽刃)이라고도 한다. 칼을 들고 있어 강인한 기질이 있다. 혹독(酷毒), 살상(殺傷), 혁명(革命)을 내포한다. 살인상정(殺刃相停)처럼 성격(成格)되면 출세한다.

양인가살_陽刃駕殺
양인격(陽刃格)은 강하니 칠살(七殺)을 써서 성격(成格)이 된다. 군인, 경찰, 법관, 체육인 등 무관 계통에서 출세한다.

양인도과_羊刃倒戈
양인(陽刃)은 일간(日干)의 기운이 넘치는 것을 말하는데, 양인(陽刃)이 인성(印星)의 생을 받아 더욱 강해져 스스로를 해칠 때를 말한다.

양인로살_陽刃露殺
양인(陽刃)은 일간(日干)이 지나치게 힘이 강하니, 노출된 칠살(七殺)로 강한 일간(日干)을 억제하는 현상을 말한다.

양인합살_陽刃合殺
양인(陽刃)으로 일간(日干)의 힘이 지나칠 때는 흉신(凶神)인 칠살(七殺)과 합(合)을 하여 합거(合去)되면 좋다. 무관(武官)으로 출세한다고 한다.

양토배화_壤土培花
乙木이 己土를 만나면 좋은 땅을 만났으니 꽃이 뿌리내리고 잘 자란다. 예능계에서 수완을 발휘한다고 한다.

양토육목_壤土育木
甲木이 己土를 만나면 좋은 땅을 만났으니 거부(巨富)를 논한다고 한다. 항상 글자의 균형이 중요하다.

양화위염_兩火爲炎
丁火가 丁火를 만나면 불길이 거침없이 타오르는 물상이다. 속도에서 기선을 제압하여 성공한다.

역마_驛馬
이사, 자리변동, 여행, 출장 등과 인연이 많다. 직업으로는 여행사, 무역업, 외교관, 운수업, 신문, 방송, 통신, 광고업 등에 진출하면 좋다. 역마(驛馬)가 공망(空亡)이면 빈 수레와 같아 바쁘기만 하고 실속은 없다. 삼합(三合)에서 첫 자와 충(沖)이 되는 글자가 역마(驛馬)가 된다.

염상격_炎上格
丙火나 丁火 일간(日干)의 팔자가 火의 기운이

넘칠 때 염상격(炎上格)이라고 한다. 물론 강한 火를 극하는 水의 기운이 없어야 한다. 사람됨이 예의가 바르고 대인관계를 중요시 한다. 일행득기격(一行得氣格)에 속하며 木火土운을 기뻐하고 金水운을 꺼린다.

염양려화_艶陽麗花

丙火가 乙木을 만나면 담쟁이를 비추는 찬란한 태양으로 학업이 우수하다고 한다.

옥토위생_玉土爲生

己土가 癸水를 만나면 좋은 토양이 더욱 습윤하여 큰 부자를 기대해 볼만하다는 명(命)이다.

왕양대해_汪洋大海

壬水가 또 壬水를 만나면 두 개의 壬水가 거대한 물길을 만든다. 무슨 일이든 그냥 지나쳐 실패한다고 한다.

원진_怨嗔

남녀궁합(男女宮合) 등에 참고하는 신살(神殺)로 원진(元辰)이라고도 쓴다. 원진(怨嗔)은 직접 싸우는 것이 아니라 미워하며 흘겨보는 태도를 취한다. 충(沖)이 되는 지지 바로 옆 글자가 원진(怨嗔)이 된다.
子-未 丑-午 寅-酉 卯-申 辰-亥 巳-戌

유신유화_有薪有火

甲木이 丁火를 만나거나 丁火가 甲木을 만나면 불이 붙은 장작의 물상이다. 두뇌가 명석하여 학문이나 예술적 재능이 탁월하다.

유신유화유로_有薪有火有爐

甲木+丁火+戊土는 가마 속에 甲木을 넣고 불을 붙이는 물상으로 지적 능력이 뛰어나 학업이 우수하다.

유화유로_有火有爐

戊土가 丁火를 만나거나 丁火가 戊土를 만나면 일을 솜씨 있게 다루는 재능을 발휘하여 성공한다고 한다.

육수_六秀

성격이 급하고 재치가 있지만 자기 이익만 챙기는 독단적인 성격이 있어 동업(同業)을 피하라는 신살(神殺)이다. 丙午, 丁未, 戊子, 己丑, 戊午, 己未 일주(日柱)가 해당된다.

윤하격_潤下格

壬水나 癸水 일간(日干)이 겨울에 생하고, 팔자에 水기운이 가득할 때 윤하격(潤下格)이 된다. 물론 강한 水기운을 극하는 土가 있으면 성립되지 않는다. 金의 생조(生助)를 받으면 좋다.

음욕살_淫慾殺

말 그대로 음흉(陰凶)하고 색정(色情)적인 기질을 가지고 있다는 신살(神殺)이다. 戊戌, 辛卯, 丁未, 乙卯, 己未, 癸丑, 庚申 일주가 淫慾에 해당한다.

의금_衣衾

옷과 이불, 명리 고전(古典)에 많이 나오는 단어로 먹고 살기에 부족하지 않다는 의미이다.

의부살_疑夫殺

乙巳, 丁亥, 己亥, 辛巳, 癸亥 일주의 여자는 배우자에게 집착하는 경향이 있다.

의처살_疑妻殺

甲午, 丙戌, 戊辰, 庚辰, 壬戌 일주의 남자는 처(妻)에게 집착하는 경향이 있다.

이도_異途

명리 고전(古典)에 많이 나오는 단어로 어떤 일에 열심히 노력해도 이루지 못하고, 오히려 다른 방면으로 진로를 바꾸는 것을 말한다.

이로공명_異路功名

없는 글자나 공망(空亡)의 글자는 열심히 추구해도 끝내 이루지 못하고, 그 노력의 결과로 다른 분야에서 성공하는 것을 말한다.

이전최화_利剪催花

乙木이 辛金을 만나면 날카로운 칼로 꽃을 자르니 일반 직장 근무가 맞지 않다. 뇌, 신경계도 주의한다.

인다용재_印多用財

인성(印星)은 일간(日干)을 도와주는 글자이지만 지나치면 안 된다. 이때 재성(財星)을 용하여 강한 인성(印星)을 극해 주면 좋다.

인보상관_刃輔傷官

甲木＋丁火＋乙木, 丁火＋戊土＋丙火, 辛金＋壬水＋庚金은 겁재(劫財)의 투기적 요소와 상관의 좋은 머리로 한번에 상류사회로 진입한다고 한다.

인봉관살_印逢官殺

인수격(印綬格)이 관살을 만나 성격되는 것을 말한다. 관인(官印) 또는 살인(殺印)을 써서 고위직에 오를 수 있다.

인수봉관_印綬逢官

인수격(印綬格)이 정관(正官)을 상신(相神)으로 쓰는 것으로 관인쌍전(官印雙全)과 비슷한 의미를 갖는다.

인수용재_印綬用財

인수(印綬)가 너무 지나치게 강하면 독(毒)이 될 수 있으므로 재(財)를 써서 극해 주면 성격(成格)이 된다.

일귀격_日貴格

일지(日支)에 천을귀인(天乙貴人)이 있는 일주(日柱)로 丁酉, 丁亥, 癸巳, 癸卯 일주(日柱)가 해당된다.

일월상회_日月相會

丙火가 辛金을 만나면 보석 위에 빛을 비추는 물상으로 실력 이상의 인정을 받는다고 한다.

일출동산_日出東山

戊土가 丙火를 만나면 지리산에 해가 뜨는 물상으로 처음에는 고생하지만 나중에는 대성한다고 한다.

자왕모쇠_子旺母衰

일간(日干) 입장에서 식상(食傷)이 자식이다. 그래서 식상(食傷)이 강해지면 일간(日干) 모(母)는 쇠약(衰弱)해진다는 의미이다. 식상(食傷)이 자식이니 여명(女命)에만 사용한다.

잔질_殘疾

중국 명리 고전(古典)에 많이 나오는 단어로 몸에 병이나 탈이 남아 있는 것을 말한다.

장생_長生

장생은 태어났다는 것이니 많은 사람의 관심을 받는다. 집의 환경을 바꿀 정도의 강한 힘을 가진다.

장성살_將星殺

12신살의 하나로 사업이나 직장에서 최고의 위치에 도달한다. 팔자에 장성살(將星殺)이 있으면 군인, 경찰, 의사, 법조인, 스포츠맨 등이 많다.

재격투인_財格透印

재격(財格)은 일간(日干)의 힘을 빼는 것이다. 인수(印綬)로 일간(日干)을 도와주면 좋다.

재경비중_財輕比重

재(財)는 약하고 비겁(比劫)이 강하면 재(財)가 극을 당하니 파격(破格)이다.

재고귀인_財庫貴人

甲辰, 丙戌, 丁丑, 戊戌, 己丑, 辛未, 壬戌 일주가 해당된다. 지지에 재성(財星)의 창고를 두어 부자가 된다는 길한 신살(神殺)이다.

재관쌍미_財官雙美

재(財)와 정관(正官)은 길신으로 좋은 관계이다. 정관(正官)도 재성(財星)이 도와줘야 아름답다. 물론 재관(財官)을 쓰려면 일간(日干)이 신강(身强)해야 한다.

재다신약_財多身弱

재(財)를 쓰려면 일간(日干)이 강해야 한다. 일간(日干)이 약한 신약(身弱) 상태에서는 재(財)를 쓸 수 없어 파격(破格)이다. 대기업의 종업원으로도 볼 수 있다.

재봉식상_財逢食傷

재격에 식상(食傷)을 상신으로 써서 성격이다. 재(財)는 식상(食傷)의 도움을 받아야 지속적인 재(財)가 가능하다. 일간(日干)이 강해야 한다.

재성혼잡_財星混雜

정재(正財)와 편재(偏財)가 섞여 있는 경우를 말한다. 혼잡(混雜)은 순수한 것보다 좋지 않다. 목표에 일관성이 없기 때문이다.

재왕생관_財旺生官

재(財)가 왕(旺)해서 관(官)으로 흐르면 성격(成格)된다. 식재관(食財官)을 쓰려면 일간(日干)이 강해야 한다.

재왕생살_財旺生殺

재(財)가 왕(旺)하여 칠살(七殺)로 흘러갈 때를 말한다. 칠살(七殺)을 용(用)한다면 좋은 결과를 가져올 것이다. 항상 전체적인 상황을 살펴야 한다.

재자약살_財滋弱殺

사주가 신강(身强)하면 칠살(七殺)이 용신이다. 이때 칠살(七殺)이 너무 약하면 재성(財星)으로 칠살(七殺)을 도와주면 좋다.

재투칠살_財透七殺

재격에 칠살(七殺)이 투하면 강해진 칠살(七殺)이 일간(日干)을 공격하니 파격(破格)으로 본다.

절_絶

12운성의 하나로 절(絶)은 한 시대의 종말을 고하는 것을 말한다. 절처봉생(絶處逢生)이란 말처럼 한 시대가 끝나야 새로운 시대가 열린다.

제살태과_制殺太過

칠살(七殺)은 식신(食神)으로 극하면 좋지만, 지나치게 극하면 격(格)이 파괴되어 좋지 않다.

조후용신_調候用神

사주가 춥고 더울 때 조절해 주는 글자를 말한다. 사주가 춥다면 火가 필요하고, 사주가 뜨겁다면 水가 필요할 것이다.

진신_進神

자신이 하고 싶은 일을 할 수 있으니 즐겁다는

좋은 신살(神殺)이다. 판단력이 뛰어나고 문장력도 좋다고 한다. 관재수(官災數)를 조심해야 한다. 甲子, 己卯, 甲午, 己酉 일주(日柱)가 해당된다.

차부

천라지망_天羅地網

戌亥는 천라(天羅), 辰巳는 지망(地網)인데 줄여서 라망(羅網)이라고도 한다. 그물과 관련이 있으니 구속, 수감, 시비, 송사, 감금, 파혼과 관련이 있다고 한다. 丙戌 일주와 壬辰 일주가 특히 그렇다고 한다.

천록귀인_天祿貴人

인격이 온후하고 정직하니 다른 사람의 도움과 신뢰를 받는다는 신살(神殺)이다. 丙子, 丁亥, 辛巳 일주에 해당한다.

천진지양_天津地洋

壬水가 癸水를 만나면 모든 경쟁에 강하고 일이 순조롭게 진행된다고 한다. 당연히 희신(喜神)일 경우이다.

철추쇄옥_鐵鎚碎玉

庚金과 辛金이 만나면 무서운 성격으로 큰 사고를 낸다고 한다. 金끼리 만남은 좋은 경우가 거의 없다.

청룡반수_青龍返首

甲木이 丙火를 만나면 소나무가 태양을 만나니

실력과 권위가 뚜렷해진다고 한다.

청초조로_青草朝露
乙木이 癸水를 만나면 푸른 풀잎에 맺힌 아침 이슬의 물상으로 대인 관계가 좋으며 남의 힘을 이용하여 뻗어간다.

춘불용금_春不容金
보통 甲木은 庚金과 좋은 관계이지만 이른 봄의 어린 나무는 庚金이 필요하지 않다는 의미이다.

출수부용_出水芙蓉
乙木이 壬水를 만나면 연꽃이 호수를 만나는 물상으로 귀인의 조력으로 순식간에 상류사회에 진입한다고 한다.

출수홍련_出水紅蓮
壬水가 乙木을 만나면 호수에 연꽃이 피어나니 능력 이상으로 인정을 받아 남의 도움으로 성공하는 명(命)이다.

충천분지_沖天奔地
癸水가 壬水를 만나면 저돌 맹진하여 실패하는 기상으로 건강이나 재산에 타격을 입는다고 하니 주의한다.

칠살봉재_七殺逢財
칠살격(七殺格)이 재(財)를 만나면 칠살(七殺)이 강해져서 일간(日干)을 극하게 되니 파격(破格)이다.

타 部

탐생망극_貪生忘剋
생(生)과 극(剋)이 동시에 있을 때는 생(生)을 탐(貪)하느라 극(剋)을 하지 않는다는 뜻이다.

탐재괴인_貪財壞印
신약하여 인성(印星)을 용신으로 삼을 때 재성(財星)이 오면 인성(印星)을 극하게 되는 현상을 말한다. 인성(印星)인 용신을 재(財)가 극하는 것이다.

탐합망극_貪合忘剋
합(合)을 탐(貪)하느라 극(剋)하는 것을 잊는다는 뜻이다. 합(合)과 극(剋)이 동시에 있을 때는 합(合)을 먼저 한다.

토다금매_土多金埋
수다금침(水多金沈)처럼 土가 지나치게 많으면 金은 매몰된다.

토다목절_土多木絶
오행의 상생상극은 이상적인 우주운동으로 지구에서는 적용되지 않는다. 土가 木보다 강하면 목극토(木剋土) 현상은 없다. 토극목(土剋木)이다.

하 部

한목향양_寒木向陽
차가운 겨울의 나무는 따뜻한 양지를 좋아한

다. 겨울에 태어난 木 일간(日干)은 조후(調候)
상으로 火가 필요하다.

한수빙목_寒水氷木

물이 차가우니 나무가 얼어 있는 상태로 겨울
의 나무가 그렇다. 봄, 여름, 가을, 겨울 즉 태
어난 계절이 중요하다.

한유_寒儒

진로(進路)가 잘 풀리지 않는 선비를 말한다.

현달_顯達

명리 고전(古典)에 많이 나오는 용어로 지위가
높아지고 세상에 이름을 알린다는 의미이다.
입신양명(立身揚名)과 비슷하다.

현침살_懸針殺

글자의 모양이 침이나 바늘과 같다고 하여 붙
여졌다. 甲, 辛, 卯, 午, 申의 글자들이다. 바늘,
가위, 총, 칼 또는 침을 다루는 직업과 인연이
있다. 자신이 다치기도 한다. 시(時)에 현침(懸
針)이 있을 때 작용력이 강하다고 한다.

홍염살_紅艶殺

도화(桃花)와 유사한 기질을 갖는다. 이성에게
호감을 끄는 매력이 있다. 甲午, 丙寅, 丁未, 戊
辰, 庚戌, 壬申, 壬子 일주(日柱)가 해당된다.

화기격_化氣格

일간(日干)이 간합(干合)되고 합화(合化) 기운
과 같은 오행이 팔자에 가득할 때 일간(日干)은
고유 오행을 버리고 새로운 합화(合化) 오행을
취한다. 이를 화기격(化氣格) 또는 화격(化格)
이라고 한다. 새롭게 화(化)한 기운을 거스르는
기운이 미약하게라도 있으면 가화격(假化格)이
라고 한다.

화다토초_火多土焦

화염토조(火炎土燥)와 비슷한 의미로 火가 많
아 土가 검게 그을린다는 의미이다. 팔자에 水
가 없으면 성장에 지장이 있거나 과부 또는 홀
아비 신세가 된다고 한다. 팔자를 볼 때는 음양
(陰陽), 즉 조후(調候)가 최우선이다.

화련진금_火鍊眞金

丁火가 庚金을 만나면 철을 丁火로 제련하는
물상으로 자기의 재능을 충분히 발휘하여 큰
발전과 성공을 이룬다.

화소주옥_火燒珠玉

辛金이 丁火를 만나면 보석을 불태워 훼손하는
물상으로 세상을 모르는 무기력함이 있으니 직
장생활은 안 좋다.

화소초원_火燒草原

乙木이 丁火를 만나면 불타는 들판의 모습으로
식신이지만 표현력이 약하고 재능을 인정받지
못하는 불우함이 있다.

화열금용_火烈金熔

庚金이 丁火를 만나면 庚金을 제련하니 좋은
관계이지만 丁火가 기신이라면 火가 지나쳐 金

을 녹이니 나쁘다.

화염토조_火炎土燥

팔자가 火土로만 구성되어 있으면 가뭄에 갈라진 메마른 논밭을 생각하면 된다. 메마른 땅에서는 水가 없어 생명이 자랄 수 없으므로 화염토조(火炎土燥) 또는 화염토초(火炎土焦)의 팔자는 남환여과(男鰥女寡)라 하여 과부나 홀아비의 팔자로 본다.

회광_晦光

화생토(火生土)로 火의 기운이 土로 흡수되는 것을 말한다. 강한 火는 土로 흡수하는 것이 좋다.

횡당유영_橫塘柳影

甲木이 壬水를 만나면 연못의 수양버들 물상이다. 편인(偏印)으로 인기가 좋다.

흑운차일_黑雲遮日

丙火가 癸水를 만나면 구름으로 가린 태양이니 직장생활이 맞지 않다. 午월의 丙火는 강하니 그 때는 癸水가 두렵지 않다.

흔목위재_欣木爲財

甲木이 庚金을 만나면 도끼로 패는 장작의 물상으로 주군을 한결같이 모시는 지조가 있다고 한다.

참고도서

_박영창 譯,『자평진전평주』, 청학출판사
_이 수 譯,『자평진전리뷰』, 장서원
_박정윤 著,『청대명리학』, 원광디지털대학
_최봉수·권백철 譯,『궁통보감정해』, 명문당
_이 수 譯,『난강망 마스터리』, 장서원
_김동규 譯,『사주비전 적천수』, 명문당
_이 수 譯,『적천수 스펙트럼』, 장서원
_박정윤 著,『적천수 연구』, 원광디지털대학
_김동규 譯,『적천수천미』, 명문당

나이스 사주명리《고전편》

1판 1쇄 인쇄 | 2013년 10월 04일
1판 2쇄 발행 | 2018년 06월 18일

지은이 | 맹기옥
펴낸이 | 문해성
펴낸곳 | 상원문화사
주소 | 서울시 은평구 증산로 15길 36 (신사동) (우편번호 03448)
전화 | 02)354-8646 · **팩시밀리** | 02)384-8644
이메일 | mjs1044@naver.com
출판등록 | 1996년 7월 2일 제8-190호

책임편집 | 김영철
표지 및 본문 디자인 | 개미집

ISBN 979-11-85179-01-8 (03180)

●책값은 표지에 있습니다.
●잘못 만들어진 책은 구입처 및 본사에서 교환해 드립니다.

이 도서의 국립중앙도서관 출판시도서목록(CIP)은 서지정보유통지원시스템 홈페이지
(http://seoji.nl.go.kr)와 국가자료공동목록시스템(http://www.nl.go.kr/kolisnet)에서
이용하실 수 있습니다. (CIP제어번호 : CIP2013018651)